活页式教材使用注意事项

01 根据需要，从教材中选择需要撕下来单独使用的页面。

02 小心地沿页面根部的虚线将页面撕下。为了保证沿虚线撕开，可以先沿虚线折叠一下。
注意：一次不要同时撕太多页。

03 撕下的活页式页面或者笔记记录页，使用后放置到封底活页式口袋夹中，以免丢失。

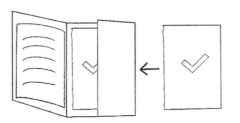

温馨提示： 在第一次取出教材正文页面之前，可以先尝试撕下本页，作为练习。

高等职业教育创新型系列教材

智能仓储管理实务

主　编　林露华　赵加环
副主编　刘小玲　邱仁义　邱春龙

北京理工大学出版社
BEIJING INSTITUTE OF TECHNOLOGY PRESS

内 容 提 要

"智能仓储管理实务"是财经商贸类现代物流管理专业的专业课。本书遵循"教、学、做"三者的统一,本着"产教融合、校企合作"理念,从高等院校现代物流管理专业人才培养目标出发,着眼于智能仓储管理知识的实际运用,根据企业用人需求和学生职业能力发展选取内容。全书共分四部分,每部分相对独立又彼此关联,包括仓储管理的认知与发展,智能仓储的认知与发展,智能仓储系统的认知,入库、在库、出库作业,智能仓储的规划布局,智能仓储物流成本与绩效管理,智能仓储的硬件系统与软件系统。本书为模块化设置,内容实用性强,突出其操作性,可为仓储管理人员提供实用的工作思路和管理模板,还可为其开展工作提供重要的参考。

本书可以作为高等院校物流管理专业学生及现代物流管理二元制学生用书,也可以作为物流企业和物流仓储管理培训用书及物流从业人员的自学用书。

版权专有　侵权必究

图书在版编目（CIP）数据

智能仓储管理实务 / 林露华，赵加环主编. -- 北京：
北京理工大学出版社，2023.3
 ISBN 978-7-5763-1888-3

Ⅰ.①智⋯　Ⅱ.①林⋯ ②赵⋯　Ⅲ.①仓库管理-智能控制-高等学校-教材　Ⅳ.①F253.4-39

中国版本图书馆CIP数据核字（2022）第227465号

出版发行 /	北京理工大学出版社有限责任公司	
社　　址 /	北京市海淀区中关村南大街5号	
邮　　编 /	100081	
电　　话 /	（010）68914775（总编室）	
	（010）82562903（教材售后服务热线）	
	（010）68944723（其他图书服务热线）	
网　　址 /	http://www.bitpress.com.cn	
经　　销 /	全国各地新华书店	
印　　刷 /	河北鑫彩博图印刷有限公司	
开　　本 /	787毫米×1092毫米　1/16	
印　　张 /	16.5	责任编辑 / 李玉昌
字　　数 /	400千字	文案编辑 / 李玉昌
版　　次 /	2023年3月第1版　2023年3月第1次印刷	责任校对 / 周瑞红
定　　价 /	49.80元	责任印制 / 施胜娟

图书出现印装质量问题,请拨打售后服务热线,本社负责调换

前言

当前，全球制造业正在加快迈向数字化、智能化时代，智能制造对制造业竞争力的影响越来越大。基于5G技术的普及、信息系统的智能装备、智能工程等正在引领制造方式的变革，中国制造正在向智能化转型稳步前进。在这样的背景下，我国的企业也开始慢慢转型和升级，通过信息技术迭代升级、生存环境改善等措施，来实现创新性发展。

智能仓储作为智能制造的一个组成部分备受关注，人们希望通过智能物流，加快智能制造的发展。目前，在传统企业中，仓储的主要问题是规模定量不确定，利用率低下，资源没有进行整合导致浪费；特别是一些中小企业，由于产品的批量、品种、资金等问题无法实现仓储智能化，设施设备在产品出量高峰期和突发期时没办法与规定时间点进行匹配。这就使信息技术快速发展的今天，对仓储的自动化、柔性提出了更高的要求。

全书共分四部分，每部分相对独立又彼此关联，四部分下各有项目，项目下都有教学目标和对应任务。为了便于读者的学习和思考，在每个项目开篇都通过导言导入课程内容，然后围绕教学目标编写需要掌握的知识和技能，最后通过课后练习巩固所学的知识和技能。在整个编写过程中，贯彻"教、学、做"三者的统一，突出学生的教学参与性和师生的教学相长性；内容上更多的是贴近现有企业中新技术、新方法、新标准，力求在能满足基本知识的前提下，内容容纳"1+X"职业技能等级考试、企业整体智能运作、全国仓储职业技能比赛等，遵循由简单的概念到复杂的系统说明，由单一到综合的教学规律，以使学生能够获得基本职业能力，上岗达到即插即用的功能，并提高其日后在现实工作环境下继续学习的能力。本书配有课程标准、教学单元设计、多媒体课件、二维码微课、视频等教学资源，以便教师使用。

Preface

　　本书贯彻党的二十大报告中提出的"创新、协调、绿色、开放、共享"的发展理念，结合智能仓储物流的内涵，深入探讨智能仓储的理论知识和实践技能，让学生有自立自强、自主创新的意识。以期为学生提供一个良好的学习环境，为学生的未来发展打下坚实的基础。

　　本书由湄洲湾职业技术学院林露华副教授及上海民远职业技术学院赵加环老师担任主编，由福建信息职业技术学院刘小玲副教授、福州职业技术学院邱仁义副教授、漳州职业技术学院邱春龙副教授担任副主编。本书具体编写分工如下：第一部分、第二部分中的在库作业、出库作业由赵加环老师编写；第二部分入库部分由刘小玲副教授编写；第三部分由林露华副教授编写；第四部分由邱仁义副教授编写；全书涉及的新技术数据资料、企业、行业标准由邱春龙负责。各校老师强强联合、优势互补，充分发挥多校共建优势。

　　在编写过程中，我们得到了福建省一些企业领导的大力支持，他们给本书的创作提出了很多宝贵的意见；与此同时，我们也参考了大量的文献资料，利用了相关的网络资源，引用了国内外众多学者的研究成果和一些公司的案例资料，在此一并表示最诚挚的谢意。

　　"现代物流管理"体系庞大，智能技术不断在更新，高职教育改革也是日新月异，由于编者的水平和精力有限，书中不当之处在所难免，恳请广大读者批评指正。

编　者

Contents 目录

第一部分　认知篇

2　项目一　仓储管理的认知与发展
　　任务一　仓储的认知…………………………………………3
　　任务二　仓储的发展…………………………………………7
　　任务三　仓储管理的认知……………………………………10

16　项目二　智能仓储的认知与发展
　　任务一　智能仓储的认知……………………………………17
　　任务二　智能仓储的意义……………………………………19
　　任务三　智能仓储的优势与劣势……………………………22
　　任务四　智能仓储的国外发展现状…………………………25
　　任务五　智能仓储的国内发展现状…………………………27

32　项目三　智能仓储系统的认知
　　任务　　智能仓储系统的认知………………………………33

第二部分　操作篇

40　项目四　入库作业
　　任务一　入库准备……………………………………………41
　　任务二　物品接运……………………………………………47
　　任务三　物品入库验收………………………………………50
　　任务四　物品入库……………………………………………56

62　项目五　在库作业
　　任务一　在库作业准备………………………………………64
　　任务二　物品的装卸搬运作业………………………………71

任务三　物品的保管养护作业…………84
　　任务四　在库物品的盘点作业…………93
　　任务五　库存控制…………99

120　项目六　出库作业
　　任务一　出库作业准备…………121
　　任务二　备货…………125
　　任务三　复核、点交、装载发运…………128
　　任务四　出库整理…………130
　　任务五　退货处理…………132

第三部分　管理篇

138　项目七　智能仓储的规划布局
　　任务一　智能仓储规划的原则及注意事项…………140
　　任务二　智能仓储规划步骤…………144
　　任务三　仓库、仓位规划…………152
　　任务四　货位规格化，货位、物料编号…………159

172　项目八　智能仓储物流成本与绩效管理
　　任务一　智能仓储物流成本核算…………173
　　任务二　仓储物流成本控制…………181
　　任务三　仓储物流绩效管理…………185

第四部分　系统篇

200　项目九　智能仓储的硬件系统
　　任务一　电子标签系统…………201
　　任务二　自动化运输系统…………205
　　任务三　自动存储系统…………209
　　任务四　自动分拣系统…………218
　　任务五　机器人分拣系统…………224
　　任务六　货到人拣选系统…………226
　　任务七　语音自动化拣选系统…………230

238　项目十　智能仓储的软件系统
　　任务一　RFID仓储管理系统…………239
　　任务二　WMS智能仓储管理系统…………244
　　任务三　WCS仓储控制系统…………249

256　参考文献

第一部分　认知篇

项目一

仓储管理的认知与发展

导　言

仓库在供应链中有多种角色,其物流角色不同,功能定位也就不同,仓储管理的重点和作业流程也不尽相同。物流从业者不但要理解仓储的概念、仓储管理及发展,还要清楚仓储在供应链中的功能。只有这样,才能明确仓储管理的重点,做到仓储作业流程的合理化。

教学目标

知识目标:
1. 了解仓储和仓储管理的概念;
2. 掌握仓储的分类、功能;
3. 掌握仓储管理的内容、原则。

能力目标:
1. 能够讲述仓储和仓储管理的概念和内容;
2. 能够按照不同的用途对仓库进行分类;
3. 能够掌握不同类型仓储组织结构的设计。

素养目标:
1. 培养仓储管理的全局意识、长远意识和协作意识;
2. 培养仓储管理的法律意识、环境意识和安全意识;
3. 培养仓储管理的市场意识、竞争意识和成本意识。

思维导图

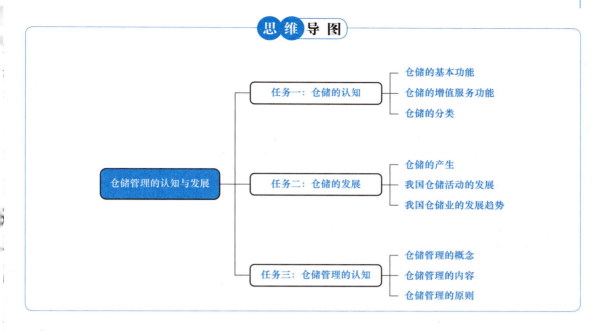

任务一 仓储的认知

引例

2009年3月，京东商城成立了自有快递公司——京东物流。短短几年的时间，京东就建成了属于自己的物流管理体系，使消费者实现了"足不出户"的便捷，并且经过这些年的发展，京东物流服务大幅度提升，物流配送速度大大加快，这些都得益于京东对物流的大资金的注入。2009年开始至今，京东商城在杭州、深圳、南京、厦门等40多座主要城市建立了城市配送站。这些都是京东物流快速发展的直接体现。除增加配送点外，京东物流还在全国交通运输枢纽城市及国际化城市中加大对仓储的建设。为京东物流实现快捷的货品配送提供了重要支持。京东物流企业是如何快速发展的？又是如何进行仓储的建设与管理的？

知识储备

"仓储"是一个古老的概念。古人将仓储看作安国之本、立国之基、持家之要。"仓"即仓库，为存放、保管、储存物品的建筑物和场地的总称，可以是房屋建筑、洞穴、大型容器或特定的场地等，具有存放和保护物品的功能；"储"即储存、储备，表示收存以备使用，具有收存、保管、交付使用的意思。

仓储是指利用仓库对物资进行储存和保管。仓储随着物资储存活动的产生而产生，随着生产力的发展而发展。仓储是商品流通的重要环节之一，也是物流活动的重要支柱。在社会分工和专业化生产条件下，为保持社会再生产活动的顺利进行，必须储存一定量的物资，以满足一定时间内社会生产和消费的需要。正如马克思在《资本论》中所言"没有商品储备就没有商品流通""只有有了这种储备，流通过程以及包含流通过程在内的再生产过程的不断进行，才得到保证"。人类社会自从有剩余产品以来，就产生了储存。

从物流的角度看，仓储的功能可分为基本功能和增值服务功能。

一、仓储的基本功能

仓储的基本功能包括存储功能、调节功能、检验功能和养护功能。

（1）存储功能。存储是指在特定的场所，存放物品并进行妥善的保管，确保其不受损害。存储功能是仓储最基本的功能，是仓储产生的根本原因。当产品出现剩余，需要将剩余产品收存保管时，仓储便由此产生。存储的目的是确保被存储物品的价值不受损害，在存储过程中，被存储物品的所有权属于存货人。

（2）调节功能。仓储在物流中起到类似"蓄水池""火车站"的作用。一方面，可以调节生产和消费的平衡，使它们在时间和空间上得到协调，保证社会再生产的顺利进行；另一方面，由于不同的运输方式在运向、运程、运力和运输时间上存在差异，仅靠一种运输方式一般不能直接将货物运达目的地，货物的运输可能需要在中途改变运输方式、运输路线、运输规模、运输工具。为调节运输时间和完成物品倒装、转运、分装、集装等物流作业，还需要在物品运输的中途停留，仓储为此提供了便利。仓储的调节功能实现了物品从生产地向销售地的快速转移，并且，当交易不利时可以先对物品进行存储，等待有利的交易机会。调节控制的任务就是对物品的仓储或流转做出安排，确定存储时间和存储地点。

（3）检验功能。仓储为组织检验提供了场地和条件。一方面，确保存货人交付保管的仓储物的数量和质量与其提取时的一致性；另一方面，按照存货人的要求分批收货和分批出货，对储存的货物进行数量控制，配合物流管理的有效实施，同时向存货人提供一定数量的服务信息，以便其控制存货，提高物品的效用。为了保证物品的数量和质量，分清事故责任，维护各方面的经济利益，仓库管理员必须对物品进行严格的检验，以满足生产、运输、销售及用户的要求。

（4）养护功能。养护功能是指保管人根据收货时仓储物的质量将其交还存货人的基本义务。为了保证仓储物的质量不变，保管人需要采用先进的技术与合理的保管措施，妥善地保管仓储物。仓储物发生危险时，保管人不仅要及时通知存货人，而且需要及时采取有效措施减少损失。

二、仓储的增值服务功能

仓储的增值服务是现代物流发展的结晶，包含两个方面的含义：一是衔接好仓储环节和配送运输环节，实现产品"无缝"流转，降低成本，缩短产品在流通环节的总时间，加速产品价值的实现；二是采用延迟生产、延迟运输的策略，针对不同行业和产品，把产品的粗加工、包装、贴标签等作业在物流停滞期间完成，既可以为上下游的生产和运输环节提供直接便利，又可以使仓储作业从单一的保值功能发展为增值与保值合一的多元化功能，从而大大提高仓储的直接效益。

仓储的增值服务功能是指利用物品在仓库的存储时间，通过开发和开展多种服务来提高仓储附加值、促进物品流通、提高社会效益的功能，主要包括流通加工功能、配送功能、配载功能、为逆向物流提供场所功能、交易中介功能、为货主企业提供信用保证功能。

（1）流通加工功能。仓储期间可以通过简单的制造和加工活动来延期或延迟生产，提高物品附加值。加工本是生产环节的任务，但随着消费的个性化和多元化发展，许多企业将产品的定型、分装、组配、贴商标、转换包装等工序留到仓储环节进行流通加工，这样可以缩短生产时间、节约材料、提高成品率、保证供货质量及更好地为消费者服务，实现产品从生产到消费之间的价值增值。

（2）配送功能。设置在生产和消费集中地区附近的原材料、零部件或商品仓库，对生产车间和销售点的配送成为其基本的业务。仓库根据生产的进度和销售的需要不间断地、小批量地将仓储物送到生产线、零售商店或收货人手上。仓储与配送业务的发展，有利于生产企业降低存货、减少固定资金投入、实现准时制生产；有利于商店减少存货、减少流动资金使用量，且能保证销售。

（3）配载功能。多数运输转换仓库都有配载的任务。货物在仓库集中存货，按照运输方向的不同对货物进行分类，当运输工具到达时出库装运。配送中心就是不断地对运输车辆进行配载，确保配送的及时进行和运输工具的充分利用。

（4）为逆向物流提供场所功能。一般意义的仓储是为商品从原材料到产成品的流通过程提供场所，而现代商品流通向着可持续发展方向发展，商品的包装物及其使用后和返品的回收越来越引起人们的注意。商品流通对逆向物流提出了新的要求，仓库也是逆向物流必不可少的通道和场所。

（5）交易中介功能。仓储经营人利用大量存放在仓库的有形资产，利用与物资使用部门的广泛业务联系，作为现货交易中介开展业务较为便利，同时，也有利于加速仓储物的周转和吸引仓储。仓储经营人利用仓储物开展物资交易不仅会带来收益，而且能充分利用社会资源，加快社会资金周转，减少资金沉淀。交易中介功能的开发是仓储经营发展的重要方向。

（6）为货主企业提供信用保证功能。储存在仓库中的货物是存货人拥有的财产，存货人可以将该财产作为进行各项经济活动的信用担保。因此，由仓库保管人出具的货物仓单就可以作为融资工具，并且可以直接使用仓单进行质押或其他担保。

三、仓储的分类

1. 按仓储经营主体分类

（1）自营仓储。企业自营仓储包括生产企业和流通企业的自营仓储。自营仓储是企业投资修建，自行实施管理的仓储。

（2）公共仓储。公共仓储是公共事业的配套服务设施，为车站、码头提供仓储配套服务。企业在需要时可以租用公共仓储，以满足自己的仓储服务需求，并支付相应的租金。

（3）第三方仓储。第三方仓储也称合同仓储，是指企业将仓储业务转包给专业物流公司由外包的专业物流公司为企业提供仓储服务。第三方仓储不同于一般的租赁仓库仓储，它能够提供专业化的高效、经济和准确的分销服务。与传统仓储公司相比，第三方仓储公司能为货主提供特殊要求的空间、人力、设备和特殊服务。

（4）战略储备仓储。战略储备仓储是指国家根据国防安全、社会稳定的需要，对战略物资实行战略储备而形成的仓储。

每种仓储都有其对应的特点，现就四种仓储从周转总量、需求的稳定性、市场密度三个维度进行对比，具体见表1-1。

表1-1 四种仓储特点的对比

仓储模式	周转总量		需求的稳定性		市场密度	
	大	小	是	否	集中	分散
自营仓储	√	×	√	×	√	×
公共仓储	√	√	√	√	√	√
第三方仓储	√	√	√	√	√	√
战略储备仓储	√	×	√	×	√	×

2．按仓储对象分类

（1）普通物品仓储。普通物品仓储是指不需要特殊保管条件的物品仓储。

（2）特殊物品仓储。特殊物品仓储是指在保管中有特殊要求和需要满足特殊条件的物品仓储。

3．按仓储功能分类

（1）储存仓储。储存仓储是指物品较长时间存放的仓储。

（2）物流中心仓储。物流中心仓储是指以物流管理为目的的仓储活动，为了有效实现物流的空间与时间价值，对物流的过程、数量、方向进行调节和控制。

（3）配送仓储。配送仓储是指商品在配送交付消费者之前所进行的短期仓储，是商品在销售或供生产使用前的最后储存。

（4）运输转换仓储。运输转换仓储是指衔接铁路、公路、水路等不同运输方式的仓储。它设置在不同运输方式的相接处，如港口、车站、库房等场所。

（5）保税仓储。保税仓储是指经海关核准设立的专门存放保税物品及其他未办结海关手续物品的仓储形式。

4．按仓储物的处理方式分类

（1）保管式仓储。保管式仓储的特点是存货人将特定的物品交由仓储保管人代为保管，物品保管到期，保管人将代管物品交还存货人，由存货人支付仓储费用。

（2）加工式仓储。加工式仓储的特点是仓储或物流中心具有流通加工、维修、组装等功能，仓库保管人在物品存储期间根据存货人的合同要求，对仓储物进行合同所规定的外观、形状、成分构成、尺度等方面的加工或包装，使仓储物满足委托人的要求。

（3）消费式仓储。消费式仓储的特点是仓库保管人在接受保管物时，同时接受保管物的所有权，仓库保管人在仓储期间有权对仓储物行使所有权，待仓储期满，保管人将相同种类、品种和数量的替代物交还委托人，由委托人支付仓储费用。

★ 思政要点

通过对仓储与仓储管理的学习，培养新时代仓储管理人员的组织协调能力、团队协作意识，养成敬业和艰苦奋斗的精神。

任务二　仓储的发展

引 例

北美最大的布朗印刷公司在仓储物流升级之前，落后的物流系统与激增的业务需求之间就曾产生过巨大的隔阂。工厂的屡次扩建不仅使物料变得分散，而且缩小了半成品和成品托盘所需的暂存区域，严重影响了生产计划和重要客户指定的发货日期。为此，布朗印刷公司决定采用自动化仓储系统，实现以下目标：

（1）简化物料流；

（2）托盘移动自动化；

（3）降低生产总成本；

（4）提高资源使用率；

（5）提升出货准确性；

（6）高效的手工作业区。

在经过市场分析和调研后，布朗印刷公司决定携手德马泰克（自动化物流系统集成商），借助其行业资源和细分市场优势，以及相关行业配套的辅助自动化产品，共同打造自动化仓储系统方案。

考虑到布朗印刷公司的明尼苏达州沃西卡工厂的经营现状，拥有11台胶印机和16台装订机，负责300多种月刊和产品目录的印刷生产，每天约有453 592 kg印刷品从这里运出。基于此，自动化解决方案分两个主要阶段执行。

一、AGV（Automated Guided Vehicle，自动导引运输车）小车运输系统

德马泰克 AGV 小车因具有最小的转弯半径、简单的设计等优势被布朗印刷公司选中，工厂决定采用 26 辆 AGV 小车，用于负责 74 322 m^2 设施中的大部分托盘运输。

德马泰克物料跟踪控制软件和设备管理软件，不仅协调 AGV 小车、堆垛机和输送机运转，还对叉车司机进行管理，使他们通过叉车上的射频终端处理卡车载荷和各种生产支持需求。在实现库存和叉车移动控制后，便进入下一阶段的自动化。

二、半成品自动化立体仓库

自动化立体仓库是现代工业生产和物流配送的重要组成部分。与传统平库相比，其单位面积存储空间更大，存储和输送效率更高。

德马泰克构建的这一自动化立体仓库有 18 m 高，包括 13 200 个货位和 6 台旋转叉车堆垛机，可处理重达 1 361 kg 的负载。

单深货架提供了所需的存储密度，同时可以提取完整的库存单元用于装订作业。自动化立体仓库提供托盘，用于拣选货物到转运车，转运车将单个托盘运送到工作站。已完成的邮件包裹通过输送机运送，并通过垂直升降机送至包裹装运区。

德马泰克物料跟踪控制软件对每台装订机的托盘缓存区进行管控，确保适时将半成品托盘交付到正确的机器料斗中。另外，成品托盘通过射频终端进入正确的集货区、装运平台和拖车。

在纸张价格、人工成本大幅上涨的情况下，智能物料配送系统将是印刷业发展的必经之路，这也正是布朗印刷公司选择智能物料输送、搬运解决方案的根本原因。

现阶段我国仓储发展正处在自动化和集成自动化阶段，而工业物流和社会物流规模的迅速扩张，对物流节点间的协同及效率提出了更高的要求，智能仓储物流应运而生。

知识储备

随着社会生产力的发展和流通规模的扩大，一方面出现物流量的急剧增加，仓储业务量增大，并因为社会需求的变化，对仓储业务在时间上、质量上和服务水平上都提出更高的要求；另一方面，现行的这种分散式、封闭式的仓储格局与社会化大生产、开放式的中国特色社会主义市场经济很不协调，致使现有的仓储能力得不到充分发挥，这是一对矛盾。

一、仓储的产生

人类社会自从出现剩余产品以来，就产生了储存。原始社会末期，人类社会出现了生产剩余，人们将多余的物品留存起来备用，自发地产生了储备行为。此时的储备规模很小，储存对象是自然采集物和猎物。

古代把存放兵器的地方称为"库"。后人把"仓"和"库"结合使用，将储存和保管物品的建筑物或场所统称为"仓库"。

二、我国仓储活动的发展

我国的仓储具有悠久的历史。随着社会经济的不断发展，仓储业已成为社会经济发展的重要产业。目前，我国的仓储业已形成较大的规模，且形成了各种专业化的门类齐全的仓储分工，在数量上已能满足经济发展的需要，但是在服务质量和效益上存在着明显的不足。纵观中国仓储活动的发展历史，大致经历了以下四个阶段：

（1）古代仓储业。中国古代商业仓库是随着社会分工和专业化生产的发展而逐渐形成和扩大的。"邸阁"是商业仓库的最初形式，它既具有商品寄存性质，又具有旅店性质。随着社会分工的进一步发展和商品交换的不断扩大，专门储存商品的"塌房"从"邸阁"中分离出来，成为带有企业性质的商业仓库。

（2）近代仓储业。随着商品经济的发展和商业活动范围的扩大，中国近代商业仓库得到了一定的发展。19世纪的商业仓库称为堆栈，是指堆存和保管物品的场地与设备。堆栈初期的作用只限于堆存货物，物品的所有权属于寄存人。随着堆栈种类的扩大，服务对象的增加，截至1949年，堆栈业已经有码头堆栈、铁路堆栈、保管堆栈、厂号堆栈、金融堆栈和海关堆栈等类型。近代堆栈业的显著发展是建立明确的业务种类、经营范围、责任业务、仓租、进出手续等。

（3）中华人民共和国成立后初级阶段的仓储业。中华人民共和国成立以后，中央人民政府接管并改造了中华人民共和国成立前留存的仓库，当时采取对口接管改造的政策，如铁路、港口仓库由交通运输部门接管；物资部门仓库由全国物资清理委员会接管；私营仓库由商业部门对口接管改造；外商仓库按经营的性质分别由港务、外贸、商业等有关部门接管收买。1962年，原国家物资储备局（现国家粮食和物资储备局）成立。1984年，中国物资储运集团有限公司在各地设有14个直属储运公司，下属76个仓库，主要承担国家掌握的机动物资、国务院各部门中转物资及其他物资的储运任务，再加上各地物资局下属的储运公司及仓库，在全国逐步形成了一个物资储运网。

（4）现代化仓储业。在我国较长一段时间内，仓库一直属于劳动密集型企业，而且劳动强度大、劳动条件差，特别是一些危险品仓库，极易发生中毒等事故。为迅速改变这种落后状况，一方面，政府首先投入资金改造旧式仓库，按照现代仓储作业要求，增加设备的投入，配备各种装卸、搬运、堆码等设备，减轻工人的劳动强度，改善劳动条件，提高仓储作业化的机械水平；另一方面，新建了一批具有先进技术水平的现代化仓库。我国从20世纪70年代开始建造自动化仓库，旋转式货架、移动式货架、巷道式堆垛机和其他搬运设备都加入自动控制行列，并普遍采用电子计算机辅助仓库管理，使中国仓储业进入自动化的新阶段。

三、我国仓储业的发展趋势

1. 仓储物品多样化和仓储服务个性化

随着经济的发展，社会需求的增加，新的劳动对象和消费对象不断出现，仓储物品的多样化成为必然，而仓储物品的多样化必然带来仓库形式的多样化、仓储设备的多样化和各类仓库管理的多样化。企业应树立以客户为中心的理念，改变传统单一仓储业务无法适应现代物流客户个性化需求的现状，依据自身的特点满足客户日益提高的个性化和差异化的需求。

2．仓储环节集成化和仓储设备现代化

现代物流已进入集成化的供应链管理时代，所以，装备先进的信息基础设施是必然选择，应配置现代化的装卸搬运设备、检验设备、储存设备、分拣设备、计量设备和流通加工设备等，以满足集成化的高效率仓储管理。

3．仓储数量最小化和仓储地点远程化

从20世纪丰田汽车公司创造零库存以来，它一直是仓储业永恒的话题。以某种运作方式使某一种或某一些货物不以库存形式存在，即库存数是"零"，零库存是针对某个企业来说的，但对多数企业和社会储备来说，零库存是不可能的，只能争取库存趋于最少。远程仓储已在越来越多的跨国企业中成为一种节约成本、方便运营的运作方式。

4．仓储信息网络化和仓储监控电子化

仓储信息网络化是指利用现代信息技术、数学方法和管理科学方法对仓储信息进行收集、加工、存储、分析和交换的人机综合系统。全球信息网络的建立将使仓储信息网络化趋势得到进一步发展。信息技术不仅用于处理仓储具体业务，而且用于监控各种储运设备。

所以，我国经济处于快速发展阶段，物流仓储行业正处于高速发展转型阶段，行业未来将向着集约化、信息化、标准化及智能化的方向发展。

> ★ 思政要点
>
> 通过对仓储发展的学习，培养新时代仓储管理人员有新发展理念，认识我国仓储发展的历史，推动仓储业高质量发展。

任务三　仓储管理的认知

>>> 引 例

广西华银铝业有限公司（以下简称"华银铝业公司"）于2003年2月成立，2005年6月项目正式开工建设，2008年6月全面建成投产，目前已形成年产铝土矿660万吨、氧化铝240万吨产能。公司拥有生产工艺先进、技术装备精良等竞争优势，各项经营指标、工艺指标和消耗指标行业领先，产品质量达到一级品标准，远销国内外，深受广大客户青睐。

华银铝业公司的仓库管理属于随机拣货出库，老旧型号呆滞，无法适配生产设备，最后导致大量呆滞库存积压，占用仓库空间，企业成本居高不下。如何降低呆滞库存、盘活物资、降低成本、提高仓库利用率是仓库管理的首要任务。

华银铝业公司的仓库主要存放材料和备件。由于生产设备的型号众多，设备对应的材料备件也复杂繁多。现系统中仅物料分类就有1千多种，具体物资则有4万多种。由于前期仓库存放随意，导致仓库拣货难度非常大。

华银铝业公司由于同类物资的型号复杂繁多且外形相似，业务部门申请领料时，库管员凭主观认知拣货及点数。这种拣货方式容易导致物资错拿或漏拿，直接导致生产车间无法正常使用，进而延误工期，同时可能损坏错领的物资，无法实现降本增效。

华银铝业公司现有库管员普遍年龄偏大，在系统使用方面，希望尽可能地流程清晰、步骤简单、操作方便，实现零培训或少培训即可上岗。

华银铝业公司的实际业务场景中，供应商发货后需要采购员在原系统中新增收货单，再电话通知库管员补充收货仓库信息。到货后由双方人员核对物资进行收货，收货后再由库管员进行审批收货单据。

整个出入库过程，系统无法智能推进各个环节的作业执行。需要依赖线下沟通，再进一步完成相应业务流程操作。效率低下，且容易出错。

经过反复探讨仓库管理的痛难点，并且综合评估了国内外多款ERP（企业资源计划）和WMS（仓库管理系统）的基础上，华银铝业公司最终选择升级仓储管理系统。通过新技术平台的优势，结合华银铝业公司自身的管理意识提升，降低呆滞库存，有效盘活物资资产，降低企业成本，提高仓库利用率，同时规范仓库管理、提升库管员的工作效率。

华银铝业公司通过仓储管理优化升级，实现仓库管理模式由传统仓库向数字化仓库转型，库存更新更加及时、准确，避免了以往多发、少发、漏发物料的问题；实现了库存成品的全条码化管理；通过作业路径配置实现库内作业流程化，改变过去一张单一个动作的方式，回归到仓库作业的本质。通过数字化实现华银铝业公司技术创新战略的高效落地。

知识储备

一、仓储管理的概念

仓储管理随着科技的进步尤其是人工智能的发展，越来越具有综合性、技术性和经济性等特点。它将仓储领域内生产力、生产关系及相应上层建筑中的有关问题进行综合研究，以探索仓储管理的规律，不断促进仓储管理的科学化和现代化内涵，随着其在社会经济领域中的作用不断扩大而变化，已从单纯意义上对物资存储的管理成为物流过程的中心环节。它的功能已不是单纯的物资存储，还兼有包装、分拣、整理、简单装配等多种辅助性功能。

二、仓储管理的内容

仓储管理的内容既有技术层面内容也有经济层面内容，主要包括以下几个方面：

（1）仓库的选址和设置。例如，仓库的选址原则、仓库建筑面积的确定、仓库运输道路与作业区域的布置等。

（2）仓储规模的确定。仓储规模的确定主要包括库区的建筑面积、道路、作业平面及堆放布置，还包括内部区域划分及行走路线规划。

（3）仓库机械作业的选择与配置。现代仓库离不开机械设施。例如，如何根据仓库作业特点和储存物资的种类及其理化特性，选择机械装备及应配备的数量，如何对这些机械装备进行管理等。

（4）仓库的作业管理。仓库的作业管理包括如何组织货物出、入库，如何对在库货物进行储存、保管与养护。

（5）仓库的库存管理。仓库的库存管理包括如何根据企业生产需求状况和销售状况储存合理数量的货物，如何制定合理的库存水平，如何进行定期订货，如何进行定量订货，如何确定货物的管理方法。

（6）仓库的组织管理。仓库的组织管理包括货源的组织、货物包装、货物养护、仓储成本核算、仓储经济效益分析、仓储货物的保税类型、保税制度和政策、保税货物的海关监管、申请保税仓库的一般程序等。另外，仓储业务考核、新技术和新方法在仓库管理中的应用、仓库安全与消防等都是仓储组织管理所涉及的内容。

（7）仓库的信息技术。仓库的信息技术包括仓库管理中信息化的应用及仓储管理信息系统的建立和维护等问题。

三、仓储管理的原则

1．满足社会需要的原则

仓储本身并不是社会生产的最终目的，物质仓储是为物质生产、流通和最终消费服务的。物质生产、流通和最终消费服务对仓储的需要决定了仓储的供给。仓储管理的基本出发点在于社会对仓储的需要，以社会需要决定仓储结构、仓储规模、经营方法、仓储管理建设等，以社会需要为依据开展仓储管理。

2．效率原则

效率是指在具备一定劳动要素投入量时的产品产出量。具备较小的劳动要素投入量和较高的产品产出量才能实现高效率。高效率就意味着劳动产出大，劳动要素利用率高，高效率是现代化生产的基本要求。仓储的效率包括仓容利用率、货物周转率、进出库时间、装卸车时间等指标。高效率仓储的表现就是"快进、快出、多存储、保管好"。

仓储管理的核心就是效率管理，实现最少的劳动量投入，获得最大的产品产出。劳动量投入包括生产工具、劳动力和数量，以及作业时间和使用时间。效率是仓储其他管理的基础，没有生产的效率，就不会有经营的效益，就无法开展优质的服务。高效率的实现是管理艺术的体现，通过准确核算、科学组织、妥善安排场所和空间、机械设备与人员合理配合，以及部门与部门、人员与人员、设备与设备、人员与设备之间默契配合，使生产作业过程有条不紊地进行。

高效率还需要有效管理过程的保证，包括现场的组织与督促，标准化与制度化的操作管理，严格的质量责任制的约束，反之，现场作业混乱、操作随意、作业质量差，甚至出现作业事故，显然不可能产生效率。

3．经济效益的原则

厂商生产经营的目的是实现利润最大化，这是经济学的基本假设条件，也是社会现实的反映。利润是经济效益的表现。实现利润最大化需要做到经营收入最大化和经营成本最小化。作为参与市场经济活动主体的仓储业，应以获得最大经济效益为目的进行组织和经营，同时，也需要承担企业的社会责任，重视绿色发展，履行环境保护责任，维护社会安定，满足社会不断增长的需要，提高生产经营的社会效应。

4．服务的原则

仓储活动本身就是向社会提供服务。服务是贯穿在仓储中的一条主线，从仓储的定位、仓储具体操作，到对储存货物的控制，都围绕着服务进行。仓储管理需要围绕着服务定位，如提供服务、改善服务、提高服务质量，包括直接的服务管理和以服务为原则的生产管理。

仓储的服务水平与仓储经营成本有着密切的相关性，两者互相对立。服务越好，成本越高，收费也越高。仓储服务管理就是在降低成本和提高服务水平之间保持平衡。

★ 思政要点

通过对仓储管理与服务的学习，培养新时代仓储管理人员的全局意识与服务精神。

一、单项选择题

1．物流仓库（　　）。

　　A．不再具有仓库的最基本功能

　　B．储存和保管是其唯一功能

　　C．只具有流通加工功能

　　D．是物流节点，成为物品制造环节的延伸

2. 封闭式仓库适合存放和保管（　　）。
   A. 对温度和湿度要求不高，且出入库频繁的物品
   B. 较大型的物品
   C. 要求比较高的物品
   D. 出入库频繁的物品
3. 加工中心的主要工作是流通加工，设置在消费地的加工中心的主要加工目的是（　　）。
   A. 物流
   B. 实现销售、强化服务
   C. 仓储
   D. 以上选项均正确
4. 自营仓库是指由企业或各类组织自营自管（　　）。
   A. 经营储运业务的仓库
   B. 为自身提供储存服务的仓库
   C. 面向社会提供储存服务的仓库
   D. 以营利为目的的仓库
5. 仓储最基本的功能是（　　）。
   A. 流通管理　　B. 数量管理　　C. 质量管理　　D. 物资存储

二、多项选择题

1. 仓库是指储存和保管物品的场所，以下属于仓库的有（　　）。
   A. 露天堆场
   B. 半封闭货棚
   C. 全封闭普通仓库
   D. 特种仓库
2. 仓储管理的基本原则有（　　）。
   A. 社会服务
   B. 注重效率
   C. 确保安全
   D. 讲求经济效益
3. 以下不属于储备仓库基本功能的有（　　）。
   A. 保管物资
   B. 储存物资
   C. 流通加工
   D. 拣选

三、简答题

1. 仓库的功能有哪些？
2. 仓储管理包含哪些内容？
3. 仓储业发展的趋势是什么？

四、案例分析题

和记黄埔港口集团旗下的深圳和记内陆集装箱仓储有限公司在深圳观澜设立了大型物流仓储基地——"观澜内陆集装箱仓储中心"，以配合华南地区的进出口贸易发展。目前，已建成两座面积为 20 000 m² 的大型出口监管仓、40 000 m² 的货柜堆场，以及与之相配套的报关楼、验货中心及办公场所。

观澜内陆集装箱仓储中心实现高科技智能化出口监管仓储及堆场操作，包括采用 WIS（仓储管理系统）和 TOMS（堆场管理系统）管理仓库运作及堆场操作，查询全球海关、

船公司、租箱公司及客户的库存资料，了解货物进出仓的情况；IC 卡闸口自动识别验放 CTV 全方位监控；电子系统报关，为客户提供方便快捷的报关服务。

同时，与和记黄埔港口集团投资的南方明珠盐田国际集装箱码头有限公司联手，采用 GPS 卫星定位系统，在盐田与观澜之间进行途中监控，并在盐田港入闸处为货柜开辟了专门的"绿色通道"，以达到信息共享、统一协调、分工合作的目的，充分发挥港口与仓储运作的优势，将盐田码头服务功能延伸至更靠近各生产厂家的内地。

观澜内陆集装箱仓储中心目前为国外销售商、集运公司、货运代理、生产厂家、船公司及租箱公司提供优质监管仓拼柜集运、国内配送、货柜堆存等服务，对推动华南地区的物流发展作出了贡献。

由此可见，仓储对一个企业的发展有着至关重要的作用，而建立一个好的仓储公司，不仅需要大量的投入，还需要各种先进的现代化技术来保证仓储的发展。

【辩证性思考】

分析观澜内陆集装箱仓储中心仓储管理成功的主要因素。

项目二

智能仓储的认知与发展

根据2012年至2020年国家颁布的各项促进仓储业、物流业转型升级的政策，国家正加快脚步加强仓储环节的自动化建设，有效地为仓储物流提供了政策保障和依据，为我国仓储业的智能化和物流业发展的现代化指明了方向，同时推动运输、仓储、配送等全物流环节的高效发展。

教学目标

知识目标：
1. 了解智能仓储的概念与组成；
2. 掌握智能仓储的国内外发展现状；
3. 掌握智能仓储的优势与劣势。

能力目标：
1. 能够讲述智能仓储的概念及意义；
2. 能够理解智能仓储的组成及发展现状；
3. 能够掌握智能仓储的优势与劣势。

素养目标：
1. 培养智能仓储管理的全局意识、合作意识；
2. 培养智能仓储管理的创新意识、探索意识。

第一部分　认知篇

思维导图

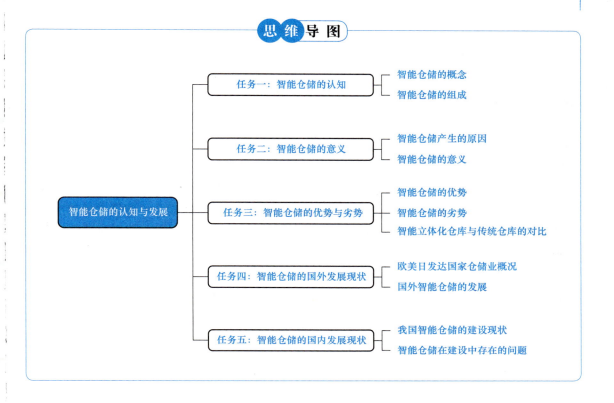

任务一　智能仓储的认知

引例

京东亚洲一号仓库

2015年10月22日，经过一年运行，京东上海"亚洲一号"的内景视频首度对外曝光，展现了上海"亚洲一号"高度智能化、自动化的仓储设备和作业流程。京东同时透露，上海"亚洲一号"已开始向第三方商家提供仓储服务。

京东上海"亚洲一号"于2014年10月正式投入使用，是国内最大、最先进的电商物流中心之一。在硬件方面，上海"亚洲一号"拥有自动化立体仓库（AS/RS）、自动分拣机等先进设备；在软件方面，仓库管理、控制、分拣和配送信息系统等均由京东公司开发并拥有自主知识产权，整个系统均由京东公司总集成，90%以上操作已实现自动化。自建物流是京东的核心竞争力之一，上海"亚洲一号"更是京东的旗舰工程和"秘密武器"。

自动入库运输机可实现托盘货物的自动出、入库；堆垛机（欧洲进口）可实现托盘货

17

物的自动存货、取货和补货，运行速度达 180 m/min；立体仓库拣货区可实现自动补货，拣选货物后自动输送；自动分拣机（欧洲进口）可自动供包，分拣处理能力超过 20 000 件/h，分拣准确率超过 99.99%。

▶ 知识储备

一、智能仓储的概念

由于企业物流成本升高及外部政策推动，智能仓储市场需求增加，行业处于蓬勃发展阶段。目前在智能仓储行业中，软件、硬件均有多种产品，各具特色。智能仓储行业仍处于初级阶段，市面上的痛点仍未被完全解决，未来技术创新解决将是推动智能仓储进步的主要原因。

关于智能仓储的定义，不同的企业从建设角度对于它的定义也稍有不同，亿欧智库认为智能仓储同样需要满足如下特征：以用户需求为中心重构仓储流程，重视仓储过程核心数据的积累和运用，降低仓储环节人员的参与度，使用新技术促进仓储各个环节及仓储和供应链其他环节产品流与信息流的流畅运转。

智能仓储的灵感来自智能工厂，两者采用类似的方式通过数据驱动环境。同时，结合各种自动化和互联技术，实现对货物和请求的自动接收、分类、组织、识别和准备。在减少错误数量的同时最大限度地减少所需的人工数量。

腾讯企业将智能仓储分为自动化仓库管理和数字化运营方式两个部分。自动化仓库管理是运用自动化搬运设备对高层货架进行处理的立体仓库，结合 WMS（仓库管理系统），借助 MES 信息化管理平台，进行高效、灵活的搬运工作；数字化运营方式通过物联网及传感器对货物信息进行实时采集与分析，实现对货物的远程感知与操控，云端形成三维数字服务及仓库管理策略定制，同时支持多个系统协同运行。成为"仓储—分拣—配送"一站式服务。

智能仓储是一种仓储管理理念，是通过信息化、物联网和机电一体化共同实现的智能物流，从而降低仓储成本、提高运营效率、提升仓储管理能力。

综上所述，智能仓储是使用物联网、AI、大数据等互联网新技术，以用户需求为中心重构仓储流程，重视仓储过程核心数据的积累和运用，降低仓储环节人员的参与度，使用新技术促进仓储各个环节及仓储和供应链其他环节产品流与信息流的流畅运转，从而降低仓储成本、提高效率的一种管理理念。

二、智能仓储的组成

根据产品流和信息流的分类，智能仓储主要由仓储管理系统和智能仓储硬件两部分组成。拥有同时交付两类产品能力的便是解决方案集成商。具体智能仓储组成如图 2-1 所示。

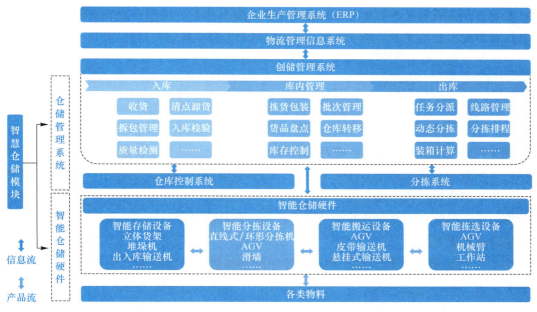

图 2-1 智能仓储组成图

★ 思政要点

通过对智能仓储的学习，注重培养新时代仓储管理人员的守正创新意识。

任务二　智能仓储的意义

>>> 引 例

随着工业 4.0 和中国制造 2025 理念的提出，智能装备和智能制造产业发展也为仓储智能化的发展提供了技术基础。智能制造背景下对于传统制造业而言，智能仓储管理系统既能实现仓库精细化管理，又能有效降低库存成本，对于企业的降本增效、增强企业核心竞争力意义重大。目前，智能仓储发展依然面临诸多问题待解决，如系统问题、数据采集处理、网络协同化、决策智能化等方面。这决定了我国智能仓储的发展仍然处于初级阶段，要想达到发达国家的水平还需要一定时间。

智能仓储是指在人工智能的帮助下出现的一种能够自动存取和运送货物的新型物流仓储模式。智能仓储系统通常意义上是由立体货架、堆垛机、自动传输机、叉车等自动化设备，以及互联网技术、RFID（Radio Frequency Identification 的缩写，一般指射频识别技术）、智能化仓库管理技术组成。通过先进的装备和信息技术的组合，能够实现货物的自动录入、查询,从而提高仓库作业的准确率和效率,降低库存,提升企业的运营水平。智能仓储系统对货架的优化使用、合理分配,可大大提升仓储货架的使用率。

> 知识储备

一、智能仓储产生的原因

随着人们生活水平的提高,在需求方面发生了变化,人们不再满足于大规模生产方式下的单一品种,出现了需求多样化的趋势。激烈的市场竞争要求企业根据不同消费群体的特点,更加细致地进行市场区隔并进行细分市场定位。企业之间的激烈竞争要求不断推出新型号的产品以区别于其竞争对手的同类产品,产品的寿命周期越来越短。传统的仓储已经无法满足时代要求。

(1)个性化需求攀升,生产模式的转变对仓储提出了新要求。需求端的变化瓦解了"先生产再出售"的生产模式,"先需求再生产"逐渐成为未来改革的方向,供应链条的复杂程度也随着生产模式的改变呈指数级上升。为了契合新的生产模式,仓储需要更高的库存水平,处理更加复杂的存储、运输、分拣、拣选等环节。为了控制不断增加的成本,智能化是性价比较高的解决方案之一。

(2)人口红利逐渐消失,促使企业进行仓储智能化转型。目前,第二产业是使用智能仓储的主流企业,根据国家统计局数据,2016—2019年,第二产业劳动力人口减少了1 061万人,2020年劳动力人口略有提升,但整体仍呈递减态势。同时,2020年制造业平均工资相较2018年增长了30.7%。仓储人力资源的减少和成本的提高促使企业进行仓储智能化转型。具体数值如图2-2所示。

图2-2 第二产业劳动力与制造业平均人力成本统计图

(3)工业用地成本提高,使提高仓储面积有效使用率成为普遍需求。土地资源是物流仓储的核心资产。然而全国工业用地价格在不断地升高,从2018年295.4元/m² 上升到

2019 年 317.71 元/m²，提升了 7.6%，直到 2020 年价格仍维持在高位。因此，仓储面积变得更为宝贵，提高空间利用率，提高存储、分拣、挑选和运输效率成为普遍需求。具体数值如图 2-3 所示。

图 2-3 2017—2020 年工业用地价格图

二、智能仓储的意义

（1）商品流通过程的对接。智能仓储企业承担商品的集散功能，在一定程度上集中不同生产者的商品，把它们分散到不同消费者；可以同时提高仓储不同运输工具的转换，有效地利用各种不同的运输工具来实现发展运输；商品在储存过程中，还能进行数据整合、分类、包装、配送等处理，以满足市场销售的需要。

（2）市场信息传感器。智能仓储商品的数量是市场供求的反映。企业能够根据智能仓储内货物的数量决定增加或减少生产量；消费者能够根据智能仓储内货物的数量决定增加或减少购买量。

（3）物流管理的重要环节。智能仓储是物流管理的重要组成部分，其中相当一部分的时间和功能都是在智能仓储中完成的，如运输组合、配送准备、流通处理、市场供应调整等。现代物流是从原材料采购、产品生产到产品销售过程、产品销售管理、物流成本降低的物流流程的统一管理。

（4）现货市场交易的场所。在进行现货交易时，可以在智能仓储内对商品进行检验、抽样和检测，也可以在智能仓储内进行调拨和交割。

（5）提供信用保证。消费者在购买前都会想要确认货物的质量好坏，智能仓储管理人员出具的表单就能够当作交易的凭证，还可以用来抵押贷款，是信用保证的重要依据。

★ 思政要点

通过理解智能仓储的意义，了解智能仓储发展的节约化，提升勤俭节约意识。

任务三　智能仓储的优势与劣势

> **引例**

嘉里物流某国际服饰品牌运营业务包括叠装、挂装、鞋子、包、配件等，SKU（最小存货单元）约 26 084 个，库存总量为 819 225 件，其中过季退货服饰占库存总量的 75%，新品服饰占 25%。库存主要分为叠装、挂装、残次品。

嘉里物流某品牌传统仓的痛点分析如下：

（1）上架效率低。退货上架时，寻找空闲位时间长，且走道空间较为狭窄，一次能带进库区上架的箱数较少，所以导致上架效率低。

（2）拣选效率低。退货上架区混乱，拣货范围广，高位货架及挂件不方便拣选，人工拣选时间长，导致效率较低。

（3）仓容利用率低。由于货架拣货，每组货架须留拣选通道，导致仓库空间利用率较低。

（4）拣选准确率低。拣货面单商品信息不准确，且退货单个存储箱内 SKU 数较多，导致拣选准确率低于 70%，需要花费大量时间处理差异。

（5）作业效率低。2C 订单组批是将多件和单件组在同一个批次，导致单件也进行了二次分拣，影响作业效率。

（6）作业数据不透明。需要人工手工纸质录入数据，查询商品信息步骤烦琐，主要依靠人工记忆、经验等，容易出错。

针对嘉兴平湖园区改造需求，为其提供从软件到硬件的智能仓储整体解决方案。采用了密集存储设计、统一化调度的设计理念，实现了物料的自动化搬运、智能化拣选、经济化存储，从而大大降低了人员劳动强度，降低了作业差错率、提高了上架效率、拣选准确度、仓容利用率等。支持 WMS、PMS、手持终端 PDA 等多个信息系统进行实时数据交互，并贯穿整个仓库的出入库、调拨、盘点、退料、退货等相关业务，提高数据传输效率，简化作业流程。

为嘉里物流提供了"303 与 312 双存储模式并行"的定制方案（303 模式即 3 层楼都是鲸仓 PSS 密集存储设计，312 模式即 3 层楼中一楼用于地堆/挂件，其余两层做 PSS 密集存储设计），满足了存放挂件的业务需求，也最大限度地提升了库区内的存储空间利用率。双存储模式并行如图 2-4 所示。

PSB（取箱机器人）升级版也在此次项目中正式使用，取箱机器人优化了叠箱模块功能，用于叠箱嵌套检验，进一步提高了整体系统精确可靠性、拣选准确率、拣选效率及作业效率。同时 PSB 与 PST 相互配合,增加仓库柔性,实现一机多轨。

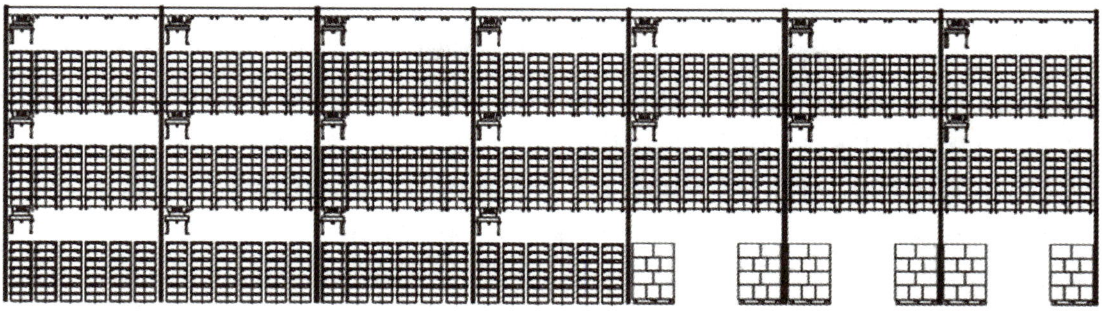

图 2-4 双存储模式并行示意

采用数据看板,让信息一目了然,满足现场管理需要,配合多种智能算法提高作业效率,让作业数据更加透明,有效实现出入库管理、盘点及货物快速查找。

嘉里物流将在嘉兴平湖园区构建完善的 PSS 智能化仓储基地,规划将服装类、轻小件业务均向此园区聚拢,在节约存储、人力、快递成本的同时,也可实现集中管理,从而降低管理难度。

鲸仓科技采用"303 与 312 双存储模式"PSS 密集存储设计,成功解决了嘉里物流传统仓空间浪费、仓租高、劳动力堆积、人力成本高、人力效率低的问题,满足了存放挂件的业务需求,也最大限度地提升了库区内的存储空间利用率。

仓容利用率提升到了原来的 3 倍。15 000 m^2 的仓库,现在只需要 5 000 m^2 的仓库就可以完成了,大大节约仓储区面积,减少租金成本等。

拣选效率提升到了原来的 1.6 倍。拣货效率从 60 件/(小时·人)提升到 100 件/(小时·人)。

拣选精准度提升至 99%,数据精准,让仓储管理不再是一件难事。

开仓即满,10 天完成了 80 万件的库存转移,单日入仓最高 18.3 万件。

>>> 知识储备

一、智能仓储的优势

与传统仓储系统相比,智能仓储系统主要有以下优势:

(1)提高运营效率。与立体仓库配套的自动货架、自动分拣设备、AGV(自动牵引车)、机器人堆垛机或传感器等,可在调配仓储管理系统后快速、准确地运作,出错率较低,操作权责明确,机器运作可实现 24 小时无休运作,极大提高了工作效率。

(2)最大化仓储空间。与传统仓储不同的是,在空间上,为了操作者的安全尽可能地使用单层设备,造成仓库实际存储空间利用率不高的现状,智能仓储追求仓储空间的最大利用,一般会采用立体化仓库,通过接入各种智能设备和传感器,实现在高货架上快速存取货，依靠合理的布置来实现仓储空间的最大化。

（3）自动化分拣。智能仓储实际上是动态存储，智能设备配上全自动或半自动化的仓储管理系统，可以实现自动分拣和访问，支持"多人＋异地＋同时"盘点，盘点的同时可出库记账，很好地实现了库存的自动或半自动化，并可实现自动分拣和访问的全过程智能化操作。常规仓库属于静态仓库，功能比较单一，只能用于存放货物。

（4）信息化技术。常规仓库主要依靠人工管理，人工干预程度越高，不可控因素就越多，技术含量就越低，而智能仓库的信息化程度高，需要专用设备和仓储管理系统，实现全流程自动化。

（5）环境。常规仓库在工作时，由于需要人工操作，必须保持灯光明亮，环境只能在常温和低温冷藏中选择；智能仓库可完美适应各种阴冷特殊环境，不仅可以保管普通品，还可以保管特殊品。

（6）费用。就投入而言，智能仓储的前期投入虽然比传统仓储高，但智能仓储比传统仓储效率高，而且智能仓储自动化程度高，所需人工成本低，机器无须购买社保、支付福利、薪资，创造的经济效益呈倍数增长。

二、智能仓储的劣势

每种事物都有利弊，智能仓储的劣势如下：

（1）仓储结构复杂，配套设备多，需要的基本建设和设备投资很大。

（2）货架安装精度要求高，施工比较困难，而且施工周期长。

（3）计算机系统是仓储的"神经中枢"。一旦出现故障，将会使整个仓储处于瘫痪状态，收发作业就要中断。

（4）由于高层货架是利用标准货格进行单元储存的，所以，对储存货物的种类有一定的局限性。

（5）仓储实行自动化控制和管理，技术性比较强，对工作人员的技术业务素质要求比较高，必须具有一定的文化水平和专业素养，而且需要经过专门的培训才能胜任。

（6）必须注意仓储设备的保管和保养，定期维护，采购备品备件。

三、智能立体化仓库与传统仓库的对比

智能立体化仓库与传统仓库的对比见表2-1。

表2-1 智能立体化仓库与传统仓库对比表

对比项目	智能立体化仓库	传统仓库
空间利用率	充分利用垂直空间，单位面积存储量远大于普通单层仓库（为单层仓库的4～7倍）	占地面积大，空间利用率低
储存形态	动态存储：仓库内货物按需自动存取；仓库系统与其他生产环节系统紧密连接	静态储存：仓库仅作为货物的存储场所，无法有效管理货物

续表

对比项目	智能立体化仓库	传统仓库
准确率	采用先进信息技术，准确率高	信息化程度低，容易出错
管理水平	计算机智能化管理 仓储与其他生产环节紧密相连，有效降低库存积压	计算机应用程度低 仓储与其他生产环节不相连，容易造成库存积压
可追溯性	采用条码技术与信息处理技术，准确跟踪货物流向	以手工登记为主，数据准确性和及时性难以保证
对环境要求	可适应黑暗、低温、有毒等特殊环境	受黑暗、低温、有毒等特殊环境影响大
效率与成本	高度机械化和自动化，出入库速度快； 人工成本低	主要依靠人力，货物存取速度慢； 人工成本高

★ 思政要点

通过学习智能仓储的优势与劣势，让学生善于发现，并有善作善成的能力。

任务四　智能仓储的国外发展现状

引例

亚马逊公司于 2012 年收购了 Kiva Systems，开始在其仓库中布局机器人。客户下单后，订单调度系统将订单分配给机器人，通过植入地面的代码对机器人实行路径导航，在移动过程中相互不会碰撞。机器人移动至目标货架，识别货架信息后升降平台将货架举起，再移动至工作人员处。过程并不复杂，主要是对于路径导航、后端系统等相关方面技术要求较高。

据说这些机器人每小时大约可移动 48 km，准确率接近 99.99%，将工作效率提升 2～4 倍，每年给亚马逊公司节约成本 10 亿美元。但这类机器的使用对于物品的存放方式、质量和体积等条件会有一定要求。其他代表性的有 Swisslog 的 CarryPick 系统，与亚马逊公司类似，由自动引导车 AGV ＋移动货架单元构成。

Fetch Robotics 机器人与亚马逊公司的机器人相比，不仅能运输货物，还能直接从货架上取下物品。Fetch Robotics 由 Fetch 移动机械手臂和 Freight 移动基座组成，通过导航 Fetch 机器人在货架间移动，识别物品将其取下货架，放到 Freight 机器人里，Freight 机器人再将物品移动至工作人员。机器人可以自动寻找电源进行充电。

取货机器人的技术难点和分拣手臂相同，不能适用和识别各种尺寸、质量、形状的物品，但是相关方面的技术也不断地取得了突破。

德国 Magazino 公司的 TORU 机器人，根据三维地图模型穿梭于货架之间，通过激光和摄像头技术识别周围环境和货架物品的状态，可以依次抓取多个物品进行递送，提高了订单处理效率，还设计了专门抓取长方形、盒子等容器类和不规则形状物品，增强了机器人的适用性。日立 Hitachi 公司的新型智能机器人利用升降台、机械臂、机械手指和摄像头的配合来装卸物品，可以从货架上移动各种不同尺寸、形状、质量的物品。

▶▶ 知识储备

一、欧美日发达国家仓储业概况

第二次世界大战以后，世界经济得到了迅速的恢复和发展，物流量越来越大，物流中的矛盾也愈加突出。如何使物流更为畅通，如何使物流过程更为合理，已成为人们关心的问题。为此，国外出现了一批从事与物流相关的经济活动的企业和一些专门研究物流的机构，特别是在美国和日本。随着商品经济的发展，商品流通费用占总费用比例呈上升趋势，目前，一些国家的商品流通费用已占商品总成本的 10%～30%，这就要求通过降低流通费用来提高经济效益。西方国家已经在这方面做出了许多努力。例如，20 世纪 50 年代始于美国，70 年代在日本得到高速发展的自动化立体仓库就是这种努力的结果。

目前，欧美国家又在发展大型中转仓库，面积可达上万平方米，单层高度达十多米，使货物流转更加畅通和迅捷。特别是近几年在大型货物配送中心方面发展很快，由此形成的配送网络的覆盖面越来越广。配送中心的发展使传统的仓储功能发生了质的变化，进一步提升了仓储在物流中的地位。

以日本为例，作为一个资源缺乏的发达国家，日本对仓库的建设特别重视，并且现代化程度较高。在日本，仓储主要是由独立的企业承担，政府对仓储业的管理主要是通过法律的约束，如日本制定专门的《仓库法》。在仓储企业经营方面，越来越多的日本仓储企业在从事拆、分、拼装商品等多种经营业务，出现众多的为生产企业和商业连锁点服务的配送中心，由此大大减少了各部门仓库中的货物存储量，从而降低了资金的积压。

二、国外智能仓储的发展

第一阶段的工作主要是靠人工来实现的，通过人工操作实现物资的输送、存储、管理和控制。至今，国外生产和服务行业中的许多环节都是这一技术的实例。虽然经常见到高度机械化和自动化场合，但仍存在人工仓储技术的例子。例如，从传送带上取下货箱或把货物放在托盘上。实时性和直观性是其明显的优点，面对面的接触，比较直观，便于联系，减少了过程交接之间过多的问题。当然，虽然可以采用机器人等自动化程度高的设备来完成仓储任务，但相对成本较高，故经常采用人工来完成。

第二阶段的工作主要是通过各种各样的输送机、工业车辆、机器人、起重机、堆垛机及升降机来移动和搬运物料，用货架、托盘和可移动货架存储物料，通过人工操作机械存取设备，用限位开关、制动和机械监视器等控制设备的运行。机械化可实现人们对于工作时的速度、精确度、重复存取和搬运、所达到的高度和提取的质量等方面的要求。但是，机械化装备的采用存在着需要大量的资金投入和维护费用高等缺点。

第三阶段中自动化技术对仓储技术的发展起了重要的促进作用。随着计算机的发展，工作重点转向物资的控制和管理。要求实时、协调和一体化，信息自动化技术逐渐成为仓储自动化技术的核心。计算机之间、数据采集点之间、机械设备的控制器之间及它们与主计算机之间的通信可以及时地汇总信息，仓库计算机可以及时地记录订货和到货时间，显示库存量，计划人员可以方便地做出供货决策。信息技术的应用已成为仓储技术的重要支柱。

到了20世纪70年代和80年代进入第四阶段，自动化技术被越来越多地应用在生产和分配领域。显然，"自动化孤岛"需要集成化，于是便形成了"集成系统"的概念。在集成系统中，整个系统的有机协作使总体效益和生产的应变能力大大超过了各部分独立效益的总和。

如今智能自动化仓储的技术发展还处于初级发展阶段，在21世纪，仓储技术的智能化将具有广阔的应用前景。

★ 思政要点

通过学习国外智能仓储的发展，让学生开拓视野，及时了解世界发展动态，从而更好地取长补短。

任务五　智能仓储的国内发展现状

>>> 引 例

近几年，制造产业升级推动智能制造发展，多种因素推动仓储物流智能化快速发展。随着下游应用推广的不断深入，为智能仓储物流行业提供了广阔的市场需求空间。

我国智能仓储物流系统广泛应用于烟草、医药、汽车、食品饮料、电商和机械制造等行业，下游应用行业仓储物流系统的数字化、智能化不断升级，为智能仓储物流提供了广阔的发展空间。数据显示，我国智能仓储物流系统市场规模由2016年的207.1亿元增长至

2020年的541.7亿元，年均复合增长率达26.9%。2023年，我国智能仓储物流系统市场规模将达1 975亿元，市场发展空间广阔。

1. 国家政策大力支持促进行业发展

随着经济结构调整和供给侧改革加快，降低流通成本，建立高效、快捷、现代化、智能化的仓储物流体系已经成为国家重点推进领域。近年来，国务院及相关部门陆续推出了一系列法规政策支持和鼓励智能仓储物流的发展。

2. 下游市场需求旺盛推动行业可持续发展

智能仓储物流系统已在汽车、化工、机械、纺织服装、电子、电力设备及新能源等诸多行业得以广泛的推广和应用。多样化的需求促进了仓储物流技术发展、创新，也为不同类型的仓储物流供应商提供了更广阔的应用场景和更丰富的服务形式。在智能制造产业的发展热潮下，智能仓储物流正在催生全新的业态，由多个提供单一产品或服务的供应商共同构建协作系统，形成融合发展的生态圈。

3. 新技术的逐步运用促进行业技术水平不断提高

近年来，互联网、物联网、人工智能、大数据、云计算等新技术逐步应用于仓储、运输、配送等各个仓储物流环节，使得仓储物流场景数字化、供应链内的元素相互连接、供应链决策更加智能，为推动仓储物流产业的全面升级和迭代提升奠定了技术基础。

知识储备

一、我国智能仓储的建设现状

随着现代物流的发展而新兴起的产业，智能仓储是中国政府计划着重发展的一个产业。

（1）政府积极出台政策引导。国务院于2014年9月公布了《物流业发展中长期规划（2014—2020年）》，强调我国的物流业已进入了新的转型与升级阶段，并提出和职能物流行业有关的7个目标，如增强物流信息化建设、智能仓储的发展、促进物流技术设备现代化及积极发展绿色物流等，给我国的智能物流行业在"十三五"规划阶段指明了发展的方向。另外，各地政府主动响应高层的政策，利用各项政策举措为行业的发展创造出良好的环境，促进智能仓储物流行业的成长与发展。

（2）智能仓储基础设施建设高速发展。最近十年来，我国与智能仓储有关的配套基本设备的建设已经初具规模。现在，我国已经有20个省市建设了较为优质的智能交通系统，完成了高速路段的网络监控，并有较少的地域对车辆完成了动态监控；使用RFID设施的物流公司，其数量在10%以上，且一直有增加的趋向；自动化立体仓库存储物流系统数量超过了1 000座，大多分布在大型、高度自动化的行业，如电子、烟草、医疗及化工等行业，大型制造业的自动化立体仓库正在不断涌现。

（3）技术研究和标准化取得新的突破。近些年，我国在某些比较重要的、与智能仓储行业有关的技术上的研究部分获得了一定的突破，如网络架构、传感器及M2M等。并且正在逐渐完善物联网的通用基础功能与专用领域功能方面的规定标准，国际标准的影响力在持续增加。

（4）互联网经济带动智能仓储的高速发展。互联网经济虽然带动了我国智能仓储行业的高速发展，但仓储成本上升、效率难以提升的困境亟待解决突破。目前随着智能园区的发展与建设，智能仓储聚焦了行业的目光，因为发展建设智能仓储物流打破了传统的仓储模式，是实现"降本增效"向智能物流行业转变的有效途径。

（5）智慧园区智能仓储物流管理。智慧园区智能仓储物流管理主要监管从车辆进场到出园区的全流程，从供应链的整体角度考虑，深化与上下游供应商的合作，提高客户和合作伙伴的满意度，以期在市场上获得良好的声誉。智能仓储是智能园区智能物流建设发展过程的组成部分，通过从仓库管理过程中快速获取准确的数据，可以有效地控制和保证仓库的合理性。现阶段我国仓储行业正在应用智能化技术，与传统的仓库方式相比，智能仓库采用综合网络控制，保证仓库信息的安全，实现统一的存储和仓库管理；使用智能设备减少人工操作，节省人工资源；使用智能软件让收货流程全面，客户可以全方位管理收货。智能仓库设计在提升仓库信息化水平的过程中，为大型物流企业的发展和国际物流政策标准的设计提供了更多的机会。

二、智能仓储在建设中存在的问题

由于现阶段在智能仓储物流建设发展中还存在诸多问题，致使智能化技术在仓储物流业的使用率并不高。

（1）信息化精英人才匮乏、物流环节信息不公开限制了信息化的发展。在促进中国物流信息化期间，发现决策阶层的骨干人才缺少清晰的计划思路与战略设计，信息化系统缺少推广，不仅会约束公司管理能力与经济收益的提高，还会限制物流供应链上的各个公司间高效的信息分享，是信息交流共享的障碍。

（2）智能仓储物流普及度不高。智能仓储建设中先进的流水线、分拣线及智能机器人等智能仓储全套建造下来所需成本极高。在不考虑安装货架的情况下，一个占地面积 100 000 m^2、仓库面积 60 000 m^2 的丙二类仓库，从置地到仓库建成投入使用，花费近 2.2 亿元人民币。智能仓储建设成本较高，许多企业甚至园区受经济因素限制，目前尚未涉及智能仓储物流，造成普及度低。

（3）数字化程度不高。智能仓储物流数字化是指对物料进行分类编码、统一仓储及科学管理。通过智能仓储物流数字化管理，可以准确地找到产品，并对产品做出合理的安排。然而，目前大多数企业还处于信息化的原始阶段，这一现象主要是由两个方面的原因造成的：一是资金短缺，没有能力购置先进装备和成套的信息系统；二是缺少专业的技术人才支持。在利益最大化面前，智能仓储信息化增加了企业成本，这是企业的仓储管理中尤其是传统仓储中还不能完全实现数字化最现实的原因。

（4）新型物流人才缺失。在智能园区智能仓储发展建设过程中，缺乏相应的人才。

目前一线操作员工并未受过专业培训,专业知识匮乏。企业在实际工作中,仅针对新产品或新流程进行培训,导致仓储工作人员缺少正确的操作意识,所有的工作仅停留在初级阶段,对于智能仓储建设发展不能快速上手,致使智能仓储工作效率极低。

(5)系统的孤立、不连通。在很多企业中,针对智能制造及智能仓储物流业务,投入了ERP、WMS及MES等,但是各系统之间没有进行打通融合,各自孤立,导致厂区内各生产线物流配送出现错乱、低效等情况。

★ 思政要点

通过学习国内智能仓储的发展,及时发现问题,更好地提升自己,笃行不怠。

一、单项选择题

1. 下列不属于智能仓储产生原因的是(   )。
   A. 个性化需求增加   B. 生产模式转变
   C. 仓储面积有效使用率需要 D. 人口增加

2. 智能仓储的意义(   )。
   A. 是物流管理的重要环节   B. 保管物资
   C. 增加物流成本   D. 提高仓储管理的水平

3. 智能仓储能够提高运营效率的关键是(   )。
   A. 自动化运营机械及先进的管理系统
   B. 仓储人员素质高
   C. 仓库面积大
   D. 仓储机械化水平高

二、多项选择题

1. 智能仓储的优势主要包括(   )。
   A. 最大化仓储空间   B. 自动化分拣
   C. 功能比较单一   D. 环境适应性好

2. 国外智能仓储发展主要经历了(   )阶段。
   A. 人工操作   B. 机械化操作
   C. 自动化技术   D. 集成系统化

3. 智能仓储建设中存在的主要问题有(   )。
   A. 专业人才的缺乏   B. 数字化程度不高
   C. 系统孤立   D. 没有合适的场地

三、简答题

1. 智能仓储的组成有哪些？
2. 简述智能仓储的意义。
3. 简述智能仓储的优势与劣势。

四、案例分析题

1959 年，美国建立了世界上第一座自动化立体仓库，德国和日本依靠本国完善的工业体系也逐渐加大对智能仓储的研究。从整体来看，仓储能力直接反映了国家经济实力，特别是工业生产能力。发达国家仓库的机械化设备高于世界的平均水平，其中大约有 3% 以上的仓储实现了自动、智能分拣操作，优化了原有人工的操作步骤，大约 10% 的仓储实现了机械化的分拣，同时实现了传送带输送的功能，节省了人员的操作。北美国家仓库的信息化管理水平很高，大约有总数 77% 的仓库使用了仓储管理系统。

在亚洲，日本物流行业比美国起步晚，但领先于其他国家。经过几十年的发展，其物流行业取得惊人的成绩。智能仓储管理系统在国内得到许多专业物流公司的认可并在行业内推广。近年来，日本企业物流成本占产品销售额的比重维持在 5% 左右，而同时期美国企业平均比重数据为 7.87%。日本过去几十年在智能物流仓储方面取得的成就值得其他国家学习。

相对于美国、日本，国内智能化仓储起步较晚，发展较为滞后。美国物流专家 Richard Muther 于 1983 年到国内讲授物料搬运设计，这次讲座对我国物流行业产生了极大的影响。此后，随着国内经济的发展，特别是电商新经济模式的快速崛起，物流仓储行业得到了快速的发展。高度智能化、自动化的物流仓储是现阶段产业结构的需求，特别是对于电商而言意义重大。

【辩证性思考】

分析国外智能仓储的发展对国内智能仓储发展的借鉴意义。

项目三

智能仓储系统的认知

导 言

企业的仓储管理，是对仓库及仓库内的物资所进行的管理，是企业为了充分利用所具有的仓储资源提供高效的仓储服务所进行的计划、组织、控制和协调过程。它作为连接生产者和消费者的纽带，在整个物流和经济活动中起着至关重要的作用。简单、静态的传统仓储管理模式普遍存在物资库存量巨大、物资跟踪困难、资金和物资周转效率较低、人力成本偏高、物流管理的信息和手段落后等缺点，已不能适应新的仓储管理需求。各大企业正在通过破除传统的仓储管理模式，积极探讨新的信息管理技术，在适应企业原有管理流程的基础上，构建新的仓储管理信息化系统平台，协调各个环节的运作，保证及时、准确的进出库作业和实时透明的库存控制作业，合理配置仓库资源、优化仓库布局和提高仓库的作业水平，提高仓储服务质量，节省劳动力和库存空间，降低运营成本，从而增强企业市场竞争力。

教学目标

知识目标：

1. 了解智能仓储系统的概念；
2. 掌握智能仓储系统的组成；
3. 掌握智能仓储系统在企业的应用。

能力目标：

1. 能够讲述智能仓储系统的概念；

2. 能够理解智能仓储系统的应用；
3. 能够掌握智能仓储系统的组成及技术支持。

素养目标：
1. 培养智能仓储系统的全局意识、合作意识；
2. 培养智能仓储系统的创新意识、探索意识。

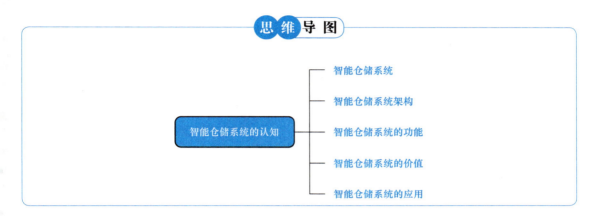

任务　智能仓储系统的认知

引例

智能仓储系统在国内图书馆的应用

苏州第二图书馆于2013年开始筹建，从建筑设计规划和建设，到智能化系统开发与使用，前后历时7年，于2019年年底建成开放，成为国内首个使用大型智能立体书库的图书馆。

库容问题困扰苏州图书馆多年，曾经因为存储空间限制，有多达180多万册书籍被打包，成为无法流通的馆藏，占到当时馆藏总量的1/3。

新投入使用的智能立体书库空间总高为17 m，占地面积约为3 700 m²，四个库区约为2 950 m²，一个库前分拣区约750 m²。1号库区是堆垛机库，使用的自动化存取设备是2组箱式堆垛机；2号库区和3号库区是穿梭车库，采用6台提升机和18台高速四向穿梭车；4号库区是窄巷道绕架仓库，配备一套窄巷道叉车，由人工操控叉车完成存取，四个库区总货位共计91 113个。库前分拣区设置11个拣选工作台，2套塑封贴标设备，1套配置56个分拣滑道的自动分拣系统。

智能立体书库设计的总存量约为700万册，1～3号自动库区用于存放高流通文献，

4号人工库区用于存放低流通文献、保存本文献、过期报刊等。该系统基于无线射频识别技术，实现对图书的实时定位和信息跟踪，仓储管理系统还结合视觉识别技术，保证书箱内图书的准确性。图书每天出库和入库效率均设计为1万册，即每天出入库效率可达2万册。至2020年年底，书库累计储存图书230万册，为苏州全市各分馆调配图书20万册。

当到馆读者有借阅需求时，可在系统发出借阅需求，指定区域等待取书，整个流程最快只需5～10 min；馆外读者也可在网借平台发出申请，取书地点可选择苏州图书馆的各分馆和无人值守借书柜，共计约130个网投服务点，也可选择自行承担物流费用送书上门，一般需等待2～3天。2019年年底至2020年年底，智能立体书库服务馆内借阅读者1万多位，服务网上借阅读者6万多位，共借出图书818 481册。

智能立体书库解决了困扰苏州图书馆多年的库容难题，其优秀的存取能力还提高了文献流通和调配效率，同时实现文献的高密度存储和高效率利用。

知识储备

一、智能仓储系统

智能仓储系统（WMS）是根据仓储管理的建设实施经验而推出的一款专业化仓储管理软件。除正常仓储功能，如出入库、盘点等功能外，还可以实现仓库作业过程的管理，通过RFID技术、条形码技术及无线传输等技术手段，指导仓储作业的同时，规范作业流程。具体优势如下：

（1）减少资源浪费。其包括空间资源的限制浪费与人力成本的浪费。

（2）减少账存错误。数字技术及条形码技术的加持能减少因错误的作业或配送所引起的数据不符。

（3）降低成本。信息化管理降低了人力资源成本与信息流和物流无法统一致使总体仓储成本降低。

（4）提高效率。基于条形码或RFID进行精确的库位管理和移动无线码枪辅助存储与拣选工具，提升现场作业效率与准确率。

（5）便捷追溯。便捷追溯某个有缺陷的零件安装在哪个批次的产品上；成品仓库有效管理，解决市场串货、假货、某批次产品流向精准控制等。

二、智能仓储系统架构

智能仓储系统应当具备基于数据进行分析和决策支持的功能。现有智能仓储管理系统架构大致如下：

（1）应用环境层。应用环境层是指应用智能仓储管理系统的现场，如包装下线、入库、理库、出库装车等。应用环境层既是智能仓储管理系统的起点，也是智能仓储管理系统的作用终端。仓储作业流程中产生大量的现场数据，这些数据通过多种采集方式如二维码、RFID、传感器等加以采集，上传至上一层进行后续处理，由上一层级下传的决策指令在应用环境层接收并执行。

（2）状态感控层。状态感控层与应用环境层直接作用，在该层完成对应用环境层的状态感控和数据采集工作，采集的数据类型主要可分为物流状态数据、设备状态数据、人员状态数据，并上传至数据存储层存档。该层还负责通过自主控制、人机交互等方式将决策指令传输至应用环境层，通过应用环境层的执行来实现对各类状态的控制。

（3）数据存储层。数据存储层是接收状态感控层对应用环境层采集到的各类状态数据，并将这些状态数据按照一定的逻辑关系和处理过程进行有效的存储，并根据各类数据信息的数据格式和类型建立标准化的概念模型与逻辑模型，实现数据库的标准化统一管理。通过数据的存储，再根据数据分析层对数据的需求，进行数据的提取和分析，为后续的管理决策支持奠定基础。

（4）数据分析层。数据分析层是对系统所存储的过程数据进行各类相关的统计分析工作。数据分析层能够针对应用环境的管理和决策支持的需求，在存储层对所需要的数据进行挖掘和关联分析，建立相关独立关联模型和非独立关联模型，为上层决策支持提供相应理论方法和数据支持。

（5）决策支持层。决策支持层是体系中的最上层，该层主要基于以上数据分析结果进一步分析应用环境层的相关数据，从精益生产的角度分析相应仓储管理的决策支持信息，通常表现为部分关键业务进行管理决策时，能够得到有效的数据支持。再由系统用户根据决策支持层信息制定相应管理决策转化为可供下达的优化调整指令。决策支持层是根据数据分析的结果，结合应用环境层的当前状态，从而产生针对状态控制的决策支持内容。系统用户根据决策支持层信息的内容做出的管理决策可转化为逐层向下传递的管理指令，最终作用于应用环境层，形成闭环。

三、智能仓储系统的功能

（1）入库管理：收货、质检、上架流程完善，支持先质检后收货，动态设置多场景收货策略，支持 PDA 设备执行入库操作，根据货物上架策略获取目标库位，由人工/AGV 将货物运送至指定位置，扫描库位标签绑定完成入库操作。具体入库系统示意如图 3-1 所示。

（2）出库管理：拣货、打包、装箱流程完善，WMS 下发出库任务，无人车间管理服务根据出库任务下发 AGV 调度指令，AGV 根据指定线路前往指定库位，获取货物送往指定出库区。配合 PDA 设备扫描审核，出现错误时，会发出警报，提醒库管人员及时进行处理，最后把数据发送到系统中更新数据库完成出库。具体出库系统示意如图 3-2 所示。

（3）盘点管理：WMS 创建盘点并审核，库管人员通过移动终端查看盘点任务前往指定盘点地点，利用 PDA 进行货物盘点扫描，并与数据库中的信息进行比对，在移动端显示实时的差异信息，供给盘点工作人员核查。最后将盘点完成的信息与后台的数据库信息进行核对，生成盘点表。

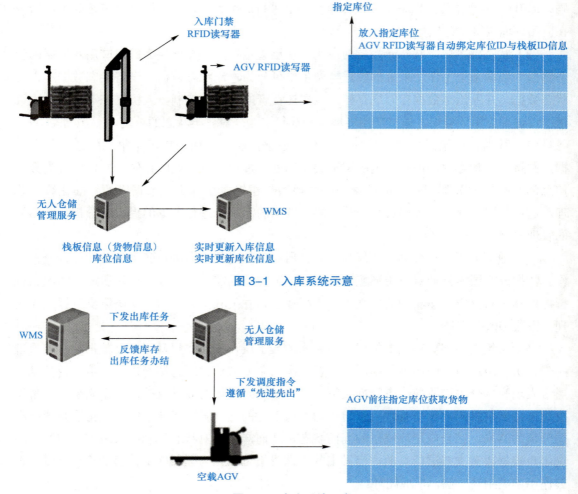

图 3-1 入库系统示意

图 3-2 出库系统示意

（4）可视化库位管理：将仓库库位信息通过可视化的方式进行展示，以实际平面图的方式展示各库位库存情况。利用车间看板、工作站、作业平板甚至手持移动终端进行查看，帮助各类人群实时了解各库位库存信息。

（5）数据统计分析：WMS 定期自动保存库存快照及实时变化情况，以备核查。详细、精确统计人员的作业情况，为绩效考核和任务量调整提供数据依据。

（6）预警管理：提供近效期预警、低周转预警、单据超时预警、紧急任务卡顿预警、库存上下限阈值预警。

四、智能仓储系统的价值

（1）持续库存优化。快速高效处理库存数据，准确地把握仓库的整体库存情况。

（2）订单处理效率高。利用分布式数据库和弹性负载均衡并行处理订单，实时对货物进行合并处理，提升订单的处理效率。

（3）严格的效期管理。根据商品的有效期，合理安排出库顺序，采用先进先出模式，避免因商品过期造成的库存损失。

（4）质量追溯管理。质量追溯管理可实现商品仓储全过程的可视化监控，明确商品在库中的移动轨迹，实现商品的来源可查、去向可追、责任可纠。

五、智能仓储系统的应用

（1）汽车零配件。标准化条码作业，全条码结合 RFID 应用，管理入库、出库、移库、盘点，自动检测齐套，提高操作准确性及便利性。

（2）快递物流。仓储物流无人化，以信息系统规范作业流程，提高作业的分拣效率及准确性。

（3）食品冷链。多货主、多仓、多层级的仓储管理和业务操作，打通与承运商、经销商、商超等的数据交互。

★ 思政要点

认识智能仓储系统的发展，深化创新发展理念。

一、单项选择题

1. 关于智能仓储系统，下列理解最准确的是（　　）。
   A. 智能仓储系统能够减少资源浪费
   B. 智能仓储系统能够杜绝错误
   C. 系统会提高运营成本
   D. 智能仓储系统的要求高
2. 智能仓储系统的架构主要分为（　　）层。
   A. 3　　　　　　B. 2　　　　　　C. 5　　　　　　D. 4

二、多项选择题

1. 智能仓储系统的功能主要有（　　）。
   A. 入库管理　　B. 在库管理　　C. 出库管理　　D. 盘点管理
2. 智能仓储系统的价值有（　　）。
   A. 持续库存优化　　　　　　B. 订单处理效率管理
   C. 严格追溯管理　　　　　　D. 质量追溯管理

三、简答题

智能仓储系统的应用主要有哪些？

四、案例分析题

在信息化、数据化、科技化的市场经济发展趋势下，企业想要建立和保持自身的竞争优势，需要通过数字化的改造，不断提高企业的生产效率与信息管理水平，让数据转化为企业价值，从而提高企业核心竞争力。在这种背景下，基于物联网技术的智能仓库管理系统诞生了。

简单来说，物联网就是物物相连的互联网。其包含以下两层含义：

（1）物联网的核心和基础仍然是互联网，是在互联网基础上的延伸和扩展的网络。

（2）其用户端延伸扩展到了物品与物品之间进行信息交互和通信，也就是物物相连。

目前，物联网技术已经与仓储物流完成了深度融合。为了改善企业的仓储难点，降低仓储成本，并提高仓储效率与仓库管理水平，增强企业竞争力，标领科技公司按照现代仓储管理的要求，利用物联网技术，打造了一套全力推进"智慧仓储"的智能仓库管理系统。

这套智能仓库管理系统涵盖了入库、上架、调拨、领用、移库、调仓、盘点、拣货、分发、出库等工作流程。在系统的应用之下，每个货品会被设置一个特定的条码或RFID"身份证"，利用该"身份证"与条码/RFID扫描器的信息交互，即可通过物联网技术将各环节的作业信息同步至系统中。此系统还配有强大的查询检索的功能。仓库的管理人员能够方便快捷地查询到仓库里面的各种数据，包括进入仓库的货品和出库的货品信息。当然对于库存的统计也是如此，仓库的管理人员能够实时掌握库存，当商品出现缺货情况，及时智能补货，避免缺货超卖现象，提高库存管理的准确性和可视性。

现代企业离不开先进的管理手段，仓储行业的发展同样离不开信息技术和先进系统。标领智能仓库管理系统结合了先进的信息技术和成熟的仓储管理经验，帮助企业合理有效地利用仓库空间，使仓库成为企业发展的核心竞争力之一。

【辩证性思考】

1. 智能仓储系统的功能有哪些？
2. 分析智能仓储系统在企业中的应用。

第二部分　操作篇

入库作业

入库作业是仓库运营的首要环节。其作业效率和质量不仅影响后续环节,而且在这个环节中产生的原始数据都是后续环节作业的关键。因此,合理地组织入库作业,能够使入库工作手续简便清晰、作业快且稳定、技术精准。

知识目标:

1. 掌握入库前的相关准备工作;
2. 了解物品接运的方式;
3. 掌握物品入库验收的方法及工作程序;
4. 掌握账卡档案的建立方法;
5. 掌握在物品入库验收过程中,常见的问题及处理方法。

能力目标:

1. 能够做好入库前的准备工作;
2. 能够做好物品接运工作;
3. 能够做好物品验收工作;
4. 能够办理各种入库手续和凭证;
5. 能够正确处理入库过程中发现的问题;
6. 具有对物品进行编码的能力。

素养目标：
1. 培养学生入库作业的管理能力；
2. 通过入库验收工作，培养学生发现并分析问题的思维能力。

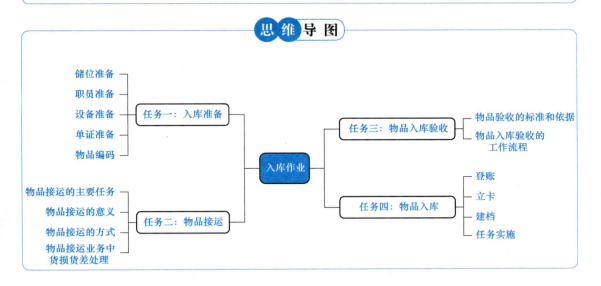

任务一　入库准备

引例

一家 3A 物流中心，拥有 5 个库房，其中 3 个库房内有 5 层的货架、2 个露天货场、2 个简易货棚，主要面向本市内大型超市，提供日用百货、小家电之类的存储服务。6 月 15 日，该物流中心接到一供应商运送来的一车"娃哈哈"牌纯净水，送货单上数量为 600 箱，规格为 1×24（500 mL），单价为 0.8 元/瓶，金额为 19.2 元/箱，生产日期是 6 月 10 日，保质期为 12 个月。你作为收货员，为了顺利完成这批物品的入库手续，要从哪些方面做好入库准备工作？

知识储备

入库作业是仓储业务管理的开始。入库工作的好坏将直接影响物资的保管和销售。物资入库一般包括入库前准备、物资接运、卸货、核对凭证、物品的初步检验和交接、验收及办理入库手续等环节（图 4-1）。具体工作如下：

（1）物品入库准备；

（2）入库物品的接运；

(3) 入库物品的验收；

(4) 办理入库手续。

在物品到达仓库前，必须掌握预入库物品的品种、数量和到库日期等具体情况。在此基础上做好入库准备，以保证物品能按时顺利入库，具体的准备工作有储位准备、职员准备、设备准备和单证准备。

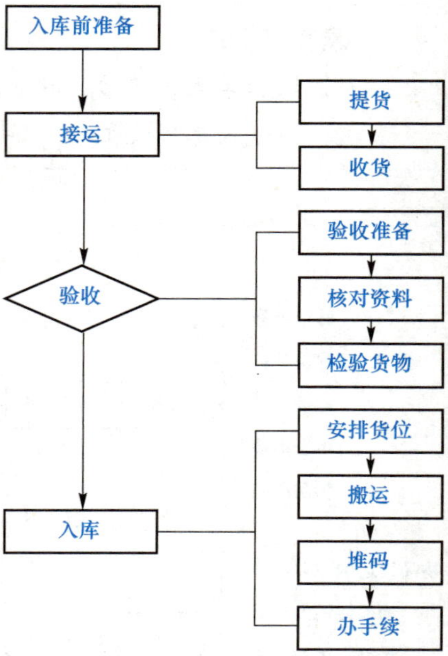

一、储位准备

根据预入库物品的特性、体积、质量、数目、到货时间等信息，结合物品分区、分类、储位管理的要求，预计储位，合理分区并确定物品存货场地和验货场地。

图 4-1 入库步骤图

（一）估算所需占用场地大小

1. 计算堆垛占地面积

$$占地面积 =（总件数 \div 总码层数）\times 单位物品底面积$$

或

$$占地面积 = 总质量 \div （层数 \times 物品单位面积质量）$$

码垛可堆层数计算要综合考虑以下三个因素。

（1）地坪不超重可堆层数计算：是指物品堆垛的质量必须在建筑部门核定的库房地坪安全负载范围内，不得超重。因此，物品在堆垛前，应预先计算货垛不超重可堆高的最多层数。

$$不超重可堆高层数 = 库房地坪每平方米核定载重量 \div 物品单位面积质量$$

（2）货垛不超高可堆层数计算：

$$不超高可堆高层数 = 库房可用高度 \div 每件物品的高度$$

（3）物品本身的包装及其本身强度所确定的堆高限定：根据上述三个可堆高层数的考虑因素，计算出的可堆高层数中取其中最小的可堆高层数作为堆垛作业的堆高层数，这样才能同时保证库场地面不会损坏及物品本身不会压坏。

【例 4-1】 某仓库进了一批木箱装的罐头食品 100 箱。每箱毛重 50 kg，箱底面积为 0.25 m^2，箱高 0.25 m，箱上标识表示最多允许叠堆 16 层高，地坪承载能力为 5 t/m^2，库房可用高度为 5.2 m，求该批物品的可堆高度。

解： 单位面积质量 = $50 \div 0.25 = 200$（kg/m^2）= 0.2（t/m^2）

① 不超重可堆高层数 = $5 \div 0.2 = 25$（层）；

② 不超高可堆高层数 = $5.2 \div 0.25 \approx 20$（层）；

③ 物品木箱标识表示允许堆高 16 层。

因为，16 层 < 20 层 < 25 层。

所以，该批罐头食品堆垛作业最大的叠堆高度为 16 层，货垛的高度为 4 m [$16×0.25=4$（m）]。但若该仓库采用货架堆放，则最多可以堆高 20 层。

2．计算货架空间

根据货架的承重能力、物品规格及使用情况做出计算，具体可分为以下两种情况计算。

（1）使用托盘货架存储。如果仓库使用托盘货架来存储物品，则计算货架空间需考虑物品尺寸、数量、托盘尺寸、货架形式及层数。

结合货架承重能力及物品尺寸估计每托盘可堆垛 A 箱物品，入库货量为 Q，则所需存货空间 S 为

$$S =（Q× 托盘尺寸）/（A× 货架层数）$$

（2）使用中小型无托盘货架存储。如入库物品尺寸不大，且属少量多品种出货，则可采用中小型货架，以箱为单位存储。此时计算货架空间需考虑物品尺寸及数量、货架的形式及层数、货架储位空间大小。

假设使用货架的层数位 N，结合货架承重能力及物品尺寸，估计每储位可堆放 A 箱物品，入库货量为 Q，则所需存货空间 S 为

$$S =（Q× 每储位尺寸）/（A×N）$$

（二）物品货位安排

1．仓库货位的使用方式

（1）不固定物品的货位。不固定物品的货位是指物品任意存放在有空的货位，不加分类。这种方式虽然能提高货位使用率，但是仓库内显得混乱，不利于管理和物品查找。周转极快的专业流通仓库，物品保管时间极短，大都采用不固定方式。计算机管理能弥补仓库管理和物品查找方面的不足。采用不固定物品的货位的方式，必须遵循仓储的分类安全原则。

（2）固定物品的货位。把确定的物品存放在这类货位中，严格地区分使用，决不混用、串用。一般长期货源的计划库存、配送中心等大都采用这种方式。固定货位是专门用来存储固定物品的，便于拣选、查找物品，但是仓容利用率较低。由于是固定物品，可有针对性地对货位进行装备，便于提高物品保管质量。

（3）分类固定物品的货位。对货位进行分片、分区，同一区内只存放一类物品，但在同一区内的货位则采用不固定使用的方式。这种方式既有利于物品保管，也有利于物品查找，提高货位使用率。大多数储存仓库都使用这种方式。

2．选择货位的原则

（1）根据物品的尺度、货量、特性、保管要求选择货位。货位的通风、光照、温度、排水、放风、防雨等条件应满足物品保管的需要；货位尺度与物品尺度匹配；货位的容量与货量接近；选择货位要考虑相近物品的情况，防止与相近物品相忌和相互影响。

（2）保证先进先出、缓不围急。先进先出是仓储保管的重要原则，能避免物品超期变质。较好的货位安排是要避免后进物品围堵先进物品，存期较长的物品不能围堵存期较短的物品。

（3）出入库频率高的物品使用方便作业的货位。对于持续入库或持续出库的物品，应安排在靠近出口的货位，以方便出入；流动性差的物品，可以离出入口较远。同样的道理，存期短的物品安排在出入口附近。

（4）小票集中、大不围小、重近轻远。多种小批量物品，应合用一个货位或集中在一个货位区，避免夹存在大批量物品的货位中；重货应离装卸作业区近，减少搬运作业量或直接采用装卸设备进行堆垛作业，使用货架时，重货放在货架下层，需要人力搬运的重货，存放在腰部高度的货位。

（5）方便操作。所安排的货位要保证搬运、堆垛、上架的作业方便，有足够的机动作业场地，能使用机械进行直达作业。

（6）作业分布均匀。安排货位时，应尽可能避免仓库内或同作业线路上同时有多项作业进行，以免相互妨碍。

3. 货位编号

货位编号是将库房、货场、货棚、货垛、货架及物资的存放具体位置顺序，统一编列号码，并做出明显标志。

（1）库房编号。对库房、货棚、货场齐备的仓库，在编号时，对房、棚、场应有明显区别，可加注"棚一"或"场一"等字样。无加注字样者，即库房的编号。对多层库房的编号排列，常采用"三位数编号""四位数编号"或"五位数编号"。"三位数编号"是用三个数字或字母依次表示库房、层次和仓间，如131编号，表示1号库房、3层楼、1号仓间；"四位数编号"是用四个数字或字母依次表示库房、层次、仓间和货架，如1331编号，表示1号库房、3层楼、3号仓间、1号货架；"五位数编号"是用五个数字或字母依次表示库房、层次、仓间、货架、货格，如13311编号，表示1号库房、3层楼、3号仓间、1号货架、1号货格。

（2）货场货位编号。货场货位编号一般有以下两种方法。

①按照货位的排列，编成排号，再在排号内顺序编号；

②不编排号，采取自左至右和自前至后的方法，顺序编号。

（3）货架货位编号。在以整个物品进出的仓库里，货架的作用主要是提高库房高度利用率，为了方便查找货架上的物品，必须对货架上的货位进行编号。通常情况下，对货架上的货位编号使用以下三种方法。

①以排为单位的货架货位编号。这种编号方法就是将仓间内所有的货架，以进入库门的方向，自左而右按照排编号，继而对每排货架的夹层或格眼，在排的范围内自上而下、自前而后的顺序编号。例如，5号仓间设置16排货架，每排上下4层共有16个格眼，如货架货位编号为5-8-7，指的是5号库房，第8排货架，第7格眼。

②以品种为单位的货架货位编号。这种编号方法就是将库房内的库架，以物品的品种划分储存区域后，再以品种占用储存区域的大小，在分区编号的基础上进行格眼编号。若以某货位为例，第 1～4 排为皮鞋区，第 5～8 排为布鞋区，第 9～12 排为胶鞋区。第 13～16 排为童鞋区。货架货位编号 5 胶 4/9，指的是 5 号仓间胶鞋区第 9 排货架第 4 号格眼。

③以物品编号代替货架货位编号。这种编号方法对于进出频繁的零星散装物品有很大好处，它可避免两套编号的麻烦。在编号时要掌握货架格眼的大小、多少与存放物品的数量、体积大小相适应。例如，化工公司经营的某类药品的编号从 10101 号至 20845 号，储存货架的一个格眼可放 10 个编号的药品，则在货架格眼的木挡上制作 10101～10110 的编号并依次类推。

二、职员准备

合理组织人力主要是要做到合理分工。

为保证员工精力，避免由于员工疲惫而造成失误，给企业带来损失，要对职员数量的分配做好合理的安排，如一般装卸搬运环节包括卸货、搬运、码货三个工作内容。仓库应根据物品具体的到货量对各项工作内容安排合适的人员数量（例如，卸货 3 人，搬运 6 人，码货 2 人）；而验货环节一般包括验货、复核、记录三个工作内容，在实际操作中可以将这三部分工作组成一个工作组进行操作（例如，每组有验货 2 人，复核 1 人，记录 1 人），然后根据到货数量确定分几组进行作业，以确定所需的作业人员的数量。

三、设备准备

在入库前要将装货需要的托盘、装卸搬运设备、堆码设备、物品检验及计量器具准备好，并且要检修调试好，以保证入库作业的顺利进行。

四、单证准备

仓管员要提前准备好物品入库所需的各种报表、单证、账簿，如入库单、调拨单、入库明细表、退货单、暂估单、理货检验单、料卡、残损单等，以备使用。

五、物品编码

为了提高仓储管理的质量和效率，许多仓库已使用计算机技术进行管理。要想正确使用计算机软件来管理库存物品，并进行有关资料的处理，必须对仓储物品实行物品编码。科学合理的编码能够使计算机管理达到最佳效果。

虽然现在入库物品很多都带物品条码，但为了方便管理，一般仓库都对物品重新编号。

1. 物品编码的概念

物品编码又称物品货号或物品代码，它赋予物品以一定规律的代表性符号。符号可以由字母、数字元或特殊标记等构成。物品编码与物品分类关系密切，一般物品分类在前，物品编码在后，所以在实践中称为物品分类编码。1987年经国务院批准，发布了《全国工农业产品（物品、物资）分类与代码》（GB/T 7635—1987），现被《全国主要产品分类与代码　第1部分：可运输产品》（GB/T 7635.1—2002）代替，统一了全国物品的分类和代码。

2. 物品编码的原则

（1）唯一性原则。每种物品所编的代码是唯一的，每个代码所代表的物品也是唯一的。

（2）简明性原则。物品的代码应简单、明了、易记、易校验，不宜太冗长，既要将物品种类化繁为简，便于管理，又要便于计算机储存与处理。

（3）标准性原则。物品编码要与国家物品分类标准相一致，与国际通用物品分类编码制度相协调，才有利于信息交流、信息共享。

（4）可扩性原则。物品编码结构应留有充分扩充的余地，以备增加或减少物品类目时，无须破坏物品编码系统的相对稳定性。

（5）稳定性原则。物品代码确定之后，在一定时期内要保持相对的稳定性，不宜经常变更。

3. 物品编码的方法

物品编码以所用的符号类型分为数字元代码、字母代码、数字/字母混合代码和条形码四种。其中，最常用的是数字元代码和条形码。常用的物品编码方法有以下三种。

（1）层次编码法。层次编码法是按照物品类目在分类体系中的层次顺序，依次进行编码，主要采用线分类体系。如大类，用1位数表示（1～9）；中类，用1位数表示（1～9）；小类，用2位数表示（01～99）。

（2）平行编码法。平行编码法是以物品分类面编码的一种方法，即每个分类面确定一定数量的码位，各代码之间是并列平行的关系，适用面分类法。如服装的分类，可先按服装的面料、式样、款式分为三个互相没有隶属关系的"面"，给每个面编号（1、2、3、…）；每个面又可分成若干类目，再赋予每个类目一定的编号（A、B、C、D、…），使用时将有关类目搭配起来，便形成了一个复合类目的平行码。

（3）混合编码法。混合编码法是层次编码法与平行编码法的结合运用。如把分类物品的自然属性或特征列出来后，其某些属性、特征用层次编码法，而另一些属性或特征则用平行编码法来表示，这样可以扬长避短，效果往往较理想。

★思政要点

引导学生体会国家物质资源的丰富多样、地大物博，培养学生的民族自豪感和爱国情怀。

任务二 物品接运

> **引 例**
>
> 一家 3A 物流中心于 6 月 15 日收到客户 A 从新疆运来的一批葡萄干。物流中心派工作人员小王等人前往车站接运物品，提取物品时发现有部分物品包装破损。小王在发现问题的当天要求承运部门填制货运记录作为日后向承运部门提出索赔的主要依据，请问小王的做法是否得当？

> **知识储备**

一、物品接运的主要任务

物品除小部分是由供货单位直接运送到仓库外，大部分由各种交通运输部门转运，如铁路、公路、航运、空运等。凡经交通运输部门转运的物品均需由仓库进行接运后方能进入入库验收环节。因此，物品接运的主要任务是要及时而准确地向交通运输部门提取入库物资，认真填写物品接收单（表4-1），做到手续清楚，责任分明，为仓库验收工作创造有利条件。

表 4-1 物品接收单

供货方：＿＿＿＿＿＿＿＿＿＿＿＿＿＿＿＿＿＿＿＿＿＿＿＿＿＿＿＿＿＿＿＿
负责人：＿＿＿＿＿＿   职务：＿＿＿＿＿＿   电话：＿＿＿＿＿＿
接收方：＿＿＿＿＿＿＿＿＿＿＿＿＿＿＿＿＿＿＿＿＿＿＿＿＿＿＿＿＿＿＿＿
负责人：＿＿＿＿＿＿   职务：＿＿＿＿＿＿   电话：＿＿＿＿＿＿
供货项目名称：＿＿＿＿＿＿＿＿＿＿＿＿＿＿＿＿＿＿＿＿
收货地点：＿＿＿＿＿＿＿＿＿＿＿   收货时间＿＿＿＿＿＿＿＿＿＿＿

产品名称	规格	数量	单价/元	金额/元	备注
	总计				

质量异议：＿＿＿＿＿＿＿＿＿＿＿＿＿＿＿＿＿＿＿＿＿＿＿＿＿＿＿＿＿＿＿＿

二、物品接运的意义

在物品接运时所进行的初步检验，能够界定责任，防止把在运输过程中或运输之前已经发生损害的物品和各种差错带入仓库，减少或避免经济损失，为验收和保管、保养创造良好的条件。因此，要求仓库在物品接运当天必须做好初步检查验收工作，以免引起双方在物品发生质量问题的时间方面的纠纷。

三、物品接运的方式

1. 提货

（1）车站、码头提货。车站、码头提货一般适用于供货单位或存货单位与仓库距离较远，需使用长途运输来完成的情况，是由外地供货单位或存货单位委托铁路、水运、民航等运输部门将物品运达车站、码头，仓库依据物品通知单派车将物品接运到储存地。

在该种接运方式下，接货人员应在接货前对所提物品的品名、型号、特性、保管要求及装卸搬运注意事项进行了解，做好接运物品的准备工作；接货人员在到货前，应主动了解到货时间和交货情况，根据到货数量，组织装卸人员、机具和车辆，按时前往接货，并在接货时对物品进行初步验收工作。若有疑点或物品与货单不符，应当场要求运输部门检查。对短缺、损坏的情况，凡属运输部门责任的，应做出商务记录；属于其他方面责任，需要运输部门证明的应做出普通记录，由运输员签字，注意记录内容应与实际情况相符。

（2）仓库自行提货。仓库自行提货是由仓库直接到供货单位或存货单位提货的一种作业方式。在该种接运方式下，提货人要在供货人员在场的情况下，在提货地当场进行物品的验收，并做好验收记录。

2. 接货

（1）铁路专用线接货。铁路专用线接货是指仓储企业在本企业的铁路专用线上，一般为支线接货的作业方式，因此，要求仓库需备有铁路专用线。铁路专用线接货一般适用于大批整车货或零担货的接运。

在该种接运方式下，仓库在接到专用线到货通知后，应立即确定卸货货位，力求缩短场内搬运距离；组织好卸车所需要的机械、人员及有关资料，做好卸车准备。车皮到达后，要看车皮封闭情况是否良好（车门、车窗、铅封、苫布等有无异状）；根据运单和有关资料核对到货品名、规格、标志并清点件数；检查包装是否有损坏或有无散包；检查是否有进水、受潮或其他损坏现象。在检查中如发现异常情况，应请运输员复查，做出普通或商务记录，记录内容应与实际情况相符。卸车时要注意分清车号、品名、规格，不混不乱，应根据物品的种类和性质进行合理堆放。卸车后应在物品上标明车号和卸车日期，编制卸车记录，记明卸车货位规格、数量，连同有关证件和资料，尽快向保管员交代清楚，办理好内部交接手续，为物品验收和入库保管提供便利条件。

（2）库内接货。在这种方式下，由存货单位或供货单位直接将物品运送到仓库，仓库不需要自己组织车辆进行库外运输。库内接货比较适用于存货或供货单位与仓库间的距离较近，不需要长途运输的情况。在这种接运方式下，应由保管员或验收人员直接与送货人员办理交接手续，当面验收并做好记录。若有差错应填写记录，由送货人员签字证明，据此向有关部门提出索赔。

四、物品接运业务中货损货差处理

1. 责任划分

责任划分的一般原则如下:

(1) 在交给运输部门前和承运前发生的货损或由发货单位过失、处理不当发生的货损,由发货单位负责。

(2) 从交通运输部门向发货单位接收物品起,到交付物品给收货人时止,发生的货损(除自然灾害,物品本身性质和发、收、中转单位的责任造成的损失外)由运输部门负责。

(3) 收货单位与交通运输部门办理好物品交接手续后,从提货后所发生的损失或由于收货单位工作问题发生的损失,由收货单位负责。

(4) 从接收中转物品起,到交付运输部门转运时止,所发生的损失或由于中转单位工作问题发生的损失,由中转单位负责。

2. 货损货差的处理

物品在运输中,由于各种原因造成物品的短缺、破损、受潮及其他差错事故,无论责任属于哪一方,都应保护现场,做好运输事故记录,划清责任界限,并以此作为事故处理和索赔的依据。运输事故记录是正确分析事故产生的原因和处理事故的依据。因此,在运输事故发生时,交通运输部门必须按照规定要求做好事故记录,将运输事故的详细情况记载下来。记载物品运输事故的记录有两种:一种是货运记录;另一种是普通记录。编制货运记录和普通记录须加盖站名公章或货运事故处理专用章,并由参加检查物品(车)的有关人员签字或盖章,同时注明其所属单位全称。记录有涂改时,须在涂改处加盖编制人员的名章。公路运输事故一般可以在公路运输交接单(或三联单)上记录货损货差情况。

(1) 货运记录(旧称商务记录)是指物品在铁路运输过程中(包括承运前保管和交付完毕后点回保管)发生货损、货差、有货无票、有票无货或其他情况需要证明铁路同托运人或收货人间的责任时,由铁路编制的一种证明文件。货运记录是表明承运单位负有责任事故、收货单位据此索赔的基本文件。物品在运输过程中发生以下差错均填写货运记录:物品名称、件数与运单记载数字不符;物品被盗、丢失或损坏;物品污损、受潮、生锈、霉变或其他物品差错等。记录必须在收货人卸车或提货前,通过认真检查发现问题,经承运单位复查确认后,由承运单位填写再交给收货单位。货运记录是分析货运事故发生的原因、确定责任方的根据,是承运人与发货人或收货人一旦发生经济纠纷起法律效用的证明文件,也是发货人或收货人向承运人要求赔偿物品损失的依据。

(2) 普通记录是承运单位开具的一般性证明文件,不具备索赔的效力,仅作为收货单位向有关部门交涉处理的依据。遇到下述情况并发生货损货差时,填写普通记录:铁路专用线自装自卸的物品;棚车的铅封印纹不清、不符或没有按规定施封;施封的车门、车窗关闭不严或门窗有损坏;篷布苫盖不严漏雨或其他异状;责任判明为供货单位负责的其他事故。以上情况的发生,责任一般在供货单位,收货单位可以凭普通记录向发货单位交涉处理,必要时向发货单位索赔。

（3）公路运输交接单（或三联单）是指在公路运输中发生损失或差错事故并确定其责任属于承运单位时所编写的书面凭证，是收（发）货单位向承运单位提出索赔的依据。

> ★ 思政要点
>
> 我国高铁营业总里程居世界第一位，交通便利，物流畅通，引导学生深刻认识中国特色社会主义制度的优越性。

任务三　物品入库验收

>>> 引例

一家3A物流中心于6月15日收到了4个客户送来的4批物品，分别是长富鲜奶、金龙鱼花生油、莲花味精、樱桃，对于这4批物品的验收，抽检比例如何确定？

>>> 知识储备

所谓物品验收，是在仓库接货后、物品正式入库前，仓库或有关技术部门按照验收业务作业流程、核对凭证等规定的程序和手续，对入库物品进行数量和质量检验的经济技术活动的总称。

一、物品验收的标准和依据

所有到库物品，必须在入库前进行验收，只有在验收合格后方能正式入库。这种必要性体现在：一方面，由于入库物品的来源复杂、运输条件上存在差异、包装质量等，致使物品在供货时及供货途中会产生种种复杂的变化，并对其数量和质量产生一定影响；另一方面，各类物品虽然在出厂前都经过了检验，但有时也会出现失误，造成错检或漏检，使一些不合格物品按合格物品交货。因此，为确保入库物品在数量上的准确与质量上的完好，必须对入库物品进行认真、细致的验收工作。

物品验收是对即将入库的物品，按规定的程序和手续进行数量与质量的检验，也是保证库存质量的第一个重要的工作环节。物品验收既要遵循认真、准确、及时的原则，又要遵循物品验收的标准和依据。

（一）物品验收的原则

1. 质量第一的原则

仓库收货时，对有明显质量问题或过期、假冒伪劣的物品，应该直接拒收（参照《供应商违约处罚规定》）。

2. 严格按单收货的原则

仓库必须严格按"订货单"收货，如果供应商所送物品少于订单数量，应按实数验收，并将情况及时告知订货部，尽量避免出现断货现象；如多于订单数量，则必须经订货部审核同意并对多出部分追补"订货单"后方可收货，否则应将多出部分退回。

3. 先退换后收货的原则

仓库验收物品前，要查清是否有相同物品需要退换货；若有，则应先退换物品再收货。

（二）物品验收的标准

在实际进货作业过程中通常依据以下标准验收：

（1）以采购合同或订单所规定的具体要求和条件为标准。采购合同是以合同双方事先共同约定并遵守的一种具有法律意义的协议文件。采购合同中有物品质量的条款就是由合同双方事先共同约定的物品质量的规范，所以，物品在验收过程中可以依据采购合同和订单作为物品验收的标准与依据。

（2）以议价时的合格样品为标准。在物品交易过程中，物品样品是由供货方事先共同约定"看样取货"的标准，所以，物品验收过程中可以依据物品样品作为物品验收的标准和依据。

（3）以各类物品的国家标准或国际标准为依据。物品标准是指一种以科学技术和实践经验的综合成果为基础，经有关方面协商一致，主管机构批准，特定形式发布，作为物品生产和物品质量规范的准则与依据。物品标准是评定物品质量的准则和依据。所以，物品验收过程中可以依据物品的标准作为物品验收的标准和依据。

（三）物品验收中确定验收比例的依据

验收可分为全验和抽验。确定验收比例是物品验收的前提工作，正确确定物品的验收比例既可以加快物品的流通速度，又可以节约仓库的检验成本。在配送中心进货验收工作中，物品通常是整批、连续到库，而且品种繁多、规格复杂，在有限的时间内不可能逐件查看，这就需要确定一个合理的抽查比例。验收抽查比例的大小一般根据物品的特性、物品的价值、厂商信誉、物流环境等因素来确定，具体可以依据和综合考虑以下条件：

（1）物品的性质。不同的物品具有不同的特性。如玻璃器皿、保温瓶胆、瓷器等容易破碎；皮革制品、副食品、果品、海产品等容易霉变；香精、香水等容易挥发，这些物品的验收比例可以大一些；而肥皂、香皂之类，外包装完好，内部不易损坏，验收比例可以小一些。

（2）物品的价值。贵重物品，如价格高的精密仪器、名贵中药材，入库时验收比例要大一些，或者全验。而一般价值较低、数量较大的小物品可少验。

（3）物品的生产技术条件。同一种物品，对于生产技术条件好、工艺水平较高、产品质量好而且稳定的可以少验；而对于生产技术水平低或手工操作，产品质量较差而又不稳定的需要多验。

（4）供货单位的信誉。有的企业历来重视产品质量，并重视产品的售后服务工作，长期以来仓库在接收该厂产品时没有发现质量、数量等问题，消费者对该企业的产品也比较满意，这样的企业供应的物品可以少验或免验，而对于信誉较差的企业提供的产品则要多验。

（5）包装情况。包装材料差、包装技术低、包装结构不牢固都会直接影响物品质量和运输安全，从而造成物品散失、短少或损坏。因此，收货时，对包装质量完好的物品可以适当少验；反之，则要多验。

（6）运输工具。物品在运输过程中，由于使用的运输工具不同、运距的远近及中转环节的多少等，对物品质量、数量都会有不同程度的影响。因此，入库验收时，应分别视不同情况确定验收比例。如对于汽车运输且运距较长，由于途中震荡幅度大，损耗会多一些，因此需要确定较大的验收比例；而水路或航空运输，由于途中颠簸幅度小，损耗自然会少一些，因此可以少验。

（7）气候条件。经过长途转运的物品，可能由于气候条件的变化，质量会受到一定的影响。即使同一地区，由于季节变化对物品的质量也会产生影响，所以对怕热、易熔的物品，夏天要多验；对怕潮、易溶解的物品，在雨季和潮湿地区应多验；对怕冻的物品，冬天应多验。

在一般情况下，数量检验应全验，即按件数全部进行点数，按质量供货的全部检斤，按理论质量供货的全部检尺，后换算为质量，以实际检验结果的数量为实收数。某些电子设备的验收需要在收货方技术人员指导下，戴上防静电手套，在防尘、防静电的环境中，根据装箱单逐一登记序列号，点查件数。

二、物品入库验收的工作流程

物品入库验收包括验收准备、核对凭证、物品初验、办理交接、物品检验等工作流程。

1. 验收准备

仓库接到到货通知后，应根据物品的性质和批量提前做好验收前的准备工作，大致包括以下内容：

（1）了解待验物品的产地、特点、规格、数量、计量方法；

（2）确定存放地点，准备相应的检验工具，如衡器、量具等，并校验准确；

（3）准备好验收作业的机械、设备及人力；

（4）进口物品或委托方指定需要质量检验的，应提前通知有关检验部门会同验收；

（5）准备好全部验收凭证和资料，收集并熟悉待验物品的有关文件，如技术标准、订货合同等；

（6）对于有些特殊物品的验收，如毒害品、腐蚀品、放射品等，还要准备相应的防护用品。

2. 核对凭证

物品运抵仓库后，仓库收货人员首先要检验物品入库凭证。主要核对以下凭证：

（1）物品入库通知单、订货合同；

（2）供货单位提供的质量证明书或合格证、装箱单或磅码单、检尺单、发货明细表；

（3）运输单位提供的运单，入库前或在运输途中发生残损等情况，还需有普通或商务记录。

仓库应按入库凭证所列的收货单位、物品名称、规格数量等具体内容与物品的各项标志核对，如发现有错误，应当做好记录，退回或另行存放，等待处理。经复核无误后可进行下一道工序。

3．物品初验

初验主要是对到货物品情况进行粗略的检查，主要做到"三核对"：核对物品条形码；核对物品的件数；核对物品包装、物品名、规格、细数。收货人员以单对货，逐一核对所有项目，包括物品名称、箱数、标记、规格、颜色、等级标准等，确保单货相符。如果发现有开包破损、水湿、渗漏、污染等异常情况，要立即在交接双方共同在场时，当场开箱检查物品细数、质量情况，如有短缺、变质等现象，双方要共同确认，明确责任。其内容主要包括大数点收和包装外观检查。

（1）大数点收。大数点收是按照物品的大件包装（即运输包装）进行数量清点。点收的方法有两种：一是逐件点数汇总；二是集中堆码点数（往往采用五五化堆码，即以五为基本计量单位，根据物品的不同形状，码成各种总数为5的倍数的货垛）。接货大数点收中，如件数与发货通知单据所列不符，经复点确认后，应立即在送货清单各联上批注清楚，按实际数字签收，由收货人员和承运人共同签章。经验收核对确认，由保管人员将查明短少物品的物品名、规格、数量通知运输部门、发货单位和货主。

（2）包装外观检查。在大数点收的同时，对每件物品的包装和标志要进行认真的检查。检查包装是否完整、牢固，有无破损、受潮、水渍、油污等异状。物品包装的异状往往是物品受到损害的一种外在现象。如果发现异状包装，必须单独存放，并打开包装，详细检查内部物品有无短缺、破损和变质。逐一查看包装标志，目的是防止其他物品混入，避免差错，并根据标志指示操作，确保入库储存安全。

4．办理交接

入库物品经过初验后，就可以办理交接手续。入库交接手续是指仓库对收到的物品向送货人进行的确认，表示已接收物品。办理完交接手续，意味着划分清楚运输、送货部门和仓库的责任。交接手续通常由仓库收货人员在送货清单上签名盖章并签注日期后交送货人员，表明物品收讫。在办理交接手续时，如初验后发现差错、破损等情况，必须在送货清单上详细注明或由送货人员出具差错、异状记录，详细写明差错的数量、破损情况等，以便与运输部门分清责任，并作为查询处理的依据。

5．物品检验

在办理完交接手续后，仓库管理人员要对入库的物品做认真细致的验收，包括开箱、拆包、检验物品的质量和细数，验收合格才能入库存放。物品检验的基本内容包括数量验收、质量验收和包装验收。

（1）物品数量验收。物品数量验收是保证物品数量准确不可缺少的重要步骤，是在初验的基础上做进一步的物品数量验收，即所谓的细数验收。按物品性质和包装情况，数量检验主要有计件、检斤、检尺等形式。在进行数量验收时，必须注意同供货方采取相同的计量方法。采取何种方式计数要在验收记录中做出记载，出库时也按同样的计量方法，避免出现误差。

按件数供货或以质量为计量单位的物品，做数量验收时要清点件数。一般情况下，计件物品应全部逐一点清，固定包装物的小件物品，如果外包装完好，打开包装不利于以后进行保管，所以，通常情况下，国内物品只检查外包装，不拆包检查，而进口物品则按合同或惯例办理。

按质量供货或以质量为计量单位的物品，做数量验收时，有的采用检斤称质量的方法，有的则采用理论换算的方法。按理论换算质量的物品，先通过检尺，例如，金属材料中的板材、型材等；然后，按规定的换算方法换算成质量验收。对于进口物品，原则上应全部检斤，但如果订货合同规定按理论换算质量交货，则按合同规定办理。

按体积供货或以体积为计量单位的物品，做数量验收时要先检尺，后求积，如木材、竹材、砂石等。在做数量验收之前，还应根据商品来源、包装好坏或有关部门规定确定对到库物品是采取抽验还是全验方式。该物品可以在卸货时，同时达到验收数量和外包装的目的，所以可以采用全验方式。

（2）物品质量验收。物品质量验收是检验物品质量指标是否符合规定。仓储部门按照有关质量标准，检查入库物品的质量是否符合要求。仓库对到库物品进行质量验收是根据仓储合同约定来实施的。合同没有约定的，按照物品的特性和惯例确定。由于新物品不断出现，不同物品具有不同的质量标准，仓库应认真研究各种检验方法，必要时要求客户、货主提供检验方法和标准，或要求收货人共同参与检验。仓库常用的质量检验方法如下：

①感官检验。在充足的光线下，利用视力观察物品的状态、颜色、结构等表面状态，检查有无变形、破损、脱落、变色、结块等损害情况，以判定质量。同时，检查物品的标签、标志是否具备、完整、清晰等，标签、标志与物品是否一致。通过摇动、搬运操作、轻度敲击物品的声音，或者用手感鉴定物品的细度、光滑度、黏度、柔软程度等来判断有无结块、干涸、融化、受潮，或通过物品所特有的气味、滋味判定是否新鲜，有无变质。

②测试仪器检验。利用各种专用测试仪器进行物品性质测定，如含水量、密度、黏度、成分、光谱等测试。

③运行检验。对物品进行运行操作，如电器、车辆操作功能是否正常。

（3）物品包装验收。仓库主要是对物品的外包装进行检验，通常是在初验时进行的，检验包装有无被撬、开缝、污染、破损、水渍等不良情况。同时，还要检查包装是否符合有关标准要求，包括选用的材料、规格、制作工艺、标志、打包方式等。另外，对包装材料的干湿度也要检查。包装的含水量是影响物品保管质量的重要指标，一些包装物含水量高表明物品已经受到损害，需要进一步检验。常见包装物安全含水量见表4-2。

表 4-2　常见包装物安全含水量

包装材料	含水量	说明
木箱（外包装）	18%～20%	内装易霉、易锈物品
	18%～23%	内装一般物品
纸箱	12%～14%	五层瓦楞纸的外包装及纸板衬垫
	10%～12%	三层瓦楞纸的包装及纸板衬垫
胶合板箱	15%～16%	
布包	9%～10%	

仓库物品在验收过程中，如发现物品数量与入库凭证不符、质量不符合规定、包装出现异常情况时，必须做出详细记录，见表4-3。同时将有问题的物品另行堆放，并采取必要的措施，防止损失继续扩大，并立即通知业务部门或邀请有关单位现场察看，以便及时做出处理。

表4-3 物品检验记录表

编号：

供货商		采购订单号		入库通知单号		
运单号		合同号		车号		
发货日期		到货日期		验收日期		
序号	物品名称	物品编码	规格型号	计量单位	应收数量	实际数量	差额

单位负责人：　　　　　　　　　　复核：　　　　　　　　　　检验员：

（4）验收中发现问题的处理。在物品验收中，可能会发现入库单据不齐、数量短缺、质量不符合要求等问题，应区别不同情况，及时进行处理。凡验收中发现问题等待处理的物品，应该单独存放，妥善保管，防止混杂、丢失、损坏。

①货单不符。货单不符是指入库物品在数量、品种、规格等方面与入库单据所载不符。在物品入库验收中，如发现物品的数量、品种、规格等的单货不符，应在货运交接单上如实批注，以分清仓库与运输部门的交接责任。同时，仓库应立即查询送货单位，待对方核对确实后，再做处理。如物品数量短缺在规定磅差范围内的，可按原数入账，凡超过规定磅差范围的，应核对查实，制作验收记录及磅码单，交主管部门会同货主向供货单位办理交涉；实际数量多于原发料量的，可由主管部门向供货单位退回多发数，或补发货款；如属于货主单位开错或漏开的，要办理正式更正手续等。物品规格不符或错发的，应先将规格对的予以入库，规格不对的做成验收记录交给主管部门办理换货。总之，仓库发现入库物品单货不符的问题，必须在有关方面做出符合物品入库要求的具体处理后，才能签发凭证。

②物品质量问题。物品质量问题是指入库物品质量出现异状的情况。在物品入库验收中，如发现物品的质量问题出现异状时，应视不同情况，区别处理：如异状严重，且数量又多应及时向供货单位办理退货、换货交涉，或征得供货单位同意代为修理；如异状轻微，不影响使用，而货主单位又要求入库并同意提前出库的，仓库应将异状情况连同货主单位意见，在入库凭证上批注清楚，予以办理入库手续。但在库内，为防止异状情况扩大，要采取保养措施。

③物品包装问题。物品包装问题是指入库物品包装出现异状的情况。在物品入库验收中，如发现物品的包装异状，应会同送货人员开箱检查，并由送货人员开具包装异状记录，或在送货单上注明。同时，在仓库中另行存放处理。

④货单不同行。货单不同行是指入库物品和入库单据出现不同时到达的情况。在物品入库验收中，如发现货单不同行，不能办理入库手续。如属于有单无货，则将单据退回货主；如属于有货无单，则把物品暂时代管，待入库单到齐后，再办理入库手续。

⑤承运部门引起的货损货失。凡属承运部门造成的物品数量短少或外观包装严重残损等，应凭借运提货时索取的"货运记录"向承运部门索赔。

在对验收过程发现的问题进行处理时应该注意以下几个方面：

①在物品入库凭证未到齐之前不得正式验收。如果入库凭证不齐或不符，仓库有权拒收或暂时存放，待凭证到齐后再验收入库。

②发现物品数量或质量不符合规定时，要会同有关人员当场做出详细记录，交接双方应在记录上签字。如果是交货方的问题，仓库应该拒绝接收；如果是运输部门的问题，则应该提出索赔。

③在数量验收中，计件物品应及时验收，发现问题要按规定的手续，在规定的期限内向有关部门提出索赔要求；否则，超过索赔期限，责任部门对形成的损失将不予负责。

★ 思政要点

通过学习物品入库验收，提醒学生入库验收要严格把握好物品的质量关，坚守职业诚信意识。

任务四 物品入库

引例

客户A送来了一批物品到长荣仓储公司储存，这批物品的数量、规格等情况已经过入库验收合格，现请为这批物品办理入库手续。

知识储备

在查验物品后，由保管或收货人根据验收结果，将实收的合格物品的数量（不合格品则放置于暂存区，由采购员或相关人员填写退货单；或把不合格品也先入库，再开具出库单予以冲销）、存放的库房、货位编号填写在入库单上，以便记账、查货和发货。如物品存在不良状况，应在入库单的备注栏上批注物品不良情况，并由送货人签署。入库单一般是一式多联，仓库可根据需要确定相应的联数。最普遍使用的是一式三联：一联交送货人，一联由仓库留存，一联交财务记账。在这个程序里，主要的工作内容是登账、立卡、建档。

一、登账

登账是指建立物品明细账（表4-4）。根据物品入库单和有关凭证建立的物品保管明细账目，并按照入库物品的类别、品名、规格、批次、单价、金额等，分别立账，并且还要标明物品存放的具体位置。物品入库后，必须进行登账记录工作。登账时应遵循以下原则：

（1）记账必须以正式合法凭证为依据，如实记录入、出、结存数，保证账物相符；

（2）每笔都要结算，日清月结，不做假账；

（3）手续健全，账页清楚，数据准确；

（4）严格遵守会计记账规则；

（5）出现问题，账面上要如实反映，记载处理结果；

（6）记账应连续、完整，依日期顺序不能隔行、跳页，账页应依次编号，年末结存后转入账，旧账入档保管。

表 4-4 物品明细账

物品入库明细卡									
							卡号		
							货主名称		
							货位		
品名		规格型号							物品验收情况
计量单位		供货商名称							
应收数量		送货单位名称							
实收数量		包装情况							
年				入库数量		出库数量		结存数量	
月 日	收发凭证号	摘要		件数		件数		件数	

二、立卡

立卡即填制物品的保管卡片，也可称为料卡、货卡或货牌。物品入库或上架后，将物品的名称、规格、数量或出入状态等内容填在料卡上，并将料卡插放在货架上物品下方的货架支架上或挂放在货垛正面明显位置。料卡的挂放位置要明显、牢固，便于物品的保管和进出库时及时核对记录。货卡既是库存物品的标识，又是库存物品的账目，也是库存物品出、入库作业操作记录，通过建立、完善货卡管理制度，达到库存管理标准，出、入库物品及作业权利人具有可追溯性，账务复查具有原始凭证，是保证"账实相符、账卡相符、卡物相符"库存管理"三符"的主要手段。对更换的货卡要妥善保管一年以上。

货卡基本形式如图 4-2 所示。

```
                    货卡 A
    物品编号：_____
    物品名称：_____
    货位编号：_____
    安全存量：_____
    等级分类：_____
    再订购点：_____
    供应商名称：_____
    型号规格：_____
    进货日期：_____
    标记人：_____
    标记日期：_____
    结存数：_____
    备注：_____
```

图 4-2　货卡

三、建档

仓库应对所接收仓储的物品建立存货档案，以便物品管理和保持客户联系，也为将来可能发生的争议保留凭据。同时有助于总结和积累仓库保管经验，研究仓储管理规律。存货档案应一货一档设置，将该物品入库、保管、交付的相应单证、报表、记录、作业安排、资料等的原件或附件、复制件存档。存货档案的内容主要包括以下几个方面：

（1）物品的各种技术资料、合格证、装箱单、质量标准、送货单、发货清单等；

（2）物品运输单据、普通记录、货运记录、残损记录、装载图等；

（3）入库通知单、验收记录、磅码单、技术检验报告；

（4）保管期间的检查、保养作业、通风除湿、翻仓、事故等直接操作记录，存货期间的温度、湿度、特殊天气的记录等；

（5）出库凭证、交接签单、送出货单、检查报告等；

（6）其他有关该物品仓储保管的特别文件和报告记录。

四、任务实施

（一）任务引入

一家 3A 物流中心拥有 5 个库房，其中 3 个库房内有 5 层的货架、2 个露天货场、2 个简易货棚，主要面向本市内大型超市，提供日用百货、小家电之类的存储服务。2010 年 6 月 15 日，该物流中心接到 6 位供货商的入库通知单。你如何完成这些物品的入库事宜？6 位供货商的入库物品信息见表 4-5。

表 4-5　供货商的入库物品信息

供货商	物品编号	物品名称	单位	入库数量	体积/（cm×cm×cm）	质量/kg
光明公司	31031101	酸奶	箱	80	65×40×30	4
	31030708	鲜奶	箱	100	65×40×30	10
惠啤公司	31031101	金力波瓶啤	箱	200	20×18×26	8
水森公司	03091705	水森纯净水	桶	150	20×18×26	12
长虹公司	0102003	长虹电视机	台	50	65×40×30	6
安踏公司	0201001	安踏运动鞋	箱	80	65×40×30	12
劲道公司	0201002	福州鱼丸	箱	60	65×40×30	10

（二）任务分析

入库作业是仓储业务管理的开始。入库工作的好坏将直接影响物品的保管和出库。为能做好入库工作，应明确以下几个问题：

（1）物品入库要做哪些准备工作？

（2）如何办理物品交接手续？

（3）如何验收这批物品？

（4）如何办理该批物品的入库手续？

（三）任务完成

（1）将 5 名学生分为一组，分配角色和任务。岗位分配见表 4-6。

表 4-6　岗位分配表

所属部门	岗位	人数	岗位要求
仓储部	单证客服	1	负责制作单据
	收货员	1	负责物品的接运、验收及入库
	记录员	1	负责记录验收的数据
	复核员	1	对验收结果进行复核
供货商	送货员	1	派车、送货

（2）各组先进行讨论，对 6 位供货商的入库物品进行储位准备，按照编码规则对物流中心平面图中的仓库进行编号；然后利用一空教室模拟为库房，进行分区分类划分保管区域，利用粉笔画出仓库保管区域，并进行相应编号；再为货架货位编号；最后对物品进行储位预安排，并填入表格中。

（3）对入库物品重新进行合理的物品编码，填入表格中，便于计算机录入。

（4）按照实施步骤，设计制作该批物品的接收单、验货单、入库单等各类单据，并完成相应的操作。

（四）任务评价

具体任务评价见表 4-7。

表 4-7　任务完成的评价标准

检查内容	评价标准	分值	得分
入库前的准备工作	储位预计，物品存货场地和验货场地的分区是否合理	8	
	储位布局规划是否合理	8	
	货位准备是否及时、合理	8	
	验收、入库所需设备及单证是否准备齐全	5	
物品接运	物品的初验工作是否做到"三核对"，初验结果是否合理	5	
	物品的交接手续是否合理到位，送货清单签收是否规范	8	
物品检验	能够做好检验的准备工作	5	
	物品检验方法是否得当	8	
	物品检验结果准确，验收单的填写是否完整、规范	8	
	对验收中出现的问题的处理是否得当	8	
物品入库	能够正确制作入库单	8	
	能够正确制作货卡	5	
	能够及时准确建立物品明细账	8	
	能够将物品入库全过程的有关资料证明进行整理、核对，建立资料档案	8	
合计		100	

★ 思政要点

引导学生深刻理解并自觉践行物流行业的职业精神和职业规范，增强职业责任感。

一、单项选择题

1. 下列各选项中，入库检验时适用计件方式的是（　　　）。

　　A. 矿石　　　　　　B. 粉煤灰　　　　　C. 电冰箱　　　　　D. 小麦

2. 仓库和供货单位在同城的情况下，适用的接货方式是（　　　）。

　　A. 专用线接货　　　B. 车站、码头接货　C. 仓库自行接货　　D. 库内接货

3. 下列物品入库质量检验适用抽验的是（　　　）。

　　A. 珠宝等贵重物品　　　　　　　　　　B. 机械设备

　　C. 袋装牛奶　　　　　　　　　　　　　D. 都不适用

4. 下列物品入库检验适用全验的是（　　）。
   A. 袋装牛奶质量检验　　　　　　B. 电冰箱的数量检验
   C. 羊毛的含水量检验　　　　　　D. 煤的燃烧值检验
5. 一般由专门的技术检验部门进行的检验是（　　）。
   A. 数量检验　　　　　　　　　　B. 质量检验
   C. 理化检验　　　　　　　　　　D. 都不是

二、多项选择题

1. 以下选项在数量检验时适合检尺求积的是（　　）。
   A. 木材　　　　　　　　　　　　B. 砂石
   C. 竹木　　　　　　　　　　　　D. 机械设备
   E. 粮食
2. 下列各项中应由专门的技术检验部门进行检验的是（　　）。
   A. 椭圆材直径和圆度检验　　　　B. 管材壁厚和内径检验
   C. 物品的外观检验　　　　　　　D. 花生含黄曲霉的检测
   E. 药粉含药量量的检测
3. 入库物品质量检验包括（　　）。
   A. 外观检验　　　　　　　　　　B. 尺寸检验
   C. 机械物理性能检验　　　　　　D. 化学成分检验
   E. 数量检验
4. 依据物品的包装形态可分为（　　）。
   A. 散装物品　　　　　　　　　　B. 件杂货
   C. 危险品　　　　　　　　　　　D. 单元货
   E. 粉粒物品

三、判断题

1. 在批量大、规格和包装整齐，存货单位的信誉较高，人工验收条件有限的情况下通常采用抽验的方式。　　　　　　　　　　　　　　　　　　　　　　　　（　　）
2. 入库物品的形态决定物品入库时的装卸搬运作业方式，仓储企业在进行人员配置、装卸搬运设备的选择时应充分考虑仓储对象的形态以形成经济合理的科学决策。（　　）
3. 理化检验是对物品内在质量和物理化学性质所进行的检验，一般主要是对进口物品进行理化检验。　　　　　　　　　　　　　　　　　　　　　　　　　　（　　）
4. 保质期短的物品入库存储宜选用驶入式货架，以严格保证"先进先出"，延长物品后续的销售周期和消费周期。　　　　　　　　　　　　　　　　　　　　　（　　）
5. 所谓实物检验，就是根据入库单和有关技术资料对实物进行质量检验。　（　　）

在库作业

物品入库后,要确定适当的存放地点。实践证明,物品在库采取分区分类储存,一是能够提高仓库平面和空间利用率,提高仓库的存货能力;二是能够保证物品的保管质量,方便出、入库作业,提高仓储作业效率,降低仓储作业成本。

教学目标

知识目标:

1. 了解物品分区分类管理的原则与方法;
2. 掌握物品苫垫的要求与方法;
3. 掌握物品保管要求与养护条件。

能力目标:

1. 能够对仓库物品进行分区分类管理;
2. 能够根据物品特性对在库物品进行日常养护。

素养目标:

1. 培养仓库管理安全意识;
2. 培养入库到出库的全流程设计意识。

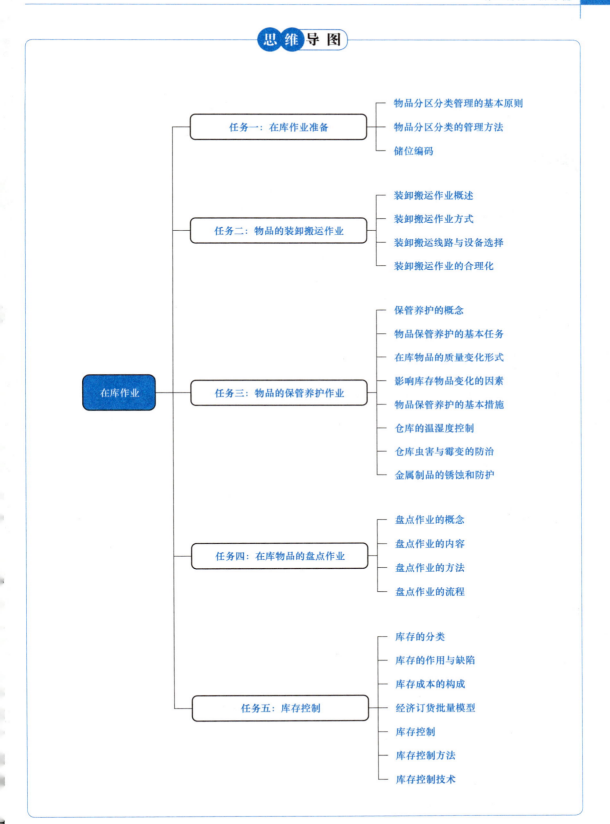

任务一　在库作业准备

> 引 例

上海华迅众联物流有限公司 CFS 仓库数字化应用

上海华迅众联物流有限公司坐落于上海市浦东新区普洛斯物流园区内，是一个拥有现代化操作设备和专业操作团队的公共性物流仓储平台。该公司利用数字化资源优势，主要是针对海运的 CFS（Container Freight Station）仓储业务。

在原有的作业模式中，CFS 仓库存在信息共享程度低、信息集成程度低、智能化程度低等问题，不仅严重影响 CFS 仓库业务操作的效率及准确性，加大了企业成本，在一定程度上还影响了客户对企业的满意度。

针对上述问题，其 CFS 仓库数字化建设需要提升三个方面，即提供标准的服务体系、全面推进无纸化操作、建立智能操作系统。因此，CFS 仓库数字化建设的核心模块主要分为订单管理（OMS）、仓储管理（WMS）、结算中心（BMS）三个模块。作为客户方，可通过线上、线下等各种方式下单，同时，也可在线上实时了解订单在不同阶段的执行状态，实现订单全流程实时透明。

实施数字化后，CFS 仓库的效益指标发生了明显的变化，见表 5–1。

表 5–1　CFS 仓库效益指标

效益指标	应用前	应用后	成本节省
人工换单	单证人员现场录入单据	自助换单机换单	4人
	填写进仓单、SKU、件数、体积、质量	系统自动带出填写信息	
排队进仓	园区门口、月台口拥堵	叫号系统有序通知车辆进仓，并且通过短信平台、LED、语音播报通知司机	4人
无纸化作业库内物品搬运率	出入库、库内作业均是打印纸质单据	作业指令系统推送至现场	90万/（年·10人）
	单据管理混乱、数据对接不及时、人工核对成本较高	统一系统查阅数据、信息及时展示	10人
	整理物品、移库、合并、拆分物品	通过系统指导人工操作	8人
预约送货	司机直接送货到仓，无法得知进仓时间和作业量	通过微信、官网平台、EDI 对接预约送货	30万/年

续表

效益指标	应用前	应用后	成本节省
订单全流程跟踪	线下电话联系客服询问作业进度	通过可视化平台实时了解作业情况	5人
散货配箱	线下Excel配箱调整数据	系统自动测算配箱结果	5人

从总体上看，上海华迅众联物流有限公司数字化建设完全达到了预期目标，实现了降本增效的效果。

知识储备

一、物品分区分类管理的基本原则

物品分区分类管理就是根据仓库库房、货场的条件将仓库储区分为若干保管物品的区域，同时对物品按其性能、用途等划分为若干类，然后根据货区的不同设备和条件，相应地存放不同类别的物品。实行分区分类保管，既有利于物品的保管和养护，又有利于提高收发货业务的工作效率。

1. 物品所需的储存条件一致

仓库中储存的物品在理化性质和生物特性上存在较大差异，理化性质和生物特性不同的物品对储存条件有不同的要求，在确定储位时必须遵循属性一致、养护方法一致的原则。

2. 物品作业手段一致

物品体积、单位质量相差悬殊时，对储区地坪及储存设施有不同的要求，并且装卸搬运手段不同，一般要求分区储存。

3. 消防方法一致

防火、灭火方法不同的物品不能同区同库储存，必须分开储存。仓库规模、建筑设施的完善程度、储存物品的种类、收发物品的方式、经营范围等不同，物品分区分类的方法也有所不同。

二、物品分区分类的管理方法

（一）物品一般的分类方法

1. 按物品种类和属性进行分区分类储存

按物品种类和属性进行分区分类储存是当前仓库普遍采用的方法，它是按物品的理化属性和生物属性，把怕热、怕潮、怕冻、怕光、怕风等不同性质的物品分别归类，集中起来安排适当的储存场所分区存放。如药品与非药品、内用药与外用药、处方药与非处方药应分开存放；易串味的药品、中药材、中药饮品及危险品等应与其他药品分开存放；麻醉药品、一类精神药品、医疗用毒性药品、放射性药品应当专库或专柜存放；隔离储存危险品；专用仓库储存适用糖、肥皂、卷烟等。图5-1所示为某仓库平面示意。图中仓库一楼库区就是按药品特性分区分类储存而布局。

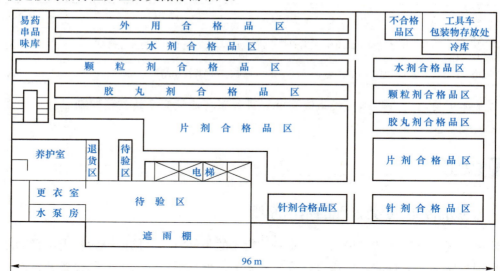

图 5-1 某仓库平面示意

2．按物品发运地区进行分区分类储存

按物品发运地区进行分区分类储存主要适用物品存放时间短的中转仓库或口岸仓库。这种方法是先按不同运输方式划分，如铁路、公路、水路等，再按物品运送的不同路线划分，然后按物品发往的不同地点划分。需要注意的是，相互影响的物品及运价悬殊的物品要分别堆放。

3．按物品的危险性进行分区分类储存

按物品的危险性进行分区分类储存主要适用化学危险品仓库，储存时可根据危险品易燃、易爆、有毒的性质及不同的灭火方法来分区分类储存。

4．按方便作业和安全作业进行分区分类储存

按方便作业和安全作业进行分区分类储存是指对于出入库频繁的物品，要安排在靠近库门的储位；对于笨重、体积较大的物品，不宜放在仓库深处的储位；易碎物品应避免与笨重物品存放在一起，以免在搬动时影响易碎物品的安全。

5．按不同货主的储存物品进行分区分类储存

按不同货主的储存物品进行分区分类储存通常是综合性仓库采用的方法，目的是与货主对口衔接，防止不同货主的物品混淆，便于联系、核对。在具体存放时，还应按物品性能划分为若干货区，以保证物品储存安全。

在对物品进行分区分类管理时，要正确处理货区集中与分散的管理，在分类时，力求粗细适度。货区是集中好还是分散好，实际上各有利弊，具体采用哪种形式，应从仓储业务和物品运输的需要等方面进行考虑。储存物品的分类过细，给每种物品都留出货位，这样往往会因货位堆不满而浪费仓容，也经常会因某种物品数量的增加导致原留货位存不下，进而出现"见空就塞"的弊病，结果等于没有分类；储存物品的分类过粗，容易使一个货区内混存多种物品，进而造成管理上的混乱。因此，仓储管理部门对储存物品的分类处理，既不能过细，也不可过粗，要粗细适度。

（二）常见在库物品的分类法——ABC 分类法

1．ABC 分类法的含义

ABC 分类法也称帕累托分析法，是指先将库存物品按品种和占用资金的多少分为特别重要的物品（A 类）、一般重要的物品（B 类）和不重要的物品（C 类）三个等级，然后针对不同等级分别进行管理与控制。

2．ABC 分类法的操作程序

使用 ABC 分类法对所储存的物品进行分类时，其操作程序如下：

（1）计算每种物品的金额。

（2）按照物品金额由大到小排序并制成表格。

（3）计算每种物品金额占库存总金额的比率。

（4）计算累积比率。

（5）分类。累积比率在 0～75% 的，为最重要的 A 类物品；累积比率在 75%～95% 的，为次重要的 B 类物品；累积比率在 95%～100% 的，为不重要的 C 类物品。

（6）实施对策。根据分类结果，需要对 A、B、C 三类物品分别采取相应的保管措施。A 类物品对企业最为重要，需要严格管理和控制，应经常检查分析物品使用、存量增减、品质维护等现状；B 类物品属于一般重要的物品，进行正常的例行管理和控制；C 类物品属于不重要的物品，进行简单的管理和控制。

【例 5-1】 金太阳公司的 1 号仓库 2021 年预计存储 12 种物料，其基本信息见表 5-2。请运用 ABC 分类法对这些物料进行分类。

表 5-2 金太阳公司 1 号仓库 2021 年预计存储的物料信息表

编号	年使用量/件	单价/元
4837	6 580	120
9261	371	860
4395	1 292	1 318
3521	62	9 180
5223	12 667	640
5294	9 625	1 018
4261	7 010	127
4321	5 100	88
4286	258	6 225
9555	862	1 810
2926	1 940	38
1293	967	220

解：(1) 对基本信息做进一步处理，求出各种物料的年耗用金额，见表 5-3。

表 5-3　各种物料的年耗用金额

编号	年使用量/件	单价/元	年耗用金额/元
4837	6 580	120	789 600
9261	371	860	319 060
4395	1 292	1 318	1 702 856
3521	62	9 180	569 160
5223	12 667	640	8 106 880
5294	9 625	1 018	9 798 250
4261	7 010	127	890 270
4321	5 100	88	448 800
4286	258	6 225	1 606 050
9555	862	1 810	1 560 220
2926	1 940	38	73 720
1293	967	220	212 740
合计			26 077 606

(2) 计算各种物料年耗用金额占总金额的百分比，并进行排序，见表 5-4。

表 5-4　各种物料年耗用金额占总金额的百分比

编号	年使用量/件	单价/元	年耗用金额/元	占总金额/%	排序
4837	6 580	120	789 600	3.03	7
9261	371	860	319 060	1.22	10
4395	1 292	1 318	1 702 856	6.53	3
3521	62	9 180	569 160	2.18	8
5223	12 667	640	8 106 880	31.09	2
5294	9 625	1 018	9 798 250	37.57	1
4261	7 010	127	890 270	3.41	6
4321	5 100	88	448 800	1.72	9
4286	258	6 225	1 606 050	6.16	4
9555	862	1 810	1 560 220	5.98	5
2926	1 940	38	73 720	0.28	12
1293	967	220	212 740	0.82	11
合计			26 077 606		

（3）对各种物料年耗用金额占总金额的百分比按从大到小的顺序进行累积，并进行分类，见表 5-5。

表 5-5 累积百分比与分类

编号	年耗用金额/元	占总金额比重/%	排序	累积百分比/%	分类结果
4837	789 600	35.57	1	35.57	A
9261	319 060	31.09	2	68.66	A
4395	1 702 856	6.53	3	75.19	A
3521	569 160	6.16	4	81.35	B
5223	8 106 880	5.98	5	87.33	B
5294	9 798 250	3.41	6	90.74	B
4261	890 270	3.03	7	93.77	B
4321	448 800	2.18	8	95.95	B
4286	1 606 050	1.72	9	97.67	C
9555	1 560 220	1.22	10	98.89	C
2926	73 720	0.82	11	99.71	C
1293	212 740	0.28	12	100.00	C
合计	26 077 606	100.00			

（4）根据分类结果。需要对 A 类（编号为 4837、9261、4395）、B 类（编号为 3521、5223、5294、4261、4321）、C 类（编号为 4286、9555、2926、1293）三类物品分别采取相应的保管措施。

三、储位编码

储位编码如同建筑物内房间的编号一样，为管理者和作业者提供具体的、明确的地址，方便查找。储位编码是指在分区、分类的基础上，将仓库的库房、货场货棚及货架等存放物品的场所，划分为若干货位，然后按储存地点和位置排列，采用统一标记，编列货位的顺序号码，并做出明显标志，以方便仓库作业。

（一）储位编码的要求和方法

1. 储位编码的要求

储位编码必须符合"标志明显易找，编排循规有序"的原则。在具体编码时，必须符合以下基本要求：

（1）标志设置清晰。储位编码的标志设置，需因地制宜，采用适当的方法，选择适当的地点。如仓库标志，可在库门外挂牌；多层建筑库房的主通道、支道、段位的标志，一般刷置在水泥或木板地坪上。

（2）标志制作规范。在标志制作上，应统一使用阿拉伯数字制作标志，可以避免因不规范造成的弊病。为了将库房、主通道等加以区分，可在数字大小、颜色上进行区分，也可在字码外加上括号、圆圈等符号加以区分。

（3）编号顺序统一。仓库范围外的库房、货棚、货场，以及库房内的主通道、支道、段位的编号，基本上都可以根据进门的方向左单、右双或自左向右顺序的规则排列。

（4）段位间隔合理。段位间隔的宽窄取决于储存物品的种类及批量的大小。

2．储位编码的方法

储位编码的方法一般有区段式、品项群式、地址式和坐标式四种方式。

（1）区段式。区段式是指将保管区域分成几个区段，再对每个区段进行编码，如图5-2所示。这种方式以区段为单位，每个号码代表的储区较大，适用于大量货品或保管期短的货品。区段大小可根据物流量大小而定。

图5-2　区段式储位编码图

（2）品项群式。品项群式是指把一些相关性货品经过集合后分成几个品项群，再对每个品项群进行编码。这种方式适用于容易按品项群保管的仓库和品牌差距大的货品，如服饰群、五金群、食品群等。

（3）地址式。地址式是指利用保管区中的现成参考单位，如建筑物第几栋、区段、排、行、层、格等，按相关顺序编码，如同地址的区、胡同、号一样，如图5-3所示。这是物流配送中心使用较普遍的编码方法。

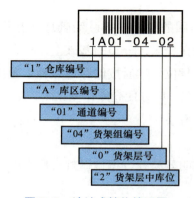

图5-3　地址式储位编码图

（4）坐标式。坐标式是指利用空间坐标 x、y、z 对储位进行编码。这种编码方式直接对每个储位定位，但是在管理上较复杂，适用于流通率较小、存放时间较长的物品。

（二）常见储位编码的方法——四号定位法

四号定位法是指用4个号码表示物品在仓库中位置的一种物品存储管理办法。这4个号码是货号（或库内货区代号）、架号（货架、货柜代号）、层号（货架或货柜的层次代号）、位号（层内货位代号），如图5-4所示。用这4个号码对储位进行编号，通过查阅此编号，就可以知道该储位所在的具体位置。

货位表

货位编号	货架号	层号	列号	有货	备注
1	1	1	1	☒	
2	2	1	1	☒	
3	3	1	1	☐	
4	4	1	1	☒	
5	5	1	1	☐	
6	6	1	1	☐	
7	1	1	1	☒	
8	2	1	2	☐	
9	3	2	2	☒	

图5-4　四号定位法示意

★ 思政要点

提醒新时代青年学生工作前准备工作要细致，做到未雨绸缪。

任务二　物品的装卸搬运作业

▶▶▶ 引 例

百事公司是全球第四大饮料和休闲食品企业，总部位于纽约，在全球100多个国家设有分公司和工厂，旗下22个品牌的年零售额都在十亿美元以上，如百事可乐（Pepsi-Cola）、激浪（Mountain Dew）、佳得乐（Gatorade）、乐事（Lay's）、百事轻怡（Pepsi Light）、百事极度（Pepsi Max）、纯果乐（Tropicana）、多力多滋（Doritos）、立顿茶（Lipton Teas）、桂格麦片（Quaker Oats）、奇多（Cheetos）、七喜（7-UP）、美年达（Mirinda）等。

百事公司荷兰Broek op Langedijk工厂有标准长度13.6 m拖车和25.25 m超长卡车

（通常被称为Eurocombis）往返于工厂和乌特勒支仓储中心之间，两地相距92.3 km，途中需行驶约60 min。工厂传统装卸以叉车和人工为主，平均每装卸一辆车需40 min，占总运输时间的40%。

为了提高企业物流效率，满足精益化生产管理理念，百事公司不得不通过节省装卸时间来提高搬运、运输等环节效率，以节约成本。

易载英国总部根据百事公司需求，提供了卡车自动化装卸系统解决方案。方案由两部分组成：一部分装卸主体设备被安装在卡车内部；另一部分被安装在装卸平台上，输送设备在卡车和装卸货平台之间协同工作，最终完成自动化装卸操作。

为此，百事公司的装卸流程被重新梳理为5个，即码垛、卡车—平台对接、卡车长度测量、全自动装箱、解锁驶离。

第一，码垛环节。根据百事公司货车类型，物品可被分成3个托盘组：第一组16托盘，第二组10托盘，第三组16托盘。带托盘物品通过自动化立体仓库输送系统依次输送到自动装卸平台上。平台上的滚轨式传送系统将物品移动到平台相应位置并进行最佳间距调整，物品在平台上装载调整完成后将自动整体移动至平台前端等待装箱。

第二，卡车—平台对接。待装卡车到达后，倒车进入平台对接位进行车辆—平台对接，对接完成后车辆位置即被平台锁定。

第三，卡车长度测量。自动装卸平台卷帘门打开后，两台支架固定的激光扫描仪自动下降，开始测量卡车对接角度及卡车车厢长度。若感应器检测出车厢深13.6 m（可容纳26托盘），第一组16托盘和第二组10托盘会自动装箱；若感应器检测出车厢深25.5 m（可容纳42托盘），系统会自动将3组共42托盘全部装载入厢。

第四，全自动装箱。卡车司机须确认托盘位置准确并按照操作流程完成安全检查后，方可按下控制台装箱按钮进行自动装箱。装箱按钮按下后，托盘限位卡销自动降下，气动滑轨开始充气，待装箱物品完成整体提升，当托盘升离平台后滑轨开始滑入车厢轨道，待物品完全进入车厢后，气动滑轨开始放气，物品整体卸载到车厢内，滑轨缩回平台完成物品装箱。

第五，解锁驶离。完成装箱后，卡车司机手动解开车辆位置锁，车辆即可驶离平台。

百事公司安装自动化装卸系统后，自动装卸与传统的叉车装卸用时相比节约了75%的时间。其中车辆和平台对接约1 min；装载人员根据操作流程进行物品及安全检查约1 min；物品提升并装箱约2.5 min；滑轨下降及缩回约2 min；解除安全销，关闭车厢门并驶离约0.5 min。整体装箱时间总计约7 min。

这样，运输车辆的租赁成本相应减少50%。对于往返工厂和仓库之间仅92.3 km而言，节约的时间可充分利用，百事公司平均每辆车每天往返班次增加了一倍。

叉车和人工投入减少。百事公司工厂产品从生产到装车全部实现自动化无缝对接，减少了工厂内10台叉车的使用。并且，此前使用传统的叉车作业方式，公司安排了7名轮班装卸工人，应用此方案后，只需要1名卡车司机就可对接平台与车辆，轻松完成装卸作业。

百事公司装卸平台缩减至两条。由于装卸平台吞吐量大幅增加，公司原先有 7 条装卸平台，现只需使用两条自动化装卸线即可满足出货需求。

场地空间大幅节省。装卸平台紧凑，与自动化立体仓库直接对接，节省工厂和仓库的场地。物品周转更加集中，缩小仓库的需求面积；物品进出站台更加迅速，直接减少物品的缓冲库存，为百事公司工厂的发展预留空间。

工作环境更加安全。整个装卸流程无须叉车的使用，装卸环境更加井然有序，能保证设备、物品及工作人员的安全。

总之，百事公司的自动化装卸项目不仅技术先进、效率高，而且投资回报率高。经测算，整个项目最多用时 18 个月即可收回成本，该项目至少还可持续运营 20 年之久。

知识储备

在物品从生产到消费的流通过程中，装卸搬运作业是不可缺少的重要环节。装卸搬运是物流系统的构成要素之一，是为采购、配送、运输和保管的需要而进行的活动，虽不直接创造价值，但其作业效率和作业质量的高低直接影响物流成本。因此，合理的装卸搬运作业是提高物流效率和服务的重要环节。本任务主要从装卸搬运作业的含义、特点出发，讲述装卸搬运作业的常见方式、装卸搬运路线的确定和设备的选择及装卸搬运作业的合理化等内容。

一、装卸搬运作业概述

（一）装卸搬运的含义及特点

装卸（Loading and Unloading）是指物品在指定地点以人力或机械装入运输设备或从运输设备卸下的活动。搬运（Handing /Carrying）是指在同一场所内以物品进行水平移动为主的物流作业。因而，装卸搬运就是指在同一地域范围进行的、以改变物料的存放（支承）状态和空间位置为主要目的的活动。一般来说，在强调物料存放状态改变时，使用"装卸"一词；在强调物料空间位置的改变时，使用"搬运"一词。

生产企业的装卸搬运活动通常是指生产物料或产品在工厂车间或仓库内部移动及与生产设施之间的转移。装卸搬运活动是否合理不仅影响运输和仓库系统的运作效率，而且影响企业整个系统的运作效率。

一般来说，装卸搬运活动具有以下特点：

（1）具有"伴生"（伴随产生）性和"起讫"性的特点。装卸搬运的目的总是与物流的其他环节密不可分，在加工企业中甚至被视为其他环节的重要组成部分，不是为了装卸而装卸，因此，与其他作业环节相比，具有"伴生性"的特点；同样，在运输、储存、包装等作业环节，一般都是以装卸搬运为起始点和终结点，故而，它又具有"起讫性"的特点。

（2）具有提供"保障"性和"服务"性的特点。装卸搬运作业保障了生产中其他环节活动的顺利进行，具有"保障"的性质；装卸搬运过程不消耗原材料，不占用大量流动资金,不生产有形产品,因此,具有提供"服务"的性质。

(3) 具有"闸门"和"咽喉"的作用。装卸搬运作用制约着生产与物流领域其他环节的业务活动,若处理不好这个环节,整个物流系统将处于瘫痪状态。从这个角度上讲,可以说装卸搬运作业是衔接性的活动。

(4) 装卸搬运是增加物流成本的活动。据资料统计,在中等批量的生产车间里,零件在机床上加工的时间仅占总生产时间的5%,而其余的95%的时间消耗在原材料、工具、零件等的搬运、等待上,并且,装卸搬运的费用占总生产费用的30%～40%。因而,装卸搬运作业是增加物流成本的活动。

(二) 装卸搬运作业的意义和作用

在物流的仓储作业流程中,从进货入库开始、储存保管、分拣、流通加工、出库、装载直到配送到客户手中,各个环节的先后或同一环节的不同活动之间,都必须进行装卸搬运作业。如原材料在运输和储存中的装车、卸车、堆码、上架和下架,各工艺流程之间的在制品的传递,产成品的包装、运输、入库、出库及回收物和废弃物的处理等,都要有装卸搬运作业的配合才能顺利进行。装卸搬运是生产企业物料的不同运动阶段(包括相对静止)之间相互转换的桥梁,把物料运动的各个阶段连接成连续的"流",使企业中的物流更加顺畅。一旦忽略了装卸搬运,生产和流通领域将发生混乱,甚至造成生产活动的停止。因此,物流的合理化必须先从装卸搬运系统着手,装卸搬运作业也是物流作业中心效率化的重要因素。

在物流过程中,装卸搬运作业是不断出现和反复进行的,它出现的频率高于其他各项物流活动,每次装卸搬运作业所花费的时间也很长,是决定物流速度的关键。装卸搬运作业所消耗的人力很多,占用物流成本的比率较高。例如,我国铁路运输的始发和到达的装卸搬运作业占运费的20%左右,在航运中则高达40%左右。之前已经说明装卸搬运作业是增加物流成本的活动,因此,合理有效地进行装卸搬运作业,可以降低物流成本,提高效益。

另外,进行装卸搬运操作时往往需要接触物品,因此,过多的装卸搬运作业环节容易使物品在流通中破损、散失、损耗等,从而造成货损、货差。例如,袋装水泥发生纸袋破损和水泥散失主要就是在装卸搬运过程中;玻璃、器皿、机械、煤炭等产品在装卸搬运时也容易造成损失。虽然装卸搬运活动本身不产生效用和价值,甚至可能降低物品的价值,但是,高效率合理化的装卸搬运作业是决定物流技术经济效果的重要环节,管理工作人员必须给予足够的重视。

(三) 物流中心装卸搬运的发展过程

从技术发展的角度来看,企业物料装卸搬运的发展过程主要历了以下阶段:

(1) 手工物料搬运。

(2) 机械化物料搬运。

(3) 自动化物料搬运。如自动化仓库或自动存取系统(AS/RS)、自动引导小车(AGV)、电眼及条形码、机器人等的使用。

(4) 集成化物料搬运系统。即通过计算机使若干自动化搬运设备协调动作组成一个集成系统，并能与生产系统相协调，取得更好的效益。

(5) 智能化物料搬运系统。该系统能将计划自动分解成人员、物料需求计划，并对物料搬运进行规划和实施。以智能、集成、信息为基础的物料搬运系统将是今后的发展趋势。

二、装卸搬运作业方式

（一）单件作业法

单件作业法，顾名思义是单件、逐件地进行装卸搬运的方法，通常由人力作业完成。目前，对于一些零散物品，如搬家等也常采用这种作业方法；长大笨重物品、形状特殊的物品、不宜集装的危险物品及行包等仍然采用单件作业法。单件作业法依作业环境和工作条件可以采用人工作业法、机械化作业法、半机械化作业法、半自动化作业法。

（二）集装作业法

集装作业法是指先将物品集零为整，再进行装卸搬运作业的方法。其包括托盘作业法、集装箱作业法、框架作业法、货捆作业法、滑板作业法、网袋作业法等。

1. 托盘作业法

托盘作业法是用托盘系列集装工具将物品形成成组物品单元，以便于采用叉车等设备实现装卸作业机械化的装卸作业方法。常见托盘如图5-5所示。

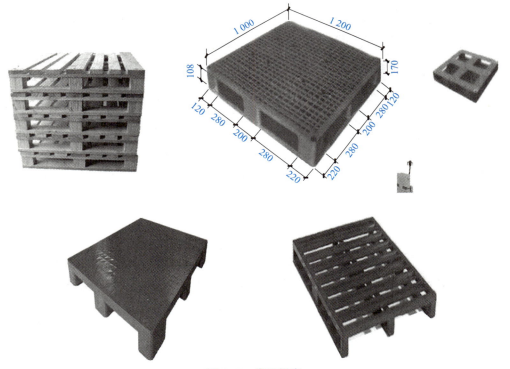

图5-5 常见托盘

一些不宜采用平托盘的散件物品可采用笼式托盘形成成组的物品单元。一些批量不很大的散装物品，如酒可采用箱式托盘形成成组的物品单元，再辅以相应的装载机械、泵压设备等配套设施，实现托盘作业法。

2．集装箱作业法

集装箱作业法，是指把一定数量的物品汇集于一个便于运输、搬运、装卸、储存的集装箱内来进行物品的装卸搬运作业方法。

（1）垂直装卸法：在港口可采用集装箱起重机，目前以跨运车应用最为广泛，但龙门起重机方式最有发展前途。垂直装卸法如图5-6所示。

（2）水平装卸法：在港口以挂车和叉车为主要装卸设备。水平装卸法如图5-7所示。

图5-6　垂直装卸法

图5-7　水平装卸法

集装箱装卸作业的配套设施包括维修、清洗、动力、照明、监控、计量、信息和管理设施等，在工业发达国家集装箱堆场作业全自动化已付诸实施。

3．框架作业法

框架作业法中的框架通常采用木头或金属材料制作，要求有一定的刚度、韧性，质量较轻，以保护物品、方便装卸，有利于运输作业。其适用于管件及各种易碎建材，如玻璃产品等，一般适用于各种不同集装框架实现装卸机械化。

4．货捆作业法

货捆作业法是用捆装工具将散件物品组成一个物品单元，使其在物流过程中保持不变，从而能与其他机械设备配合，实现装卸作业机械化。木材、建材、金属之类物品最适合采用货捆作业法。货捆作业法的主要装卸机械是带有与各种货捆配套的专用吊具的门式起重机和悬臂式起重机，而叉车、侧叉车、跨车等是配套的搬运机械。

5．滑板作业法

滑板是用纸板、纤维板、塑料板或金属板制成，是与托盘尺寸一致的、带有翼板的平板，用以盛放物品的搬运单元。与其匹配的装卸作业机械是带推拉器的叉车。叉货时推拉器的钳口夹住滑板的翼板（又称勾百或卷边），将物品支上货叉，卸货时先对好位，然后叉车后退，推拉器前推，物品放置就位。滑板作业法虽具有托盘作业法的优点且占用作业场地少，但带推拉器的叉车较重、机动性较差，对物品包装与规格化的要求很高。

6．网袋作业法

将粉粒状物品装入多种合成纤维和人造纤维编织成的集装袋，将各种袋装物品装入多种合成纤维或人造纤维编织成的网，将各种块状物品装入用钢丝绳编成的网，这种先集装再进行装卸作业的方法称为网袋作业法。此方法主要适用粉粒状物品、各种袋装物品、块状物品、粗杂物品的装卸作业。网袋集装工具体积小，自重轻，回送方便，可重复使用。网袋作业法如图5-8所示。

图 5-8　网袋作业法

（三）散装作业法

散装作业法是指对于煤炭、矿石、粮食、化肥等块粒、粉粒物资，采用重力法（通过筒仓、溜槽、隧洞等设备）、倾翻法（铁路的翻车机）、机械法（抓、舀等）、气力输送法（用风机在管道内形成气流，应用动力、压差来输送）等进行装卸搬运的方法。

（1）重力法是利用物品的势能来完成装卸作业的方法。该方法主要用于铁路运输，汽车也可利用这种装卸作业法。使用的设备有筒仓、溜槽、隧洞等。

（2）倾翻法是将运载工具的载货部分倾翻而将物品卸出的方法。该方法主要用于铁路敞车和自卸汽车的卸载，汽车一般是依靠液压机械装置顶起货厢实现卸载的。

（3）机械法是采用各种机械，使其工作机构直接作用于物品，如通过舀、抓、铲等作业方式达到装卸目的的方法。常用的机械有带式输送机、堆取料机、装船机、链斗装车机、单斗和多斗装载机、挖掘机及各种抓斗等。

（4）气力输送法是指用风机在输送管道内形成气流，应用动力、压差来完成输送作业的方法。

三、装卸搬运线路与设备选择

物料装卸搬运方法就是搬运路线、搬运设备和搬运单元的综合。其中，设备决定了路线是固定的还是变动的，例如，输送机就是固定路线式设备；叉车是可变路线的设备，只要有通道，就可以从一处移动到另一处。路线结构可分为直达型和间接型两种。其中间接型又分为渠道型和中心型。搬运单元用来集纳产品，大的搬运单元可以满足生产能力的需要，通常需要直达型路线，例如，叉车叉起一托盘物品；小的搬运单元不能满足生产能力的需要，就要采用渠道型或中心型的间接路线。物料装卸搬运中的设备和搬运容器都取决于物料的特性和流动量等因素。

（一）装卸搬运的路线

物料装卸搬运的路线一般分为直达型和间接型两种类型。直达型是指各种物料能各自从起点直接移动到终点的搬运方式，如图5-9所示。间接型是指把几个搬运活动组合在一起，在相同的路线上使用同样的设备，把物料从一个区域移动到其他区域，包括渠道型（图5-10）和中心型（图5-11）两种方式。

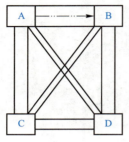
图5-9　直达型装卸搬运

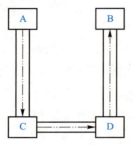
图5-10　渠道型装卸搬运

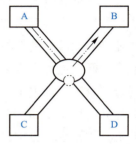
图5-11　中心型装卸搬运

1. 直达型

直达型路线上各种物料从起点到终点经过的路线最短。当物流量大、距离短或距离中等时，一般采用这种方式最经济，尤其当物料有一定的特殊性而时间又较为紧迫时更为有利。

2. 渠道型

渠道型路线是指一些物料在预定路线上移动，与来自不同地点的其他物料一起运到同一个终点。当物流量为中等或少量而距离为中等或较长时，采用这种方式较为经济，尤其是当布置为不规则的分散布置时更为有利。

3. 中心型

中心型路线是指各种物料从起点移动到一个中心分拣处或分发地区，然后再运往终点。当物流量较小而距离中等或较远时，采用这种方式较为经济，尤其是当厂区外形基本上是方整的且管理水平较高时更为有利。

依据物料搬运的规则，要根据各种搬运路线结构的特点、距离与物流量的大小来选择物料装卸搬运的路线。直达型适用于距离短而物流量大的情况，间接型适用于距离长而物流量小的情况。如果物流量大而距离又长，则说明这种搬运不合理。

（二）装卸搬运设备的选择准则

1. 根据作业性质和作业场合进行选择

明确作业是单纯的装卸或单纯的搬运，还是装卸、搬运兼顾，从而可选择更合适的装卸搬运设备。作业场合不同，需要配置不同的装卸搬运机械。例如，在铁路专用线、仓库等场合，可选择龙门起重机；在库房、车间内，可选择桥式起重机；在集装箱港口码头，可选择岸边集装箱装卸桥、集装箱跨运车。

2. 根据作业形式进行选择

装卸搬运作业运动形式不同，需配备不同的装卸搬运机械。水平运动，可选用卡车、连续输送机、牵引车、小推车等；垂直运动，可选用提升机、起重机等；倾斜运动，可选用连续输送机、提升机等；垂直及水平运动，可选用叉车、起重机、升降机等；多平面式运动，可采用旋转起重机等。

3. 根据作业量进行选择

装卸搬运作业量大小决定机械设备应具有的作业能力，从而决定所需配备的机械设备的类型和数量。作业量大时，应选择作业能力较高的大型专用机械设备；作业量小时，最好采用构造简单、造价低而又能保持相当生产能力的中、小型通用机械设备。

4. 根据物品种类和性质进行选择

物品的物理性质、化学性质及外部形状和包装千差万别，有大小、轻重之分，有固体、液体、气体之分，又有成件、组装件之分，因而，对装卸搬运设备的要求也不尽相同。选择装卸搬运设备时，应尽可能符合物品特性的要求，以保证作业安全和物品的完好。

5. 根据搬运距离进行选择

长距离搬运一般选用牵引车和挂车等运输设备，较短距离搬运可选用叉车、跨运车、连续运输机等机械设备。为了提高设备的利用率，应当结合设备的种类和特点，使行车、货运、装卸、搬运等工作密切配合。

除考虑上述原则外，对选用的装卸搬运设备本身，在技术上还应符合以下基本要求：

（1）设备应符合其本身的基本用途，使用时，可靠耐用，效率高，操作方便，便于装配和拆卸，自重轻，动力消耗小。

（2）设备能够适应不同的工作条件，设备生产率应满足现场作业的要求。

（3）对于同类物品应尽量选择同一类型的标准设备，便于维护保养，对于整个货场或仓库内的装卸搬运设备也应该尽量避免其多样化，以减少这些设备所需的附属设备并简化管理工作。

（4）在作业量不大、物品种类繁杂的场合，应发展一机多用，扩大设备的适用范围，以适应多种物品的装卸作业，提高设备的利用率。

（三）装卸搬运设备系统

1. 半自动化系统

物料处理的半自动化系统是指在机械化的基础上，在局部关键的作业面上采用自动化设备，以提高作业效率，一般在分拣、运输环节实现自动化。比较常用的自动化设备有自动导搬运车、自动分拣设备、机器人、活动货架等。

2. 自动化系统

当库区物料处理的全部功能都实现自动作业，并且各作业环节相互连成一体，从入库到出库在整体上实现自动控制时，这样的物料处理系统称为自动化系统。自动化的优势来自应用大量的自动化设备；其缺点也是十分明显的，主要是投资额大，开发和应用技术比较复杂，维护工作难度高。

现代自动化分拣系统与半自动化系统不同的是，它需要把分拣作业前后的作业连接起来，并实现自动作业，从收到物品、接受处理，到出库装车，整个过程实现自动化。

自动化立体仓库的货架很高，可以高达 20 m 以上，所以在高架库中，从收货入库到出库装运全部实现自动化。自动化立体仓库的基本构成包括货架、存取设备、输入输出系统、控制系统。

（四）装卸搬运单元化

单元化时将状态和大小不同的物品，集装成一个实体单元，以便于一次性的拣起和移动，也称集装单元化或单元载荷（Unit Load），它是物料在装卸搬运作业中的一个重要概念。装卸搬运单元是指物料运载时的状态，是装卸搬运物料的单位。基本上有三种可供选择的情况，即散装、单件或集纳于容器中。

一般来说，散装搬运是最简单、最便宜的移动物料的方法。当然，物料在散装搬运中必须不被破坏、不受损失或不对周围环境造成威胁。散装搬运通常要求物料数量很大。

单件搬运常用于尺寸大、外形复杂、容易损坏和易于抓取或用夹子支起的物品。相当多的物料搬运设备是为这种情况设计的。使用各种容器要增加装、捆、扎、垛等作业环节，会增加投资；把用过的容器回收到发送地点，也要增加额外的搬运工作，而单件的搬运就比较容易。当"接近散装搬运"的物料流或采用流水线生产时，大量的小件搬运常采用单件移动的方式。

除以上两种情况外，大部分的装卸搬运作业要使用容器或托盘。单件物品可以合并、聚集或分批地用桶、纸盒、箱子等组成搬运单元。用容器或搬运单元的最大好处就是既可以保护物品，又可以减少装卸费用。用托盘和托架、袋、包裹、箱子或板条箱、堆垛和捆扎的物品，叠装和用带捆扎的物品，盘、篮、网兜等都是搬运单元化的形式。

单元化是将规模思想应用到物料装卸搬运作业中，其效果已在物流环节中得到了很好的印证。它的优越性主要体现在以下几个方面：

（1）集包装、装卸、搬运、运输、储存为一个系统，统筹规划，综合考虑，可以简化作业环节，节省费用，实现总体优化。

（2）便于实现装卸搬运作业的机械化，减轻工人劳动强度，提高工作效率。

（3）减少物品变换环节，从而减少因变换而造成的货损货差，提高物流质量，节约人力、物力和费用。可以采用联运，减少交接装卸搬运手续，方便清点。

（4）减少了受气候影响的程度，保证正常作业，加速物品流转，提高效率。

四、装卸搬运作业的合理化

（一）装卸搬运作业要考虑的因素

在装卸搬运作业管理方面要考虑很多因素，如果没有对这些影响因素加以分析研究，往往无法达到预期的效果，因此，必须对这些具体因素加以整理、分析，再决定采用何种设备及方法。装卸搬运作业要考虑的因素具体如下。

1．搬运对象

搬运对象的种类、尺寸、形态、特性及搬运量各不相同，在进行装卸搬运作业时要综合考虑这些因素对装卸搬运作业效果产生的影响。例如，物品的种类有固体、气体、液体之分；物品的尺寸有大有小，有规则的，也有不规则的；物品的形态有的是散装，有的是整箱，有的则是集装成托盘等；物品的特性有软有硬，有轻有重，有的被污染，也有的已经破损；搬运量更是不尽相同，有多有少，也有频繁与否之分等。

2．移动

装卸搬运作业就是实现物品在垂直和水平两个方向的移动，而移动的起点、终点，路径，距离，速度及频率都要考虑周全。例如，根据移动的起点、终点决定移动的路径是采用直接型还是间接型；移动的距离对装卸搬运设备的选择有很大的影响，长距离搬运一般选用牵引车和挂车等运输设备，而较短距离的搬运可选用叉车、跨运车及连续输送的机械设备；移动速度的高低和移动频率的连续或间断决定了物流作业的效率。

3．方法

根据物品的形态（单件、整箱或是集装托盘）、使用的设备（手推车、叉车、输送机、牵引车或挂车）和人员（一人、多人或无人）来确定搬运的方法。

4．建筑物

建筑物包括建筑物的高度、通道的设计、地板表面的特性和荷载及建筑物内的面积大小与环境条件（温度、湿度）等。例如，当建筑物内部作业面积受到限制，作业任务紧、时间短时，可采取分班轮流作业，以保持高效的作业连续性；地板的表面特性与地形条件也会影响装卸搬运设备的运行效率，只有充分考虑作业条件时，才能保证设备作业能力的实现并达到既安全又经济的目的。

（二）装卸搬运作业的合理化

无效作业是指在装卸搬运作业活动中超出必要的装卸、搬运的作业过程。显然，防止或消除无效作业对装卸搬运作业的经济效益具有重要的作用。为了有效地防止和消除无效作业，可从以下几个方面入手。

1．防止或消除无效作业

在物流活动中，货损主要发生在装卸环节，而在整个物流活动中，装卸作业又是反复进行的。从发生的频率来讲，超过了任何其他活动，过多的装卸次数必然增加货损的可能性；从费用成本上来看，一次的装卸费用相当于几十千米的运输费用，因此，每增加一次装卸，物流费用就会大比例的增加。另外，减少装卸次数是提高物流速度的重要因素。

（1）提高被装卸物料的纯度。物料的纯度是指物料中含有的水分、杂质与物料本身使用无关物质的多少。在反复装卸时，实际对这些无效物质反复消耗劳动，因而形成无效装卸。物料的纯度越高，则装卸作业的有效程度越高；反之，则无效作业就会增多。

（2）包装要适宜。包装是在物流过程中不可缺少的辅助作业手段。包装过大、过重或是不规则实际上是反复在包装上消耗较大劳动力，包装轻薄化、简单化、实用化、标准化会不同程度地减少作用于包装上的无效劳动。

（3）缩短搬运距离。物料在装卸搬运中，要实现垂直和水平两个方向的移动，选择最短的路线完成移动，就可以避免超越这一最短路线以上的无效劳动。

2．充分利用重力

装卸搬运作业是通过对物料做功来实现其垂直和水平方向上的移动，在这一过程中，尽可能实现作业的省力化。一方面要尽量消除重力的不利影响；另一方面也要利用重力的有利影响来减轻劳动强度和减少能量的消耗。

利用物品本身的质量进行有一定落差的装卸，以减少或根本不消耗动力，这是合理化装卸的重要方式。例如，将设有动力的小型运输带（板）斜放在货车、卡车或站台上进行装卸，使物料在倾斜的输送带（板）上依靠自身重力移动。在搬运作业中，将物料放在台上，由器具承担物料的质量，人们不用亲自用手去搬，只要克服器具的滚动阻力，使物料水平移动即可。

利用重力式移动货架也是一种利用重力进行省力化的装卸方式。重力式移动货架的每层格均有一定的斜度，利用货箱或托盘可自己沿着倾斜的货架层滑到输送机械上。为了使物料滑动的阻力越小越好，通常货架表面处理得十分光滑，或者在货架层上装有滚轮，也有在承重物品的货箱或托盘上装有滚轮的，这样将滑动摩擦转化为滚动摩擦，物料移动时所受到的阻力会更小。

3．提高装卸搬运活性

搬运处于静止状态的物料时，需要考虑搬运作业所必需的人工作业。物料搬运的难易程度称为活性，用活性系数 a 来衡量。所需的人工越多，活性就越低；反之，所需的人工越少，活性越高，但相应的投资费用也就越高。为了对活性有所区分，对于不同放置状态下的物品作了不同的活性规定，这就是装卸搬运活性系数，分为 0～4 共 5 个等级。具体划分见表 5-6。

表 5-6 装卸搬运活性表

物品状态	作业说明	作业种类				活性系数
		集中	搬起	升起	运走	
散放在地面	集中、搬起、升起、运走	✓	✓	✓	✓	0
集装箱中	搬起、升起、运走（已集中）	×	✓	✓	✓	1
托盘上	升起、运走（已搬起）	×	×	✓	✓	2
车中	运走（不用升起）	×	×	×	✓	3
运输着的输送机上	不需要（保持运动）	×	×	×	×	4
运动的物体	不需要（保持运动）	×	×	×	×	4

（1）0 级物品处于散乱堆放在地面的状态。进行下一步装卸必须进行包装或打捆，或

者只能一件一件操作处置，因而不能立即实现装卸或装卸速度很慢。

（2）1级物品处于包装好或捆扎好后放置在地面的状态。在下一步装卸时可直接对整体物品进行操作。但操作时需要支起、穿绳、挂锁或支垫入叉，要进行装卸搬运前的预操作，不能取得很快的装卸搬运速度。

（3）2级物品处于形成集装箱或托盘集装状态，或对已组合成捆的、堆好或捆扎好的物品进行预垫或预操作，装卸机具能立刻起吊或入叉的状态。

（4）3级物品处于被放于搬运车、台车上，或用起重机吊钩钩住，动力车辆能随时将车、货拖走的状态。

（5）4级物品处于预置在动力车辆或传送带上，即刻进入运动状态，而不需要做任何预先准备，直接作业的状态。

通过以上分析，考虑提高某些作业活性系数，如活性系数为0的散放物品，可以放入容器中（活性系数变为1），或码放在托盘上（活性系数为2）提升搬运活性，提高工作效率。还可以计算平均活性系数，平均活性系数＝活性系数总和/作业工序数，从而采用不同的改进方法。

①平均活性系数低于0.5，有效利用集装器具、手推车。
②平均活性系数0.5～1.3，有效利用动力搬运车、叉车、卡车。
③平均活性系数1.3～2.3，有效利用输送机、自动导引车。
④平均活性系数2.3以上，从设备、方法方面进一步减少搬运工序数。

总之，活性系数越高，所需人工越少，但设备的投入越多。在进行装卸搬运时，要综合考虑实施效益及实施的可能性。

机械化是指在装卸搬运作业中，合理适当地使用一些装卸搬运机械来替代人工作业，实现装卸搬运作业的省力化和效率化的作业方式。通过机械化改善物流作业环境，将人力从繁重的体力劳动中解放出来。当然，机械化的程度除技术因素外，还与物流费用的承担能力等经济因素有关。机械化的实施原则是将人工和机械合理地组合在一起，发挥各自特长，实现经济效益最优化。

4．实现装卸搬运的机械化

合理安排装卸搬运作业过程是指对整个装卸搬运作业的连续性进行合理的安排，以减少运输距离和装卸次数的活动。装卸搬运作业现场的平面布置是直接关系到装卸、搬运距离的关键因素，装卸搬运机械要与货场长度、货位面积等相互协调。要有足够的场地集结货场，并满足装卸搬运机械化的要求，场内的道路布置要为装卸搬运创造良好的条件，有利于加速货位的周转，使装卸搬运的距离达到最短。

5．合理安排装卸搬运作业过程

提高装卸搬运作业的连续性应该做到：作业现场装卸搬运机械合理衔接；不同的装卸搬运作业在相互联结使用时，力求使它们的装卸搬运速度相等或接近；充分发挥装卸搬运调度人员的作用等。

★ 思政要点

培养新时代青年学生注重全过程，要有合理化意识。

任务三　物品的保管养护作业

▶ 引 例

某电商园区总面积为 55 000 m²，其中仓储区有 42 000 m²，分为汽车备件库、手机备件库、化妆品库、综合仓库（存放家居用品、鞋类、百货类、箱包类等物品）。汽车备件库为常温库，保管注意事项为防高温、防变形、防电火花、防电接地等，轮胎需竖放，电瓶存放时需要垫橡胶垫，电子类零件需防磁，保险杠需防高温、防变形，钢圈需平放。手机备件库为恒温库，库房内有中央空调，库房温度控制在 18 ℃～26 ℃，IC 类部件要求存放在温度为 0 ℃的干燥环境中，因此，库房配有干燥箱，用于存放 IC 类芯片，干燥箱门打开的时间不超过 1 min。电子类物品有防尘、防静电要求，仓库水磨石地面嵌入金属条，工作人员穿防静电服，金属触点露在外面的，必须小心静电，操作台上摆放有防静电的胶垫。

▶ 知识储备

一、保管养护的概念

保管养护是指仓库针对物品的特性，采取科学的手段对物品进行保管，防止和延缓物品质量变化的行为。

二、物品保管养护的基本任务

物品保管养护的基本任务就是根据在库物品的特性及其变化规律，为物品提供适宜的保管环境，合理利用储存空间和设施设备，确保在库物品的安全，避免发生数量和质量变化，为下一步物品出库打下良好的基础。

物品保管养护的基本方针是"以防为主，以治为辅，防治结合"。要做到预防为主，就要事先了解物品的特性，知晓物品在库期间可能会发生什么变化，以便采取相应的保管养护措施。

三、在库物品的质量变化形式

物品在库期间受环境因素的影响，可能会发生质量变化，影响物品的原有价值。常见的质量变化形式有物理变化、化学变化、生化变化、价值变化、机械变化等，见表5-7。

表 5-7 常见的质量变化形式

名称	现象
物理变化	气体、液体、固体"三态"之间的变化，如挥发、凝固、熔化、潮解等及物品串味、渗漏、玷污、干裂等现象
化学变化	氧化、燃烧与爆炸、锈蚀、老化、水解、分解、裂解、化合、聚合等
生化变化	粮食、水果、蔬菜、鲜肉、鲜蛋等有机物品在储存过程中受环境影响会发生呼吸、发芽、胚胎发育、后熟、霉腐等变化
价值变化	储存呆滞损失，即因储存时间过长，市场需求发生了变化，使该物品的效用降低。时间价值损失，即储存时间越长，储存成本越高，所造成的经济损失越大
机械变化	物料在外力作用下可发生的形态变化，如破碎、变形等

四、影响库存物品变化的因素

（一）库存物品发生物理变化的影响因素

1. 挥发的影响因素

挥发主要受温度的高低、液面的大小、液面上压力的大小、液体或空气流动速度的影响。

2. 潮解的影响因素

潮解主要受空气湿度影响。潮解的主要对象是固体化工原料。易发生潮解的物质：碱类物质，如氢氧化钠、氢氧化钾；盐类物质，如碳酸钠、氧化钠、氯化钙、氯化镁和硝酸钾等。

3. 熔化的影响因素

熔化主要受周围温度影响，如石蜡、沥青、润滑脂在高温环境下可能发生熔化；该类物品一旦软化或熔化，不但影响自身的质量，而且会流失、污染其他的物品等。

4. 凝固的影响因素

凝固主要受温度影响，如有些柴油品种的凝点为10 ℃，当室温降至此温度及以下温度时，就会发生凝固而影响使用。另外，物品凝固后，体积会膨胀，可能导致容器破裂，造成流失及事故。

（二）库存物品发生化学变化的影响因素

化学变化主要受空气中的氧气、水分含量，以及溶液的酸碱度等影响。

易发生氧化的物质有棉、麻、丝、毛等纤维织品，橡胶制品，油脂类物品，某些化工原料等。氧化反应可产生热量，发生自燃。因此，容易发生氧化的物品应储存在干燥、通风与散热良好、温度比较低的库房。

遇到水容易发生分解的物质有电石、漂白粉、过氧化氢等，分解可导致物品数量减少、质量降低，并可能释放一定的热量和可燃气体，引发事故。因此，该类物品存放时要注意包装物的封闭性，库房中要保持干燥、通风。

某些物质遇到酸性溶液或碱性溶液会发生水解。例如，肥皂在酸性溶液中能全部水解，而在碱性溶液中却很稳定；蛋白质在碱性溶液中容易水解，而在酸性溶液中却比较稳定；羊毛等蛋白质纤维怕碱不怕酸，棉纤维则在酸性溶液中易发生水解，降低纤维的强度。对于容易发生水解的物品，在物流过程中，相关人员要注意包装材料的酸碱性，清楚哪些物品可以或不可以同库储存，以防人为造成损失。

部分金属受到周围介质的化学作用或电化学作用而被破坏，发生金属锈蚀现象，要注意保护。

（三）库存物品发生生化变化的影响因素

库存物品发生生化变化主要受温度、空气中氧气的影响。

（1）呼吸的危害：有机物品通过呼吸分解其体内的有机物产生热能维持生命活动。但呼吸会消耗营养物质，降低物品的质量，释放热量。例如，粮食的呼吸作用会产生热量，热量积累过多会使粮食变质，甚至自燃。因此，在保管粮食或鲜活物品时，应尽量保证其最低而正常的呼吸，减少物品消耗，延长存储时间。

（2）发芽的危害：发芽导致营养物质损失，降低有机体物品的质量，降低食用价值。马铃薯发芽还会产生有毒物质，发芽过程通常伴随发热生霉。发芽的影响因素主要有环境中的水分、氧气、温度、湿度等。易发芽的物品有粮食、果蔬等。对于易发芽的物品，仓库管理人员要控制存储环境中的水分，通过加强温度、湿度管理，防止发芽现象的产生。

（3）胚胎发育的危害：鲜蛋容易发生胚胎发育现象，影响因素主要有温度和供氧条件。胚胎发育的危害主要是禽蛋的新鲜度和食用价值大大降低。预防措施是加强温度、湿度管理，进行低温储藏。

（4）后熟的危害：瓜果类、蔬菜类物品在脱离母株后，会继续其成熟过程，该现象叫作后熟。后熟作用完成后，物品容易发生腐烂变质，难以继续储藏甚至失去食用价值。其预防措施是控制储藏条件，调节后熟过程。

（四）其他生物引起的霉腐变化

其他生物引起的霉腐变化主要有霉变、发酵、腐败等。霉变是由于霉菌在物品上繁殖导致的变质现象。发酵是酵母菌和细菌分泌的酶作用于食品中的糖类、蛋白质而发生的分解反应。腐败是腐败细菌作用于食品的蛋白质发生的分解反应，使食品失去食用价值，产生危害健康的物质。

引起霉腐的主要因素如下：

（1）湿度：当湿度与霉腐微生物自身的繁殖要求相适应时，霉腐微生物就会迅速繁殖；反之，则处于休眠状态或死亡。实验证明，当空气相对湿度在75%以上时，多数物料的含水量才可能引起霉腐微生物的生长繁殖，因此，通常把75%相对湿度称为物料霉腐临界湿度。

（2）温度：根据微生物对温度的适应能力，可将其分为低温性微生物、中温性微生物和高温性微生物。每一类型的微生物对温度的要求又可分为最低生长温度、最适宜生长温度和最高生长温度，超出这个范围，其生长会滞缓或停止。微生物生长温度的状况见表5-8。

表5-8 微生物生长温度的状况

类型	最低生长温度/℃	最适宜生长温度/℃	最高生长温度/℃
低温性微生物	0	5～10	20～30
中温性微生物	5	25～37	45～50
高温性微生物	30	50～60	70～80

霉腐微生物大多属于中温性微生物，最适宜的生长温度为20 ℃～30 ℃，10 ℃以下不易生长，45 ℃以上停止生长。

（3）光线：多数霉腐微生物在阳光直射下1～4 h即能死亡，所以，物料大多存放在阴暗的地方才容易霉腐。阳光中的紫外线是杀菌的主要因素，一般微生物在紫外线灯下照射3～5 min就会死亡。

（4）空气成分：多数霉腐微生物特别是霉菌，需要在有氧条件下才能正常生长，二氧化碳浓度的增加不利于微生物的生长，如果改变物料储存环境的空气成分，可抑制微生物生长。

综上所述，影响库存物品发生质量变化的外在因素见表5-9。

表5-9 影响库存物品发生质量变化的外在因素

自然因素	储存环境的温度、湿度、空气、阳光、尘土、杂物、微生物、虫鼠害、自然灾害等
人为因素	保管场所选择不当、包装不合理、装卸搬运不合理、堆码苫垫不合理、违章作业等
储存期	储存期过长，超过保质期等
机械因素	受外力撞击、挤压等
电子因素	静电、接地等

五、物品保管养护的基本措施

（一）严格验收入库物品

为保证物品在库期间的保管质量，入库时应把好质量关，验收时若发现有霉变、腐败、熔化、沉淀、结块、渗漏、虫蛀、沾污及外包装潮湿、破损的物品，应剔除并另行处理。

（二）适当安排储存场所

不同物品有不同的特性，对保管条件的要求也不同，应根据物品特性安排适当的存储地点。例如，医药行业对药品的存放环境是有严格要求的，环境的温度、湿度对药品的保存寿命与质量有很大影响，高温、高湿会使药品发霉、变质，失去药用价值，该类药品应存放在有温度、湿度监测和控制条件的仓库中。而怕热、易挥发、易燃烧、易爆炸的物品，应存放在温度较低的地方；易受潮、霉变、锈蚀的物品，应存放在阴凉干燥处；性质相抵触或易发生串味的物品，应分区存放。

（三）合理进行堆码苫垫

对于易受地面潮气影响的物品，堆码时应注意做好垫垛隔离工作，露天存放的物品应使用帆布、芦席、活动棚等进行苫盖。根据物品的性能、当地的气候条件妥善堆码，并按要求留出"五距"。

（四）控制好仓库的温度、湿度

物品的质量变化受空气的温度和湿度影响较大。仓库要根据所保管物品的特性、对环境温度、湿度的要求，采取通风、密封、吸潮措施及安装调节仓库温度、湿度的设备，将仓库温度、湿度控制在物品适应的范围内。

（五）做好虫害防治

不清洁的环境易引起微生物、虫类的滋生繁殖，所以，要经常清扫仓库内外，保持储存环境的清洁。对于食品等易招虫蛀、鼠害的物品，仓库管理人员应采取措施切断虫害来源，对已发生的虫害、鼠害采取措施进行治理。

（六）认真进行在库检查和盘点

在库检查和盘点工作对及时发现问题、保障存储质量具有重要的作用。日常检查内容包括仓库卫生是否清洁，物品储存环境是否适宜，物品是否发生霉变、虫害、生锈等质量变化。一旦发现问题或隐患，要及时采取措施，防止损失扩大。

（七）做好仓库的清洁卫生

要保持仓库内外整洁干净，对内要防止微生物滋生，对外及时清除杂草及垃圾等，可以根据物料的特性做好卫生保护措施。

六、仓库的温湿度控制

（一）温度、湿度的概念

1. 温度

温度包括气温、库温、垛温。气温是指库房外的温度；库温是指库房内的温度；垛温是指物品货垛的温度。气温对库温有直接影响，对垛温有间接影响。

2. 湿度

湿度分为绝对湿度、饱和湿度、相对湿度。绝对湿度是指单位体积空气中所含水蒸气的质量。饱和湿度是指在一定气压、气温的条件下，单位体积空气中所含有的最大蒸气质量。当空气中的水汽超过饱和湿度时，多余的水蒸气就会凝成水滴。相对湿度是空气中实际所含水蒸气密度和同温度下饱和水蒸气密度的百分比值，即

$$相对湿度 = 绝对湿度 \div 饱和湿度$$

露点是指水蒸气开始液化成水时的温度。当库内温度低于露点时，空气中的水蒸气会结露使物品受潮，因此，在采用通风方式调节库内温度、湿度时，**应避免露点温度出现**。

现列举一部分物品对温度和湿度的要求，见表 5-10。

表 5-10 部分物品对温度和湿度的要求

物品种类	温度/℃	相对湿度/%	物品种类	温度/℃	相对湿度/%
金属制品	5～30	≤75	皮革制品	5～15	60～75
塑料制品	5～30	50～70	纸制品	≤35	≤75
橡胶制品	≤25	≤80	树脂油漆	0～30	≤75
麻织品	25	55～65	仪表电器	10～30	≤70
丝织品	20	55～65	毛织品	20	55～65

（1）气温的变化。一天中，最高气温出现在下午 2 点左右，最低气温出现在日出前。通常情况下，气温的日变化规律是日出后开始上升，至下午 2 点左右达到最高，然后逐步下降，至日出前达到最低。一年中，北半球气温最低的月份，内陆为 1 月，沿海为 2 月；最高的月份，内陆为 7 月，沿海为 8 月；平均气温均在 4 月底和 10 月底。

（2）湿度的变化。绝对湿度通常随气温升高而增大，随气温降低而减小，但绝对湿度不足以完全说明空气的干湿程度，而相对湿度能正确反映空气的干湿程度。相对湿度变化和气温变化相反，相对湿度随气温的增高而降低。日出前，相对湿度最大；下午 2 点左右，相对湿度最小。但沿海地区由于从海洋吹来的水汽，午后温度最高时，湿度也大。相对湿度的年变化趋势与温度相反，最大值出现在冬季，最小值出现在夏季。

（二）库内温度和湿度的变化

库内温度、湿度的变化规律与库外基本上是一致的，但是库外气温对库内的影响有一个延迟过程，程度上会减弱。总体上，库内温度变化落后于库外，夜间库内温度比库外高，白天库内温度比库外低。库内湿度会随库外湿度的变化而变化，但密封良好的仓库受到的影响较小；在库内不同位置，湿度会有所不同。例如，库内四角等流通性差的地方，湿度会偏大；向阳的一面气温偏高，湿度相对偏小，背阴的一面则相反。

库内上下区域的湿度也有差别，夏季更加明显，上部位置的温度较高，相对湿度较小，平均为 65%～80%，下部位置的温度较低，相对湿度较大；靠近地面和垛底的相对湿度平均为 85%～100%。靠近门窗位置的物品容易受潮，水泥地面在通风不良的情况下可能会结露。

从气温变化的规律分析，一般夏季降低仓库内温度的适宜时间是夜间 10 点至次日 6 点，而降低湿度的适宜时间是上午 6 点至下午 4 点，实际操作时还要根据物品特性、库房条件、当地气候等因素灵活操作。

（三）温度、湿度的测量

仓库温度的测量工具主要是水银温度计、酒精温度计、半导体温度计等，如图 5-12 所示。测量库房内的温度时，温度测量工具应放置在库房的中央距离地面约 1.4 m 处，不可放在门窗附近或墙角。

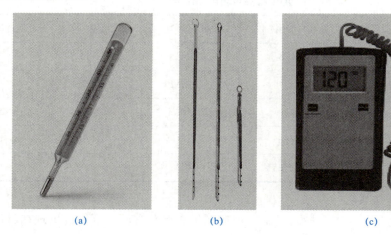

图 5-12　温度测量工具

（a）水银温度计；（b）酒精温度计；（c）半导体温度计

仓库湿度的测量工具主要是干湿球温度计、湿度自动记录仪、毛发湿度计等，如图 5-13 所示。测量库房内的湿度时，湿度测量工具应放置在阴凉通风的地方，避免阳光直射。

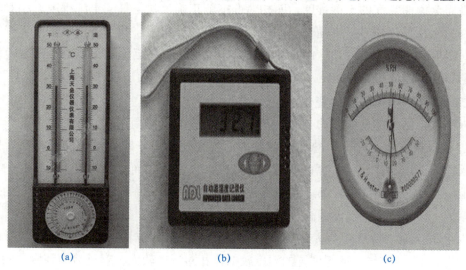

图 5-13　湿度测量工具

（a）干湿球温度计；（b）湿度自动记录仪；（c）毛发湿度计

（四）温度、湿度控制的方法

1．通风

通风是调节库内温度和湿度的重要手段，仓库通风可分为自然通风和机械通风两种方式。自然通风是指选择合适的时机开窗通风，使库内空气和库外空气对流交换；机械通风是指利用排风扇进行通风，使用空调系统进行降温。当库外的温度和绝对湿度低于库内的温度和绝对湿度时，可通风降温。

2．密封

密封是指使用密封材料将物品存储空间严密地封闭起来，使其与周围空气隔离，防止或减弱周围自然因素对物品的影响。

一般来说，密封的目的是防潮，同时，也可以起到防锈、防霉、防虫、防热、防冻、防老化的作用。

3．除湿

除湿是指利用物理或化学的方法，将空气中的水分除去，以降低空气的湿度。除湿方法有利用吸潮剂除湿、利用空气去湿机除湿等。

吸潮剂除湿的优点是成本低，可就地取材。常见的吸潮剂有生石灰、氯化钙、硅胶，也可以使用木炭、炉灰和干谷壳进行吸潮。空气去湿机的优点是效率高，不污染物品。

除湿可与密封配合使用。在梅雨季节或阴雨天，在密封库里常采用除湿（吸潮）的办法降低库内湿度。

4．加湿

如果库内湿度低于保管的要求，物品因含水量低易产生干裂、挥发、易燃、干涸等变化的，应利用机械进行加湿或洒水操作。

（五）温度、湿度的管理

应在库内外适当地点设立温度、湿度监测点，库外温度、湿度计应悬挂在百叶箱内，库内温度、湿度计应悬挂在中部位置，悬挂高度距离地面约为 1.4 m。

由专人负责每天定时观察并记录数据，按月、季、年分析记录统计时段内的最高、最低和平均温湿度。

当发现库内温度、湿度超过要求时，应立即采取相应的温度、湿度控制措施，以达到安全储存的目的。

七、仓库虫害与霉变的防治

（一）仓库虫害的防治

1．容易被虫蛀的物料

容易被虫蛀的物料主要是一些由营养成分含量较高的动植物加工制成的物料，主要有毛丝织品与毛皮制品、竹藤制品、纸张及纸制品，以及干果、粮食等。

2．虫害的防治方法

（1）杜绝仓库害虫来源。仓库害虫的来源如下：

①物品入库前已经有害虫潜伏在物品中。

②物品包装材料内隐藏害虫。

③运输工具带来害虫。

④仓库内隐藏害虫。

⑤仓库环境不够清洁，库内杂物、垃圾未及时清除，潜藏害虫。

⑥邻近仓库感染害虫储存地点的环境影响。如仓库地处郊外，有麻雀、老鼠飞入或蹿入，它们身上有虫卵或虫体，田野、树木上的害虫也有可能进入仓库，感染物品。

杜绝仓库害虫来源的方法主要是对物品原材料做杀虫、防虫处理，对入库物品做虫害检查和处理，对仓库环境及用具进行卫生消毒。

（2）使用化学药剂防治虫害。常用的化学药剂有驱避剂、杀虫剂、熏蒸剂。驱避剂有精萘、对位二氯化苯和樟脑精等；杀虫剂有触杀剂和胃毒剂，常用的有敌敌畏和敌百虫；熏蒸剂有溴甲烷、磷化铝、环氧乙烷和硫黄等。

（二）物品霉变腐烂的防治

1．常见的易霉腐物料

引起物料霉腐的原因主要是霉菌、细菌和酵母菌等微生物。糖类、蛋白质、油脂和有机酸等物质是微生物生长繁殖必需的营养物质。下面介绍几种较容易生霉的物料：棉麻、纸张等含纤维素较多的物料；纸绢制品等含淀粉的物料；皮毛、皮革、丝毛织物等含蛋白质较多的轻纺工业物料；鱼肉蛋乳及其制品等含蛋白质较多的食品物料；糖茶、果蔬等含多种有机物质的物料。

2．防治物品霉腐的主要方法

（1）加强入库验收。易霉腐物品入库，首先应该检验其包装是否潮湿及物品的含水量是否超过安全比例。易霉腐物品在保管期间应频繁检查，加强保护。

（2）加强仓库温度、湿度的管理。对于不同性质的物品，要正确运用密封、吸潮及通风相结合的方法，控制好库内温度、湿度，特别是在梅雨季节，要将相对湿度控制在不适宜霉菌生长的范围内。

（3）选择合理的储存场所。易霉腐物品要安排存放在空气流通、光线较强、比较干燥的库房，并应避免与含水分多的物品存放在一起。

（4）合理堆码。下垫隔潮，物品堆垛不应该靠墙靠柱。

（5）做好日常的清洁卫生。仓库里的积尘能够吸潮，容易使菌类寄生繁殖。因此，要做好仓库内的清洁卫生。

（6）使用防霉腐剂防霉。

（7）气相防霉变。使用具有挥发性的防霉防腐剂，利用其挥发生成的气体，直接与霉腐微生物接触，杀死或抑制霉腐微生物的生长，从而达到防霉腐的目的。

（8）低温冷藏防霉腐。低温冷藏防霉腐所需的温度与时间，应以具体物品而定，一般温度越低，持续时间越长，霉腐微生物的死亡率越高。

（9）干燥防霉腐。减少仓库环境中的水分和物品本身的水分，使霉腐微生物得不到生长繁殖所需水分而达到防霉腐的目的。

（10）利用紫外线、微波、红外线、辐射等方法防霉腐。

八、金属制品的锈蚀和防护

受温度、湿度、氧气、有害气体、物品包装、灰尘等因素的影响，金属制品在库期间容易发生锈蚀。

金属制品的防锈措施如下：

（1）选择合适的储存场所。金属制品的保管地点应远离有害气体和粉尘的影响，与酸、碱、盐等物品分开存放。

（2）控制好温度和湿度。存放金属制品的仓库应保持干燥。

（3）涂油防锈作业。在金属制品表面涂或喷一层防锈油薄膜。防锈油可分为软膜防锈油和硬膜防锈油两种。防锈油具有易燃成分和一定的毒性。

（4）气相防锈。利用挥发性缓蚀剂，在机械物品周围挥发出缓蚀气体，从而阻隔腐蚀介质的腐蚀作用，以实现防锈目的。

金属制品的除锈方法如下：

（1）手工除锈。使用简单工具，手工擦、刷、磨生锈的金属制品，除去锈斑。

（2）机械除锈。使用专用设备进行除锈，常见的设备有滚筒式除锈机、抛光除锈机等。

（3）化学除锈。利用能够溶解锈蚀物的化学品清除金属表面的锈迹。

★ 思政要点

培养新时代青年学生细致入微、埋头苦干精神。

任务四　在库物品的盘点作业

>>> 引 例

武汉仓储园区化妆品仓库原来由百联公司自行管理，现百联公司拟将其化妆品仓库的管理移交给仓储园区的嘉云公司管理，为了厘清化妆品仓库现状，双方需要对库内物品的数量和位置等进行清点、核对。双方原计划在 5 月 18 日进行库存盘点，但 5 月 20 日是百联公司开展"5·20"促销活动的时间,因此,双方商定另行选择 5 月 27 日—5 月 28 日进行库存盘点。

> **知识储备**

一、盘点作业的概念

盘点作业就是对库存物品的实际数量进行清查、清点的作业。客户将仓储业务外包,最关心的就是库存信息的准确性。而仓库里的物品具有流动性,不断有物品入库、出库,容易产生库存记录与实际物品数量不符的现象,这就需要定期或不定期地对库存物品的数量进行清查、清点。此外,通过盘点还可以发现物品质量等其他方面问题。盘点的主要目的如下。

(一)准确掌握库存数量,保证账实相符

通过清点库存物品数量,修正存货记录与实际存货数量之间的误差。造成存货记录与实际库存之间产生误差的原因如下:

(1)库存记录不准确,如发生多记、漏记、误记。

(2)库存物品发生丢失、损耗,入库验收与出库复核数量有误。

(3)盘点结果不准确,有漏盘、重复盘、误盘等。

(二)计算企业的损益

企业的损益与总库存金额密切相关,而库存金额又与库存数量及物品单价有关。因此,为了准确计算企业的实际损益,就必须对现有库存物品的数量加以盘点。

(三)发现仓库管理中存在的问题

通过盘点可以发现是否有物品积压、变质、丢失、损耗过大等现象,通过对盘盈和盘亏原因的分析,可以及时发现仓库管理中存在的问题,及时采取补救措施,提高管理水平。

二、盘点作业的内容

盘点作业主要有以下几个方面的内容。

(一)清点库存物品数量

通过清点库存物品数量,核对账面库存信息与实际库存数量是否相符。

(二)检查库存物品的质量

盘点的同时,检查在库物品的质量是否完好,有无腐败变质、是否超过保质期或有效期、有无长期积压的物品。

(三)检查物品的保管条件

盘点的同时,检查仓库保管条件是否符合物品保管的要求,如温度、湿度是否符合要求,卫生条件是否符合要求,堆码是否符合要求,货垛是否稳定等。

（四）检查仓库的安全情况

盘点的同时，检查仓库安全设施是否完好，消防设备和器材是否正常。

三、盘点作业的方法

盘点作业的方法如图 5-14 所示。

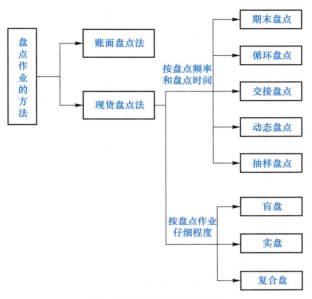

图 5-14　盘点作业的方法

（一）账面盘点法

账面盘点法是指为每种物品设立"存货账卡"，再将每种物品的出入库数量及相关信息记录在账面上，逐笔汇总出账面库存余额的作业方法。这种方法便于随时从账面或计算机中查询出入库记录及库存结余数量。

（二）现货盘点法

现货盘点法是指对实际库存物品进行数量清点的作业方法。

1. 按盘点频率和盘点时间不同分类

依据盘点频率和盘点时间的不同，现货盘点法有以下几种盘点方法。

（1）期末盘点。期末盘点是指在会计计算期末全面清点所有物品数量的方法，又称为全盘。常见的有月度盘、季度盘、年度盘。期末盘点需要将仓库内的所有物品一次性盘点完，工作量大、盘点要求严格，盘点期间要停止出入库作业，会影响生产，通常是应财务核算要求而进行的盘点。

【例 5-2】　贝因美集团创始于 1992 年，集团业务包括婴幼儿食品、婴幼儿用品、育婴咨询服务、生命科学和母婴保健、育婴工程、爱婴工程六大模块。近年来，贝因美高层看到了"移动改变生活"带来的销售方式的转变，因此，大力拓展线上到线下（Online To Offline，O2O）模式，将线上销售与线下实体进行融合，通过直邮服务让客户享受便捷、轻松的购物。

贝因美安达"鲜享直邮"项目就是一个典型的线上销售、线下配送项目，该项目的订单分别来自天猫、京东、妈妈购三个销售平台，由中国邮政速递物流股份有限公司提供物品调拨入库运输、库存管理、订单受理、拣货包装、发货寄递等物流服务。项目总仓库盘点方案如下：

期末盘点：每月安排两次库存盘点，以确保系统库存信息与实物完全吻合；库存盘点人员由分仓运营人员与贝因美方人员共同完成；盘点时间分别安排在每月的15日及当月的月末。

异动盘点：在日常库存管理中，仓库运营人员根据当日订单量情况自行安排异动盘点，确保库存完好准确。

（2）循环盘点。循环盘点是指在每天、每周盘点一部分物品，一个循环周期将每种物品至少清点一次的方法。循环盘点一次只对少量物品盘点，适用于不能停止生产的仓库。

【例5-3】 某汽车零部件仓库主要存放油泵、仪表和传感器等汽车生产线用的零部件，由于仓库为24小时作业，全天候为生产线供应零部件，库存物品会实时变化，而信息系统库存与实物变化有时不能完全同步。为了及时发现实物库存与系统库存不相符的情况，仓库采用循环盘点、分区盘点，保证每个月完成一个循环过程。

（3）交接盘点。交接盘点是指交接班时的盘点。交接盘点适用于零售业或对贵重物品的盘点。

（4）动态盘点。动态盘点（又称异动盘点或不动不盘）是指每天对有出入库变化的料号或储位进行盘点。动态盘点工作量小，能及时反映物品数量的变化，可在每天下班前进行。对于24小时作业的仓库，后一个班盘点前一个班的异动并查明原因。

（5）抽样盘点。抽样盘点是指库存如果有多个品种，抽取其中的几种进行盘点的方法。抽样盘点选择某些物品进行盘点，可减少盘点的工作量，适用于品种繁多的配件类物资盘点。

2. 按盘点作业仔细程度不同分类

根据盘点作业仔细程度的不同，盘点作业可分为以下几种方式。

（1）盲盘。打印一个空白盘点表，盘点人员必须仔细对实物进行盘点，并填写盘点表内所有的信息，这种方式称为盲盘。

（2）实盘。将所有物品的信息和数量打印出来，盘点人员只需到现场清点和核对相关信息的准确性，发现差异则注明，留待修订，这种方式称为实盘。

（3）复合盘。打印物品信息清单，但不写数量，由盘点人员清点物品数量之后如实填写，这种方式称为复合盘。

以上3种盘点方式的仔细程度不同，盘点作业越细，数据就越准确，但工作量也越大。

四、盘点作业的流程

一般情况下，盘点作业的流程如图 5-15 所示。

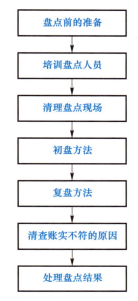

图 5-15　盘点作业的流程

（一）盘点前的准备

盘点前的准备工作包括确定盘点时间、安排盘点人员、协调相关部门配合、准备盘点用品用具、制订盘点计划书。

盘点计划书是指对盘点时间间隔、仓库停止作业时间、账务冻结时间、初盘时间、复盘时间、人员安排及分工、相关部门配合及注意事项做出详细计划。

盘点人员包括初盘人、复盘人、监盘人、稽核人、数据录入人员等。

盘点需要协调的部门和人员包括财务部、验收小组、采购小组、客服部、销售部、信息小组、总经理及客户等。

例如，某仓库实施全面盘点，盘点期间禁止物料出入库，需要做好以下协调工作。

（1）盘点前要求采购小组通知供应商将物品提前送至仓库收货，以便提前完成验收入库任务。

（2）盘点前通知验收小组，要求其在盘点前完成验收质量检验任务，以便仓库及时完成物料入库任务。

（3）通知销售部或客户，盘点前及时发货出库，以免影响供应。

（4）盘点前仓库账务需要全部处理完毕。

（5）盘点前与信息部门沟通好，预计给出最终盘点结果的时间，以便信息部门安排盘点结果的信息录入和库存调整工作。

盘点用品用具包括盘点表、A4 夹板、笔、透明胶等。盘点表样式见表 5-11。

表 5-11　盘点表

盘点日期：　年　月　日			初盘人：	复盘人：	
物品名称	物品编号	存放位置	初盘数量	复盘数量	备注

（二）培训盘点人员

培训盘点人员工作包括对所有参与盘点工作人员进行盘点流程的培训，训练盘点方法，对复盘与监盘人员进行认识物品的训练，介绍上次盘点中出现的错误、经验，强调盘点注意事项等。必要时，可以在盘点前组织"模拟盘点"，目的是让所有参加盘点的人员了解和掌握盘点的操作流程与细节，避免出现错误。

（三）清理盘点现场

在盘点开始前，对货位上的物品进行整理归位，同时整理货位标志，鉴定呆料、废料，进行初盘前的预盘。具体包括以下内容：

（1）在盘点前，对已验收完成的物品，应及时办理入库；若尚未完成验收程序，应划分清楚，避免混淆。

（2）预先鉴定呆料、废品、不良品，以便盘点。

（3）账卡、单据、资料均应整理后再进行结清。

（4）储存场所的管理人员在盘点前，对开口的箱装物料进行预盘，盘点完成后用胶布将箱口封上，并将盘点卡贴在外箱。预盘时应顺便对物品进行归位操作，已经过盘点封箱的物品在需要拿货时一定要如实记录出库信息。

（四）初盘方法

一般按储位的先后顺序和先盘点箱内散件物品、再盘点整箱装物品的方式进行盘点，不允许采用同时盘点散件箱与整箱装物品的方法。初盘人所负责区域内的物品一定要全部盘点完成。初盘完成后，初盘人在初盘盘点表上签名。

（五）复盘方法

复盘人首要先要对初盘结果进行分析，以便快速制定盘点对策，一般按照先盘点差异大、后盘点差异小、再抽查无差异物品的方法进行复盘工作。

复盘时要重点查找以下错误：物品储位错误、物品标示库存量单位（Stock Keeping

Unit，SKU）错误、物品混装等。复盘出现的问题需要找到初盘人进行确认。

（六）清查账实不符的原因

当出现盘盈或盘亏时，应先分析盘点所得的数据与账簿数据的差异是否在容许误差范围内。若不在容许误差范围内，分析是否由以下几个方面原因导致：

（1）是否存在出入库数据录入或记账错误。

（2）盘点前数据资料是否未结清。

（3）是否存在漏盘、重盘、错盘等情况。

（4）出入库作业是否存在错误。

（5）是否存在物品丢失、腐烂、自然损耗过大等问题。

（七）处理盘点结果

追查出差异的原因后，应针对主要原因进行适当的调整与处理；至于呆料、废品、不良品减价的部分则需与盘亏一并处理。

有些物品除盘点时产生数量的盈亏外，也会在价格上产生增减，这些变化经主管审核后必须利用物品盘点盈亏及价目增减更正表进行修改。

★ 思政要点

培养新时代青年学生做事细致、认真负责、殷勤务实的品质。

任务五　库存控制

▶▶ 引　例

宝洁公司库存管理的困境

对绝大部分公司来说，分销体系中的大量库存是个令人头疼的问题，因为它占用了巨大的流动资金。对于宝洁（P&G）来说，这意味着 38 亿美元的成本。

几年前，有两个数字让宝洁的高层寝食难安。一是库存数据：在宝洁的分销体系中，有价值 38 亿美元的库存；二是脱销量：在零售店或折扣店最重要的 2 000 种物品中，任何时刻都有 11% 的物品脱销，而宝洁的产品在其中占有相当的比重。有时没找到所需物品的客户会推迟购买，但很多客户会买别的品牌或干脆什么都不买。

令人不解的是，系统中的大量库存并未降低脱销量。事实上，货架上脱销的物品常常堆积在仓库中。虽然库存系统表明有货，库存管理人员却无法找到佳洁士牙膏或 Charmin 纸巾的包装箱。库存堆积如山，而顾客却经常买不到宝洁的产品。宝洁应该如何走出这个库存管理的困境呢？

> **知识储备**

中华人民共和国国家标准《物流术语》（GB/T 18354—2021）中将库存定义为：库存是指储存作为今后按预定的目的使用而处于备用或非生产状态的物品。广义的库存还包括处于制造加工状态和运输状态的物品。对于生产制造企业，库存一般包括原材料、产成品、备件、低值易耗品及在制品；对于商业流通企业，库存一般包括用于销售的物品及用于管理的低值易耗品。

库存对企业有双重影响：一是影响企业的成本；二是影响企业生产和销售的服务水平。通过合理的库存控制可以有效地降低企业仓储成本，也可以通过加快库存流转速度来提高企业的生产和销售水平。因此，库存控制是企业管理的重要内容之一，也是企业降低成本、提高服务水平的一条重要途径。

一、库存的分类

（一）按生产过程分类

按企业的生产过程分类，库存可分为原材料库存、在制品库存、维修库存和产成品库存。

（二）按存放地点分类

按企业的存放地点分类，库存可分为仓库库存、在途库存、委托加工库存和委托代销库存。

（三）按经营过程分类

按企业的经营过程分类，库存可分为经常库存、安全库存、季节性库存、促销库存、投机库存、积压库存、生产加工和运输过程的库存。

（四）按库存的需求特性分类

按企业库存的需求特性分类，库存可分为独立需求库存和相关需求库存。

1. 独立需求库存

独立需求库存是指一种物品的需求是由市场决定的，与其他物品的库存需求无关，这种需求是不可控的需求。例如，家用空调的需求量是独立的，它来自企业外部的销售渠道，与电视机、冰箱等产品的需求无关。

2. 相关需求库存

相关需求库存是指一种物品的需求受其他物品或项目需求的影响，存在一定量与时间的对应关系，这种需求是可以预知和控制的。例如，对于一定数量的家用空调来说，压缩机、压力开关、电磁阀、节流部件、过滤器等零部件的需求量是已知的，是根据产品的零件表决定的，这些零部件的需求就是相关的。

一般来说，来自市场和企业外部的需求是独立性需求，因企业内部生产需要而产生的需求是相关性需求。

二、库存的作用与缺陷

（一）库存的作用

一般来说，库存是企业为了满足未来的需求而暂时闲置的资源。维持一定数量的库存，对企业的经营管理具有积极的作用，具体表现在以下三个方面。

1. 维持生产的稳定

企业按销售订单和销售预测安排生产计划，并据此制订原材料采购计划。采购原材料存在延迟交货的风险，这会影响企业的正常生产计划。企业为了避免这种风险，保证生产计划顺利进行，就有必要维持一定数量的原材料库存。而且，有些原材料的采购具有季节性，对这种原材料必须维持一定数量的库存，才可以使企业的生产更加稳定。

2. 平衡供应和需求

因物品数量、价格及市场等影响因素的变化，使得供求在时间和空间上存在不平衡。企业为了稳定生产和销售，必须保持一定数量的库存以避免市场需求的波动。而且，客户订货后，取货的时间会短于企业的生产时间，为了弥补时间差，企业必须储存一定数量的库存。

3. 在供应链中起缓冲作用

缓冲作用是库存最根本的作用。目前，由于供应链上各个企业之间的信息并不是完全透明的，对于生产商来说，存在供应商延期交货而使其无法正常生产的风险；对于零售商来说，则存在订购的物品延迟交货而无法正常销售的风险。存储一定数量的原材料或物品，不会因供应的中断而影响企业的正常运行。

（二）库存的缺陷

虽然库存具有很多积极的作用，但库存是物流总成本中的重要组成部分，管理不当就会给企业带来不良影响，具体表现在以下三个方面。

1. 占用大量流动资金

通常情况下，库存所占用的资金为企业总资产的20%～40%，若企业对库存管理不当，就会造成大量资金的沉淀，形成库存积压。

2. 增加企业库存成本

库存成本的增加直接导致产品成本的增加，相关库存设备和管理人员的增加又增加了企业的管理成本。

3. 带来其他管理问题

企业的管理问题，如计划不同、采购不力、生产不均衡、产品质量不稳定及市场销售不力等。

三、库存成本的构成

库存成本是指为取得和维持一定规模的存货所发生的各种费用的总和，主要由购入成本、订购成本、储存成本及缺货成本组成。

（一）购入成本

购入成本是指为了在预定地点（如仓库）获得物品的所有权而产生的成本，即物品本身的成本。它包括物品的购价，运输、装卸费及装卸过程中的损耗等。某项物品的购入成本有两种含义：一是单位购入价格，即物品购自外部的，应包括购价加上运费；二是单位生产成本，即物品是由内部生产的，应包括直接人工费、直接材料费和企业管理费用。

（二）订购成本

订购成本是指从需求的确认到最终的到货，通过采购或其他途径获得物品或原材料的时候产生的费用，即向外部供应商发出采购订单的成本或内部的生产准备成本。订购成本通常与订购或生产准备次数有关，而与订货量或生产量无直接关系。订购成本包括提出订货申请单、分析货源、填写采购订单、来料验收、跟踪订货等各项费用。

（三）储存成本

储存成本也称持有成本，是指企业为持有和管理库存而承担的费用开支，包括储存费用，取暖、照明费用及仓库建筑物的折旧费用；维持库存正常运行的人员费用；库存记录的保存费用；管理和系统费用，包括盘点和检查费用；安全保险费用；库存损坏与废弃的成本费用。

（四）缺货成本

缺货成本是指因企业内部或外部供应中断，不能及时满足市场需求而造成的损失，包括原材料中断造成的停工损失、产成品库存缺货造成的延迟发货损失、企业采用紧急采购解决库存中断而承担的紧急额外采购成本等。当企业产品的用户得不到其全部订货时，称为外部缺货；而当组织内部某一个部门得不到其全部订货时，称为内部缺货。外部缺货将导致延期交货、当前利润损失（潜在销售量的损失）和未来利润损失（商誉受损）；内部缺货可能导致生产损失（人员和机器的闲置）和完工日期的延误。

四、经济订货批量模型

（一）经济订货批量（*EOQ*）模型假设

（1）外部对库存系统的需求为均匀需求，而且需求率是已知常量；

（2）每次订货批量无数量限制；

（3）订货提前期（Lead Time，LT）为已知常量；

（4）每次订货费为已知常量；

（5）无价格折扣；

（6）库存费用与库存量成正比，呈线性相关关系；

（7）补货时间忽略不计；

（8）不允许缺货。

（二）经济订货批量（EOQ）库存状态

在以上假设条件下，库存量变化的库存状态如图 5-16 所示。

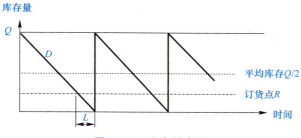

图 5-16　库存状态图

系统的最大库存量为 Q，假设不存在缺货，最小库存量为 0。库存按定值为 D 的需求率减少。当库存量降到订货点 R 时，就按固定订货量 Q 发出订货。经过一个固定的订货提前期（L），新的一批订货 Q 到达（此时库存刚好变为 0），由于补货时间忽略不计，库存量瞬间再次达到 Q。

（三）经济订货批量（EOQ）费用关系

显然，在 EOQ 模型的假设条件下，缺货费用为零。一次订货费用不变，且与订货批量无关，因此，单位产品的订购费用与订货批量之间成反比。

存储费用与订货批量之间呈线性相关关系。单位订货费、存储费与订货批量的关系如图 5-17 所示。即总费用等于存储费用和订货费用之和，且存储费用与订货费用的交点对应着总费用的最低点。

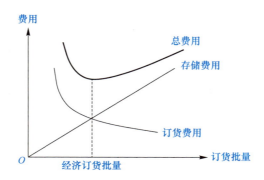

图 5-17　经济订货批量与费用关系图

（四）经济订货批量（EOQ）计算公式

一年订货 D/Q 次，平均库存为订货批量的一半，于是库存总费用的函数关系如下：

$$C_T = C_H + C_R = \frac{Q}{2}H + \frac{D}{Q}K$$

式中　K——单次订货费；

　　　H——单位维持库存费；

D——年需求率；

Q——每次订货批量。

为了求出经济订货批量，将上式对 Q 求导，并令一阶导数为零，求解，得

$$Q^* = EOQ = \sqrt{\frac{2DK}{H}}$$

最优的库存策略是每当库存水平降低到订货点 R 的水平时发出批量为 Q^* 的订单，并在库存水平降低到 0 时接到货品并瞬间补货。

【例 5-4】 Z 产品每年的使用量（D）是 240，每次订货的固定成本（K）是 5.00 美元，单位成本（C）是 7.00 美元，每年的储存费用率（H）是每单位成本的 30%。

我们可以这样计算：

$$\begin{aligned}EOQ &= \sqrt{\frac{2 \times 240 \times 5.00}{0.3 \times 7.00}} \\ &= \sqrt{\frac{2\,400}{2.1}} \\ &= \sqrt{1\,142.86} \\ &= 33.81 \approx 34\end{aligned}$$

如果乙产品每年的使用量是 240，那么每个月的使用量是 20。数量为 34 的 EOQ 大约是 1.75 个月的供应量。这个订货量可能不是很方便。对 EOQ 做一个小的改变不会对整个订货成本和储存成本带来太大的影响，所以，最好把 EOQ 值调整为最接近标准的订货量。在这个例子中，可能一份订单是 30 个单位，所以，将乙产品的 EOQ 调整到 30 比较合理。

EOQ 的公式用来计算在库存上进行最有效的投资的订货量。这里的有效是指每个存货项目最低的总单位成本。如果某种存货项目的使用量较大，并且这些存货较贵，EOQ 公式则会推荐一个较低的订货量，可以使每年的订货次数增加但是每次订货的资金投入较少。如果另一个存货项目的使用量较少且价格低，EOQ 公式建议一个较大的订货量。这意味着即使每年订货次数少，但是因为单位成本低，仍然可以产生在这个存货项目上最有效的投入资金数量。

五、库存控制

库存量过多或过少都会给企业造成损失，库存量过多会形成积压库存，库存量过少会使企业无法正常生产。库存控制，是指用尽量少的人力、物力、财力等资源，将库存物资控制在保障供应的最合理的数量范围内所进行的有效管理措施。

（一）库存控制的作用

通过库存控制，可以产生以下作用：

（1）在保证企业生产、经营需求的前提下，使库存量经常保持在合理的水平上。

（2）掌握库存量动态，适时、适量提出订货，避免超储或缺货。

（3）减少占用库存空间，降低库存总费用。

（4）控制占用库存资金，加速资金周转。

（二）库存控制的基本问题

1. 确定订货点

随着物品的不断出库，库存量的不断下降，当库存量降至某一点时，应立即进行订货补充，这个点被称为订货点。订货点的确定非常重要，订货点过早会增加库存，相应增加企业的库存成本；订货点过晚会导致企业供应中断，从而造成缺货损失。因此，企业要制定合理的订货点，有利于降低企业成本。

2. 确定订货量

订货量是指企业的库存量达到订货点时，应该补充的物品数量。确定订货量，可以使库存达到在最高库存和最低库存之间的要求，有利于降低企业库存成本，提高库存控制水平。

3. 确定订货提前期

企业从订货到接收物品需要一定的时间，为了满足企业正常的供应，采购人员必须提前订货，被提前的这段时间称为订货提前期。企业可以通过每日耗用量和物品运输时间来确定订货提前期。确定合理的订货提前期可以使库存及时得到补充，降低缺货损失的风险。

4. 确定库存基准

库存基准包括最低库存量和最高库存量。

（1）最低库存量。最低库存量是指管理者在衡量企业特性和需求后，所订购货品的库存数量，也是企业维持正常生产经营的最低界限。最低库存量又可分为理想最低库存量和实际最低库存量两种。

①理想最低库存量：又称购置时间（从开始订购物品到将物品送达企业的采购周期时间）使用量，也就是采购期间尚未到货时的货品需求量，这是企业需要维持的临界库存，一旦货品库存量低于此界限，则有缺货的危险。

②实际最低库存量：既然理想最低库存量是一种临界库存量，因此为了保险起见，许多企业会在理想最低库存量外再设定一个准备的"安全库存量"，以防止供应不及时而发生缺货，这就是实际最低库存量。也就是说，实际最低库存量是安全库存量与理想最低库存量的总和。

（2）最高库存量。为了防止库存过多、浪费资金，各种货品均应限定其可能达到的最高库存水平，也就是货品库存量的最高界限，以作为内部警戒的一个指标。一旦库存量达到这个界限，就应该停止订货或将物品售出。

（三）库存控制的合理化

合理的库存控制可以有效降低企业成本，提高企业服务水平及物流效率，进而提高企业竞争力，增加其经济效益。库存控制的合理化体现在库存量合理、库存结构合理、库存时间合理、库存网络合理四个方面。

1. 库存量合理

库存量合理是指下批物品到来之前,能够保证此期间物品的正常供应数量。合理的库存量能满足市场的需要、保障企业正常的销售,其影响因素有市场需求量、再生产周期、交通运输条件、企业自身条件等。

2. 库存结构合理

库存结构合理是指不同品种、不同规格的物品之间库存量的比例关系合理,能满足市场需求。随着消费者的需求愈加多样化,企业库存也向多样化发展。因此,企业在储存物品时不仅要考虑物品的数量,而且要考虑物品的品种和规格。企业需要根据市场需求变化调整库存结构,使库存更加合理。

3. 库存时间合理

库存时间合理是指库存周期的合理性。合理的库存时间可以保证物品的可用性,其影响因素有物品消耗和销售时间、物品的性质。

4. 库存网络合理

仓库网络的合理布局是合理库存的重要条件之一。合理的库存网络取决于物品流通渠道的类型和生产流程的形式安排。例如,批发企业承担着某一区域的物品供应任务,出入库物品数量较多,物品储存量较大,一般设立大型仓库;零售企业相对来说网点分散,销售量小,其存储量较小,一般设立小型仓库。

(四) 库存控制的评价指标

库存是物流企业的重要组成部分,库存控制的好坏直接影响企业的经济效益。通过一系列有效的评价指标对库存控制的情况进行比较分析,找出其中存在的问题,可以提高企业的库存控制水平。库存控制的评价指标有库存周转率、服务水平、缺货率、平均供应费用。

1. 库存周转率

库存周转率是衡量和评价企业购入存货、投入生产、销售收回等各环节管理状况的综合性指标。它是销货成本被平均存货所除而得到的比率,或叫作库存周转次数,用时间表示的库存周转率就是库存周转天数。库存周转次数的计算公式为

$$库存周转次数 = 年销售量 / 年平均库存$$

2. 服务水平

服务水平可通过供应量占需求量的百分比大小来衡量,其直接表现为客户的满意程度,如客户的忠诚度、取消订货的频率、不能按时供货的次数等。对于一个企业来说,为了保证正常的供应,提高服务水平,必须设置一定数量的库存,以防止各种突发事件造成的供应链中断。服务水平的计算公式为

$$服务水平 = 供应量 / 需求量 \times 100\%$$

3. 缺货率

缺货率是从另一个角度衡量企业服务水平的指标。如果一个企业经常延期交货,不得

不使用加班生产、加急运输的方式来弥补库存的不足时,说明这个企业库存控制的效率较低。缺货率的计算公式为

$$缺货率 = 缺货用户数 / 供货用户总数 \times 100\%$$

4. 平均供应费用

平均供应费用是指为供应每单位库存物资所消耗的成本。平均供应费用越高,说明其总成本越高,企业的库存效率越低。平均供应费用的计算公式为

$$平均供应费用 = 年库存总成本 / 年供应总量$$

六、库存控制方法

库存控制是仓储管理的一项重要内容,是在满足顾客服务要求的前提下通过对库存水平进行控制,力求尽可能降低库存水平,提高物流系统的效率。库存控制的方法有很多,企业必须根据自身的实际情况,采取最合适的库存控制方法。库存控制的最基本方法有定量库存控制法与定期库存控制法两种。

1. 定量库存控制法

定量库存控制法是指当库存量下降到预定的最低库存量(订货点)时,按规定数量(一般以经济批量为标准)进行订货补充的一种库存控制方法。其模型如图5-18所示。

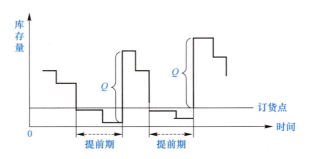

图5-18 定量库存控制模型图

定量系统的优点:仅在提前期内需要安全库存,从而安全库存投资小;对项测值和参数变化相对不敏感;对滞销品较少花费精力。

定量系统的缺点:需求连续的库存记录,资料处理工作量大;确定订货批量时往往不进行经济分析;不能够实现联合订货,从而导致运输成本较高,易失去供应商的价格折扣。

2. 定期库存控制法

定期库存控制法即固定间隔期系统采用定期盘点库存的方法,每经过一个相同的时间间隔,发出一次订货,订货量为将现有库存补充到一个最高水平。在固定间隔期系统中,订货批量通常是变化的,订货间隔期是固定的。因此,这种系统的关键是确定订货间隔期。固定间隔期系统的库存量变化如图5-19所示。

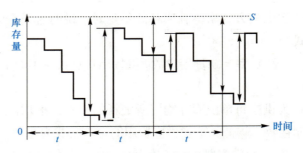

图 5-19　固定间隔期系统的库存量变化图

为了减少管理工作量，可采用双仓系统（Two Bin System，TBS）。所谓双仓系统，是将同一种物资分放两仓，其中一仓使用完成之后，库存控制系统就会发出订货通知，继而开始使用另一仓的物资。直到到货，再将物资分放两仓。

3. 混合库存控制

混合库存控制即最大最小系统，又称为非强制补充供货系统，是固定量系统和固定间隔期系统的混合物。该系统每隔固定的时间就检查库存并确定当前库存量，当库存量小于等于订货点 s 时就发出订货，订货量等于最高库存水平 S 与当前库存量的差额，如图 5-20 所示。

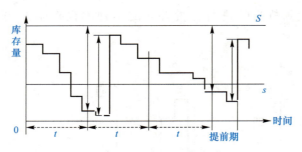

图 5-20　混合库存控制图

该系统由固定检查周期、最高库存水平和订货点三个变量共同决定。与固定间隔期系统相比，最大最小系统由于不一定在每次检查时都订货，因而订货次数较少，进而节省了订货费用。但是若几乎每次检查后都需要订货，就与固定间隔期系统没有什么区别了，所以，最大最小系统的安全库存可能比较大。若检查时的库存水平稍高于订货点，则安全库存期需要订货间隔期加上提前期。订货点由安全库存量加上整个提前期与检查周期内的期望需求量组成，安全库存则通过分析在包括提前期和检查周期的时期内发生的需求量的偏差来确定。

七、库存控制技术

前述两种基本库存控制方法，存在一个非常大的局限，即只针对某一物品。但是，目前企业竞争更多的是供应链之间的竞争，企业与企业之间的联系越来越紧密，而且很多物品之间存在较强的相关性（特别是构成产品的零部件或原材料），某一物品的最佳订货批量或最佳订货周期并不一定适用于其他物品。而且，随着市场竞争的加剧，越来越多的企业面临客户需求多变、订单提前期短等挑战，企业的库存控制成为企业乃至整个供应链降低成本、寻求改善的重要环节。因此，掌握现代库存控制技术就显得更加必要。

（一）MRP 技术

物料需求计划（Material Requirement Planning，MRP）是指根据产品结构各层次物品的从属和数量关系，以每个物品为计划对象，以完工时期为时间基准倒排计划，按提前期长短区别各个物品下达计划时间的先后顺序，是一种工业制造企业内部物资计划管理模式。

MRP 是一种根据市场需求预测和顾客订单制订产品的生产计划，然后基于产品生成进度计划，组成产品的材料结构表和库存状况，通过计算机计算所需物料的需求量和需求时间，从而确定材料的加工进度和订货日程的一种实用技术。

1. MRP 的原理

MRP 系统的主要目标在于控制库存水平，确定产品的生产优先顺序，满足交货期的要求，使生产系统的负荷达到均衡，即采购恰当数量的零部件，选择恰当的时间订货，保证计划生产和向客户提供所需的各种材料、部件与产品，计算好交货的时间和生产负荷等。

MRP 是由主生产进度计划（Master Production Schedule，MPS）和主产品的层次结构逐层逐个地求出产品所有零部件的出产时间与出产数量。简单地说，物料需求计划就是通过主生产进度计划设计出具体的订货时间表。主生产进度计划中包括某种物件的生产数量，通常情况下以周为单位。物料需求计划在这个基础上，结合每件产品所需要的物料清单，制定一份物料供应时间表。这些物料可以是采购得到的，也可以是内部制造的。

因此，MRP 的基本原理可归纳总结为：从最终产品的生产计划导出相关物料的需求量和需求时间；根据物料需求时间和生产（订货）周期确定其开始生产（订货）的时间。

2. MRP 的运行

为了实现 MRP 的任务，MRP 系统可分为 MRP 的输入和 MRP 的输出两部分。

（1）MRP 的输入。

①主生产进度计划。主生产进度计划（MPS）是 MRP 的主要输入，是确定每一具体的最终产品在每一具体时间段内生产数量的计划。这里的最终产品是对于企业来说最终要完成、要出厂的产成品，它要具体到产品的种类和型号。这里的主生产计划所体现的产品生产进度要求以周为时间单位。主生产计划详细规定生产什么、什么时候应该产出，它是独立需求计划。主生产进度计划根据客户合同和市场预测，把经营计划或生产大纲中的产品系列具体化，使其成为展开物料需求计划的主要依据，起到了从综合计划向具体计划过渡的作用。

②产品结构与物料清单。产品结构与物料清单（Bill of Materials，BOM）也称物料清单，是指生产某最终产品所需的零部件、辅助材料的目录。它不仅说明产品的构成情况，还要表明产品在制造过程中经历的各个加工阶段，它按产品制造的各个层次说明产品结构，其中每一层次代表产品形成过程中的一个完整阶段。在 BOM 表中，各个元件处于不同的层次。

通常情况下：最高层为 0 层，代表最终产品项；第 1 层代表组成最终产品项的元件；第 2 层代表组成第 1 层元件的元件；以此类推，最底层为零件和原材料。

各种产品的结构复杂程度不同，产品结构的层次也不同。以一个简单产品 A 为例，其产品结构层次如图 5-21 所示。

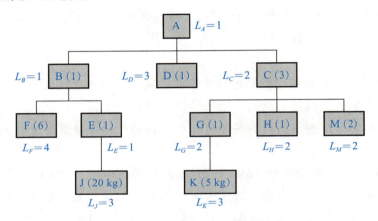

图 5-21　产品 A 的结构层次图

③库存信息。库存信息是保存企业所有产品、零部件、在制品、原材料等库存状态的数据，主要包括总需求量、库存量、计划入库量、安全库存量、订货批量、净需求量等信息。在 MRP 系统中，将产品、零部件、在制品、原材料等统称为物料。

a．总需求量：主要产品及其零部件的需求量。主产品需求量与主生产计划进度一致，零部件的总需求量根据主生产进度计划和主产品结构预测得到。

b．库存量：在企业仓库中每期期末库存物资的数量。

$$库存量＝本期期初库存量＋本期到货量－本期需求量$$

c．计划入库量：根据正在执行中的采购订单或生产订单，在未来某个时期物料将要入库或将要完成的数量。

d．安全库存量：为了预防需求或供应方面的不可预测的变化，在仓库中应经常保持的最低库存数量。

e．订购批量：计划在某个时间段内向供应商订购或要求生产部门生产某种物料的数量。订购批量理论上等于净需求量。

f．净需求量：只需要外界提供的物料数量。

$$净需求量＝总需求量－计划入库量－现有库存量$$

（2）MRP 的输出。MRP 系统能够输出的信息较多，主要输出的信息有订货数量与时间、是否需要改变所需产品的数量和时间、是否需要取消产品的需求、MRP 系统自身的状态、库存变动记录、绩效报告、为远期计划决策提供指导的计划报告等。

3．MRP 运行实例

【例 5-5】 在图 5-21 产品 A 的示例中，客户在第 5 周、第 8 周和第 10 周的需求量分别是 200 个、300 个、500 个，零部件 C 现有库存量为 20 个，零部件 C 会有 400 个在第 2 周到达。请确定零部件 C 的订货时间及订货量。

解：根据产品 A 的结构组成图，因为产品 A 的提前期为 1 周，可以确定零部件 C 会在第 4 周、第 7 周、第 9 周的需求量分别为 600 个、900 个、1 500 个。其订货时间及订货量见表 5-12。

表 5-12　零部件 C 订货时间及订货量

零部件CLT=2周	周次									
	1	2	3	4	5	6	7	8	9	10
需求量	0	0	0	600	0	0	900	0	1 500	0
现有库存	20	420	420	0	0	0	0	0	0	0
预计到货量	0	400	0	180	0	0	900	0	1 500	0
计划发出订货量	0	180	0	0	900	0	1 500	0	0	0

【例 5-6】 某公司生产一种 A 产品，其产品结构如图 5-22 所示。A 表示本企业生产的产品，B、C 表示本企业加工生产的零部件，D、E 表示外购件。现顾客要求本企业在第 6 周供应 100 台 A 产品，第 10 周供应 200 台 A 产品。本企业当前的产品和零部件的库存量及订购和加工提前期见表 5-13。请确定各产品或零部件的生产（订货）时间及生产（订货）量。

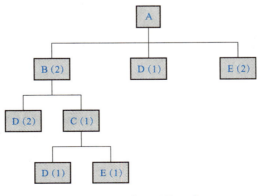

图 5-22　A 产品结构示意

表 5-13　当前的产品和零部件的库存量及订购和加工提前期

产品或零部件	A	B	C	D	E
库存量	30	180	110	200	300
订购或加工提前期	2	1	1	1	1

解：根据上述图表，各产品或零部件的生产（订货）时间及生产（订货）量见表 5-14。

表 5-14　各产品或零部件的生产（订货）时间及生产（订货）量

零部件A LT=2周	周次									
	1	2	3	4	5	6	7	8	9	10
需求量	0	0	0	0	0	100	0	0	0	200
现有库存	30	30	30	30	30	0	0	0	0	0
预计到货量	0	0	0	0	0	70	0	0	0	200
计划发出订货量	0	0	0	70	0	0	0	200	0	0
零部件B LT=1周	周次									
	1	2	3	4	5	6	7	8	9	10
需求量	0	0	0	140	0	0	0	400	0	0
现有库存	180	180	180	40	40	40	40	0	0	0
预计到货量	0	0	0	0	0	0	0	360	0	0
计划发出订货量	0	0	0	0	0	0	360	0	0	0
零部件C LT=1周	周次									
	1	2	3	4	5	6	7	8	9	10
需求量	0	0	140	0	0	0	400	0	0	0
现有库存	110	110	0	0	0	0	0	0	0	0
预计到货量	0	0	30	0	0	0	400	0	0	0
计划发出订货量	0	30	0	0	0	400	0	0	0	0
零部件D LT=1周	周次									
	1	2	3	4	5	6	7	8	9	10
需求量	0	140	280	70	0	400	800	200	0	0
现有库存	200	60	0	0	0	0	0	0	0	0
预计到货量	0	0	220	70	0	400	800	200	0	0
计划发出订货量	0	220	70	0	400	800	200	0	0	0

续表

零部件ELT=1周	周次									
	1	2	3	4	5	6	7	8	9	0
需求量	0	140	0	140	0	400	0	400	0	0
现有库存	300	160	160	20	20	0	0	0	0	0
预计到货量	0	0	0	0	0	380	0	400	0	0
计划发出订货量	0	0	0	0	380	0	400	0	0	0

4．MRP 的适用性

MRP 适用于加工装配型企业，尤其是生产由成千上万个零部件组成的结构复杂的产品的企业。其适用前提如下：

（1）产品装配提前期较长；
（2）原材料、零部件的备货提前期较长；
（3）原材料、零部件的备货提前期是有依据的，而不是臆测的；
（4）有一个稳定的生产主进度表；
（5）批量的大小变动较小。

（二）JIT 技术

准时制（Just in Time，JIT）又称无库存生产方式（Stockless Production）、零库存（Zero Inventories），是指将必要的产品以必要的数量在必要的时间送到需要的地点，并且只将所需要的产品、只以所需要的数量、只在正好需要的时间送到需要的地点。它不仅能够很好地满足用户需求，还可以在一定程度上消除库存、最大限度地减少浪费。

1．JIT 的基本思想

JIT 的基本思想与传统生产系统相反，它是以顾客（市场）为中心，根据市场需求进行组织生产。JIT 是一种拉动式管理，即逆着生产工序，从顾客需求开始，中间程序为订单→产成品→组件→配件→零件和原材料，最后到供应商。具体来说，就是企业根据顾客的订单组织生产，根据订单要求的产品数量，前一道工序就应该提供相应数量的组件，更前一道工序就应该提供相应的配件，再前一道工序就应该提供需要的零件和原材料，由供应商保证供应。整个生产是动态的，前一道工序提供的正好是后一道工序所需要的，且时间上正好（即准时）、数量正好。JIT 系统要求企业的供、产、销各环节紧密配合，大大降低了库存，从而降低成本，提高生产效益。

2．JIT 的实施条件

在理想的 JIT 系统中，不存在提前进货的情况，因而可以使库存费用降至零点。JIT 获得成功需要以下条件：

（1）完善的市场经济环境，信息技术发达；

（2）可靠的供应商，可以按时、保质、保量地供应，通过电话、传真、网络即可完成采购；

（3）生产区域的合理组织，制定符合逻辑、易于产品流动的生产线；

（4）生产系统要有很强的灵活性，为改变产品种类而进行的生产设备调整时间接近于零；

（5）要求平时注重设备维修、检修和保养，不允许设备失灵；

（6）完善的质量保证体系，无返工，次品、不合格品为零；

（7）人员生产高度集中，各类事故发生率为零。

另外，在供应商的选择上，JIT 系统订货与传统订货存在很大的不同。传统的订货方式最关心的是价格，而忽视了质量和及时交货的要求。因此，制造商会选择很多家供应商，通过供应商之间的相互降价来降低自己的购买成本。而 JIT 系统订货优先考虑的则是及时交货和质量，其次才是价格。因此，制造商会精选信用良好、品质合格的供应商，从而建立长期合作关系，促进双方共同进步。

（三）VMI 技术

供应商管理库存（Vendor Managed Inventory，VMI）是指按照双方达成的协议，由供应链的上游企业根据下游企业的物料需求计划、销售信息和库存量，主动对下游企业的库存进行管理和控制的供应链库存管理方式。

1. VMI 管理的主要思想

VMI 管理的主要思想就是供应商在用户的允许下设立库存，确定库存水平和补给策略，并拥有库存控制权，这是一种在供应链环境下的库存运作模式。本质上，它是将多级供应链问题变成单级库存管理问题。精心设计与开发的 VMI 系统，不仅可以降低供应链的库存水平，用户还可以获得高水平的服务、改善资金流，与供应商共享需求变化的透明性并获得更多用户的信任。

因此，关于 VMI 的定义还可以表述为：VMI 是一种上游企业和下游企业之间的合作性策略，以对双方来说都是获得最低的成本优化产品，在一个相互同意的目标框架下由上游企业来管理库存。VMI 的目标是通过供需双方的合作，试图降低供应链的总库存而不是将需求方的库存前移到供应方的仓库里，从而真正降低供应链上的总库存成本。

2. VMI 的特点

（1）VMI 是把库存控制的决策权交给上游企业。VMI 不同于以往任何库存优化模型与方法，以往的库存控制理论与方法都是站在消费者的角度，始终没有跳出这个范围。因此，VMI 对供需双方都是一个挑战。

（2）VMI 要求下游企业向上游企业提供足够透明的库存变化信息，这样才能方便上游企业及时、准确地做出补充库存的决定。

（3）供给方与需求方要建立相互信任的战略伙伴关系。这是实施 VMI 的基础，没有这个基础，VMI 是不可能实施成功的。供给方与需求方要建立 VMI 执行协议框架和运作规程，建立对双方都有利的库存控制系统。

（4）建立先进的 VMI 运行平台，运用先进的信息技术。仅靠传统的人工管理方式已无法适应信息流通要求，VMI 的实施改变了对信息运用的传统模式，要求新的信息管理方法与计算机软件的支持。

3．VMI 的实施原则

VMI 是一种很好的供应链库存管理策略。在实施的过程中需要贯彻以下几个原则：

（1）合作精神，即合作性原则。在实施该策略时，相互信任与信息透明是很重要的，上游企业与下游企业都要具备较好的合作精神，才能够相互保持较好的合作关系。

（2）减少双方成本，即互惠原则。VMI 解决的不是关于成本如何分配或由谁来支付的问题，而是关于减少成本的问题，通过该策略可减少双方的成本。

（3）框架协议，即目标一致性原则。双方都明白各自的责任，观念上达成一致的目标，例如，库存放在哪里，什么时候支付，是否要管理费，要花费多少，这些问题都要有明确的规定，并且体现在框架协议中。

（4）总体优化原则。这样才能使供需双方共享利益和消除浪费。

4．VMI 的形式

（1）"制造商－零售商"VMI 模式。"制造商－零售商"VMI 模式通常存在于制造商作为供应链的上游企业的情形中，制造商对其客户（如零售商）实施 VMI，如图 5-23 所示。图中的制造商是 VMI 的主导者，负责对零售商的供货系统进行检查和补充。这种模式多出现在制造商是一个比较大的产品制造者的情况下，制造商具有相当的规模和实力，完全能够承担起管理 VMI 的责任，如美国的宝洁（P&G）就发起并主导了对国内大型零售商的 VMI 管理模式的实施。

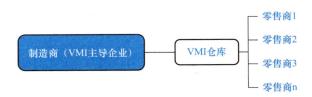

图 5-23　"制造商－零售商"VMI 模式

（2）"供应商－制造商"VMI 模式。在"供应商－制造商"VMI 模式下，制造商要求其供应商应按照 VMI 的方式向其补充库存，如图 5-24 所示。此时，尽管供应商是上游企业，但是 VMI 的主导者可能还是制造商；制造商是 VMI 的接受者，而不是管理者，此时的 VMI 管理者是该制造商上游的众多供应商。例如，在汽车制造业，这种情况比较多见。一般来说，汽车制造商是这一供应链上的核心企业，为了应对激烈的市场竞争，它会要求其零部件供应商为其实施 VMI 的库存管理方式。由于很多零部件供应商的规模较小、实力较弱，因此，完全由这些中小供应商完成 VMI 可能比较困难。

图 5-24 "供应商 – 制造商" VMI 模式

另外,制造商也要求供应商按照 JIT 的方式供货。所以,供应商不得不在制造商的周围建立自己的仓库。这样,会导致供应链上的库存管理资源重复配置。表面上看,这些库存管理成本是由供应商支付的,但是实际上仍然会分摊到供货价格,最终对制造商也是不利的。所以,"供应商 – 制造商" VMI 模式越来越不适合当前的市场环境。

(3) "供应商 -3PL- 制造商" VMI 模式。为了克服第二种模式的弊端,人们创造出了新的方式"供应商 -3PL- 制造商" VMI 模式。这种模式引入了一个第三方物流(3PL)企业,由其提供一个统一的物流和信息流管理平台,统一执行和管理各个供应商的零部件库存控制指令,负责完成向制造商生产线配送零部件的工作,而供应商则根据 3PL 的出库单与制造商按时结算,如图 5-25 所示。

图 5-25 "供应商 -3PL- 制造商" VMI 模式

"供应商 -3PL- 制造商" VMI 模式的优点:3PL 推动了合作三方(供应商、制造商、第三方物流)之间的信息交换和整合;3PL 提供的信息是中立的,根据预先达成的框架协议,物料的转移标志了物权的转移;3PL 能够提供库存管理、拆包、配料、排序和交付,还可以代表制造商向供应商下达采购订单。由于供应商的物料提前集中在由 3PL 运营的仓库中,使得上游的众多供应商节省了仓储管理及末端配送的成本,从而大大地提高了供应链的响应性并同时降低了成本。因此,也有人将这种 VMI 的实施模式称为 VMI-HUB。

★ 思政要点

培养新时代青年精细化管理思维、科学严谨的思维。

一、单项选择题

1. 氯化钙由于吸收空气中的水分造成的结块现象属于（　　）。
   A. 物理变化　　　　B. 化学变化　　　　C. 生化变化　　　　D. 机械变化
2. 下列说法不正确的是（　　）。
   A. 肥皂在酸性溶液中能全部水解，而在碱性溶液中却很稳定
   B. 蛋白质在碱性溶液中易发生水解，在酸性溶液中却比较稳定
   C. 羊毛等蛋白质纤维怕碱不怕酸，棉纤维则在酸性溶液中易发生水解，降低纤维的强度
   D. 易发生氧化的物质，如棉、麻、丝、毛等纤维织品、橡胶制品、油脂类物品，应储存在干燥、不通风与保温的库房
3. 对实际库存物品进行数量清点的盘点方法是（　　）。
   A. 账面盘点法　　　　　　　　　　B. 现货盘点法
   C. 盲盘　　　　　　　　　　　　　D. 实盘
4. 某服装仓库24小时运转，不能停止，实现一次只对少量物品盘点的盘点方式是（　　）。
   A. 期末盘点　　　B. 循环盘点　　　C. 交接盘点　　　D. 动态盘点
5. 适用于零售业或对贵重物品的盘点方式是（　　）。
   A. 期末盘点　　　B. 循环盘点　　　C. 交接盘点　　　D. 动态盘点
6. 不受温度影响的物理变化是（　　）。
   A. 挥发　　　　　B. 潮解　　　　　C. 熔化　　　　　D. 凝固
7. 仓库的盘点策略：对于数量少、价值高的A类物品，适合采用（　　）与系统库存信息进行比对。
   A. 盲盘　　　　　B. 实盘　　　　　C. 复合盘　　　　D. 动态盘点
8. 仓库中对货架、文件、设备定置放置体现了6S管理原则中的（　　）。
   A. 整理　　　　　B. 整顿　　　　　C. 清扫　　　　　D. 清洁
9. 下列适用于品种繁多的配件类物资盘点的方法是（　　）。
   A. 交接盘点　　　B. 动态盘点　　　C. 复合盘　　　　D. 抽样盘点
10. 为了节省空间，防止误发误用和积压变质，提高管理质量和管理效率而进行的"区分要与不要"的活动是（　　）。
    A. 整理　　　　　B. 整顿　　　　　C. 清扫　　　　　D. 清洁

二、多项选择题

1. 下列属于温湿度控制方法的有（　　）。
   A. 通风　　　　　B. 密封　　　　　C. 除湿　　　　　D. 加湿

2. 下列属于盘点作业主要内容的有（　　）。
   A. 物品数量　　　　　　　　　　B. 物品质量
   C. 物品的保管条件　　　　　　　D. 仓库安全情况

3. 下列选项属于生化变化的有（　　）。
   A. 呼吸　　　B. 发芽　　　C. 胚胎发育　　　D. 后熟

4. 下列属于可以遏制霉腐微生物生长的条件有（　　）。
   A. 温度　　　B. 湿度　　　C. 空气　　　D. 阳光

5. 根据盘点作业仔细程度的不同，盘点作业可分为（　　）。
   A. 盲盘　　　B. 实盘　　　C. 复合盘　　　D. 动态盘点

6. 在仓储管理活动中实施 6S 管理可产生的结果有（　　）。
   A. 减少浪费　　　　　　　　　　B. 降低效率
   C. 保证质量　　　　　　　　　　D. 树立企业形象

7. 对于仓库温度变化规律的描述，下列正确的有（　　）。
   A. 在气温逐渐升降时，库温也随之逐渐升降，库温主要随气温变化而变化
   B. 库温变化的时间总是落在气温变化之后 1～2 h
   C. 一般夜间库温低于气温，白天库温高于气温
   D. 库温的变化幅度一般比气温的变化幅度小

8. 金属制品锈蚀的防治措施包括（　　）。
   A. 密封法防锈蚀　　　　　　　　B. 低温冷藏防锈蚀
   C. 涂油防锈蚀　　　　　　　　　D. 化学药剂防锈蚀

9. 在温度不变的情况下，空气的绝对湿度与相对湿度之间的关系可以描述为（　　）。
   A. 绝对湿度越大，相对湿度越高　　B. 绝对湿度越大，相对湿度越低
   C. 绝对湿度越小，相对湿度越高　　D. 绝对湿度越小，相对湿度越低

10. 下列物品能吸收空气中的水蒸气及水分，即易吸潮的物品有（　　）。
    A. 衣服　　　B. 茶叶　　　C. 粮食　　　D. 香皂

三、简答题

1. 阐述物品养护的基本措施。
2. 阐述盘点的主要目的。
3. 简述 ABC 分类法的内容。
4. 简述库存控制的基本内容。

四、案例分析题

某手机仓库的库存物品明细见表 5-15，按照价值从高到低，将物品分为 A 类、B 类和 C 类。该仓库的盘点策略对数量少、价值高的 A 类物品采用盲盘，然后与系统库存信息进行比对，而对 B 类和 C 类物品采用实盘，即在盘点表上给出物品的编码和数量，然后与实物进行核对。

如果发现差异，对于 A 类和 B 类物品，检查是否发错货，通过查询料卡上记录的订单号追踪客户，打电话询问客户收到的物品是否有错；而对于 C 类物品，则不做追踪。如果是出库数量错误，则追究复核员的责任；如果是配件型号错误，则追究拣货员的责任。

表 5-15　库存明细

物品名称	单价/元	数量/件	物品名称	单价/元	数量/件
自拍杆	18	200	镜面皮套	75	115
游戏手柄	75	87	原厂皮套	45	120
曲面皮套	65	150	电镀手机壳	40	148
保护后壳	60	100	防爆钢化玻璃膜	15	198
普通贴膜	10	100	时尚超薄外保护套壳	45	120
手机数据线	7.5	200	液晶显示屏	300	90
键盘	390	70	机头	262	80

【辩证性思考】

根据仓库的盘点策略，对物品按价值进行 ABC 分类，说出哪些物品应盲盘，哪些物品应实盘。

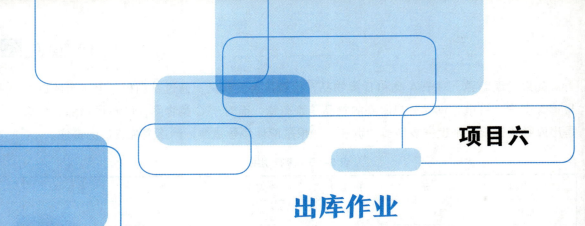

项目六

出库作业

导　言

出库作业是根据业务部或存货单位开具的出库凭证,从审核出库凭证开始,进行备货、复核、包装,直到把货物交给要货单位或发运部门的一系列作业过程。

知识目标：

1. 了解货物出库任务,合理选择和使用各种设施设备；
2. 掌握出库作业的操作规范和基本技能,能解决货物出库中的实际问题；
3. 能够根据项目要求制定与填写出库订单、拣选单、补货单等单据报表。

能力目标：

1. 能够掌握货物出库的依据和出库的形式；
2. 能够掌握货物出库的要求,并在此基础上理解货物出库的原则；
3. 能够掌握货物出库作业的基本流程。

素养目标：

1. 培养全局意识,树立精益求精的工匠精神；
2. 培养统筹规划、理论联系实际的能力；
3. 践行社会主义核心价值观,培养团队协作意识和严谨科学的态度。

第二部分 操作篇

思维导图

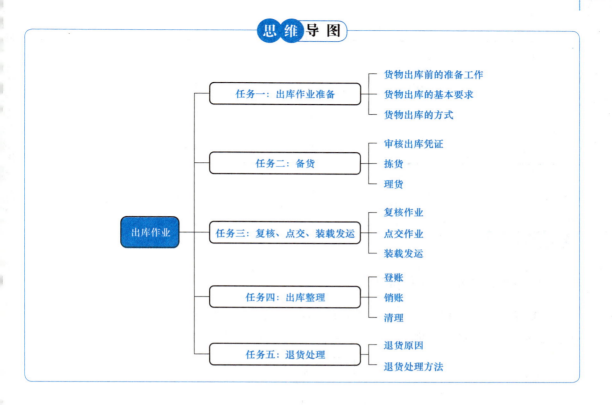

任务一 出库作业准备

引例

武汉仓储中心接到通知,需要调拨一批货物到郑州配送中心,调拨货物明细见表 6-1,郑州配送中心要求将唇笔、唇膏拼成一箱进行包装,其余货物单独包装,配送中心将于第二天上午 10:30 派车辆前来提货,请根据要求制定出库准备工作方案,并说明该出库属于哪一种出库方式,列出出库的注意事项。

表 6-1 调拨货物明细

序号	货物名称	提货数量	包装规格	提货时间
1	洗发露	900 件	16 件/箱	10:30
2	洁肤乳	750 件	12 件/箱	10:30
3	滋润乳霜	530 件	6 件/箱	10:30
4	沐浴露	710 件	12 件/箱	10:30

续表

序号	货物名称	提货数量	包装规格	提货时间
5	唇笔	98 件	288 件/箱	10：30
6	绯红色唇膏	80 件	288 件/箱	10：30
7	魅紫色唇膏	80 件	288 件/箱	10：30

分析：要完成上述任务，需要了解出库前准备的工作内容，掌握出库工作的要求。

>>> 知识储备

一、货物出库前的准备工作

要货单位一般会提前一天将提货通知发给仓库，仓库接到提货通知后，需要制订出库作业计划，做好出库前的准备工作。其具体的工作流程如图 6-1 所示。

图 6-1　出库前准备工作流程

（一）包装整理

货物经过运输、装卸、搬运、堆码、倒垛、拆检等作业，部分包装会出现受损、标志脱落等现象。在出库前，检查货物包装状态是否良好，若有受损、不适宜运输的货物，应进行加固或更换包装处理。

（二）分装、组配

根据要货单位需求，有些货物可能需要拆零后出库，仓库应事先做好相应准备，备足零散货物,以免因临时拆零影响出库发货时间;也有些货物可能需要在出库前进行拼箱,仓库应事先做好拣选、分类、整理和组配等工作。

(三) 准备用品用具

有装箱、拼箱或改装业务的仓库,发货前可根据自身库存货物的性质及运输要求,准备好包装材料、衬垫物、制作包装标志用的器具、标签、颜料,以及封箱用的胶带、箱钉、剪刀、打包带等。

(四) 设备调配

准备出库发货需要用的场地、装卸搬运设备,以便出库货物的搬运和装载。

(五) 人员组织货物出库作业

为保证出库作业与运输作业紧密衔接,应事先对出库作业做合理组织,安排好作业人员,保证出库作业顺利进行。

二、货物出库的基本要求

(一) 按凭证发货

仓库应依据要货单位开具的提货单或调拨单发货,提货单或调拨单的格式可能不尽相同,但都必须符合财务制度要求,具有法律效力。无有效的出库凭证,仓库不得擅自发货。

(二) 遵守先进先出原则

根据货物入库时间,先入库的货物先出库,防止货物在库时间过长,形成呆滞货物。对于有保质期或有效期的食品类、保健品类、药品类货物,或市场寿命周期较短的电子类货物,更应严格遵守先进先出原则出库。

(三) 严格遵守各项出库规章制度

严格按照仓库的各项出库规章制度办事。例如,发货货物必须与提货单、领料单、调拨单所列货物明细一致;未通过验收的货物、有问题的货物均不能出库;货物出库检验与入库检验的方法应保持一致等。贯彻"三不""三核""五检查"的原则。三不:未接凭证不翻账,未经审核不备货,未经复核不出库;三核:发货时,要核对凭证、核对账卡、核对实物;五检查:出库时,要对出库凭证和实物进行品名检查、规格检查、件数检查、重量检查、包装检查。

(四) 提高服务质量,满足客户要求

出库作业要做到安全、及时、准确,出库货物要保质、保量。仓库要防止出现差错事故,尽量为客户提货创造各种便利条件,协助他们解决各种问题。

三、货物出库的方式

货物出库的方式包括送货上门、客户自提、代办托运、过户、转仓、取样。各自的含义见表6-2。

表 6-2 货物出库方式

出库方式	描述
送货上门	仓库根据客户的要求派出车辆和人员,将出库凭证所列的货物直接运送到客户指定地点
客户自提	客户自派车辆和人员持提货单(领料单)到仓库直接提货
代办托运	仓库受客户的委托为客户办理货物托运时,依据货主开出的出库凭证上所列货物的品种、质量、数量和批次等,办理出库手续,通过第三方运输部门将货物运送到客户指定地点
过户	过户是一种就地划拨的形式,货物虽没有出库,但是所有权已经从原货主转移到新货主,仓库必须根据原货主开出的正式过户凭证办理过户手续
转仓	转仓也称移库,是指货主为了业务方便或改变货物储存条件,需要将某批库存货物从某库转移到另一个库,仓库必须根据货主开出的正式转仓票,办理转仓手续
取样	货主出于对货物质量检验、样品陈列等需要,到仓库提取货样,仓库根据正式取样凭证予以发给样品,并做好账务登记

任务实施

第一步:武汉仓储中心信息组接到调拨通知后,进行库存查询,生成出库通知单,见表 6-3。

表 6-3 出库通知单

出库单位:武汉仓储中心　　　　　　　　　　　　　　　　　　　　出库日期:　　年　月　日

序号	货物编码	货物名称	出库数量	包装规格	备注
1	32222	洗发露	900 件	16 件/箱	
2	22857	洁肤乳	750 件	12 件/箱	
3	27021	滋润乳霜	530 件	6 件/箱	
4	29613	沐浴露	710 件	12 件/箱	
5	39893	唇笔	98 件	288 件/箱	
6	98075	绯红色唇膏	80 件	288 件/箱	
7	25680	魅紫色唇膏	80 件	288 件/箱	

审核人:李阳　　　　　　　　　　　　　　　　　　　　　　　　　　提货单位:郑州配送中心

第二步:武汉仓储中心信息组将出库通知单下发给出库组,出库组接到通知后,清点拣货区内货物数量,并进行包装检查,发现有 2 箱洗发露包装破损,需要重新包装,做包装准备。

第三步:分析分装和组配要求。根据调拨要求,部分货物需要拆零后出库,部分货物需要组配,做分装和组配准备。

第四步：拣货完成后，出库货物需由人力用托盘搬运到出库待运区，准备设备，安排搬运人员。

第五步：制定出库前准备方案。

（1）制定包装方案，根据分装、组配和重新包装要求，列出需要准备多少包装箱、衬垫物料，准备哪些封箱用品用具等。

（2）列出需要准备的搬运设备及安排的人员。

★ 思政要点

准备工作要细致，未雨绸缪。

任务二　备货

▶▶ 引 例

作为行业最基层的卷烟生产企业，面对2022年元春生产高峰期，福建中烟龙岩烟草工业有限责任公司充分结合自身生产运行特点，紧盯市场需求，做实、做细备战高峰准备工作。在做好疫情防控工作的前提下，争分夺秒抢抓生产进度。为有效满足生产调拨需求，龙岩烟草工业果断启动应急生产模式，"质量＋效率"双线并行，通过合理排产、模式升级、生产动员、设备改造、疫情防控等多项举措，全力保障生产供应，全力以赴打好旺季生产保卫战。

"两个月的元春市场调拨旺季，卷烟成品出库量将超过全年总量的1/5，工作难度和压力之大显而易见。"龙岩烟草工业物流成品组组长介绍。在元春生产保卫战中，龙岩烟草工业物流成品组精准识别出业务重点、难点，探索升级"2＋X"管理模式，从卷烟入库和卷烟出库两个方面入手，将市场优先、质量优先的原则落实至每个工作环节，综合考虑车辆运输、装车卸货等不确定因素，确保圆满完成旺季生产调拨任务。面对卷烟入库、出库环节的难点挑战，龙岩烟草工业物流部制定出了合理的移库策略。

在出库环节，采取"提前备货＋提前装车"策略，根据上级单位下达的提前备货计划，结合预生产码段打码计划，依照各库区库存堆放情况，合理制订各库点的最优装车计划，保障调拨出库任务及时、准确、有效完成。"车辆还是最大的不确定性因素，节前发货量猛增，怎样保证车辆周转率一直是困扰我们的大难题。今年加上疫情影响，车辆紧缺问题更是凸显。"物流部相关负责人介绍说。为此，考虑到各销区卸货能力不同，物流部合理调整出库顺序，确保各销区卷烟能够供得上、供得及时，并实时跟踪销区疫情防控相关要求，落实好疫情防控措施，采用增加"外派车辆"的方法，规避车辆返程风险，减轻运输车辆压力。

> 知识储备

一、审核出库凭证

仓库接到出库凭证（表 6-4）后，由业务部门审核证件上的印章是否齐全，有无涂改。审核无误后，按照出库单证上所列的货物品名、规格、数量与仓库料账再做全面核对。核对无误后，在料账上填写预拨数后，将出库凭证移交仓库保管员。仓库保管员复核料卡无误后，即可做货物出库的准备工作，包括准备随货出库的货物技术证件、合格证、使用说明书、质量检验证书等。如果在审核出库凭证时发现问题，可以采用以下方法处理：

（1）凡出库凭证超过提货期限，客户上来提货时，必须首先办理手续，按规定交足逾期仓储保管费后方可发货。

（2）凡发现出库凭证有疑点，或者情况不清楚，以及出库凭证有假冒、复制、涂改等情况时，应及时与仓库保卫部门及开具出库凭证的单位或部门联系，妥善处理。

（3）货物进库未验收或提货未进库的出库凭证，一般暂缓发货，并通知货主，待货物验收后再发货，提货期顺延。

（4）如客户因各种原因将出库凭证遗失，客户应及时与仓库发货员和账物人员联系挂失。

表 6-4　出库凭证

提货单位：　　　　　出库日期：　　年　　月　　日　　出库仓库：

产品编号	品名	规格	单位	批次	储位	计划数量	实发数量

审批人：　　　　　　　　提货人：　　　　　　　仓管员：

（本单一式三联，第一联为仓库联，第二联为财务联，第三联为提货联）

二、拣货

拣货作业是指依据客户的订货要求或仓库的送货计划，尽可能迅速、准确地将货物从其储位或其他区域拣取出来，并按一定的方式进行分类、集中、等待配装送货的作业流程。简单来说，拣货就是按订单拣选出客户所需商品的业务活动。

1．拣货流程

拣货作业的基本流程包括以下四个环节：

（1）拣货信息的形成。拣货作业开始前，指示拣货作业的单据或信息必须先行处理完成。虽然一些仓库直接利用客户订单或公司交货单作为拣货指示，但是此类单据或信息容易在拣货过程中受到污损而产生错误。所以，多数拣货方式仍需将原始单据或信息转换成拣货单或电子信号，使拣货员或自动拣取设备进行更有效的拣货作业。

（2）行走与搬运。拣货时，拣货员或机器（自动拣货机、拣货机器人等）直接接触并提取货物，这样就形成了拣货过程中的行走与货物的搬运。这一过程有人到物方式和物到人方式两种。

①人到物方式，即拣货员以步行或搭乘拣货车辆的方式到达货物储位。这种方式的特点是物静而人动。

②物到人方式，与第一种方式相反，拣货员在固定位置作业，而货物保持动态的储存方式。这种方式的特点是物动而人静，如轻负载自动仓储、旋转自动仓储等。

（3）拣取。无论是人工拣取货物或机械拣取货物，都必须确认被拣货物的品名、规格、数量等内容是否与拣货信息传递的指示一致。这种确认既可以通过人工目视读取信息，也可以利用无线传输终端机读取条码，由计算机进行比对。

（4）分类与集中。仓库收到多个客户的订单后，可以形成批量拣取，根据不同的客户或送货路线分类集中，有些需要进行流通加工的商品还需根据加工方法进行分类，加工完毕再按一定方式分类出货。

2．拣货时间

与拣货流程相对应的是，拣货作业消耗的时间也主要包括以下四个部分：

（1）订单或送货单经过信息处理过程，形成拣货指示的时间；

（2）行走与搬运货物的时间；

（3）准确找到货物的储位并确认所拣货物及数量的时间；

（4）拣取完毕，将货物分类集中的时间。

要提高拣货作业效率，需缩短以上四个作业时间。另外，防止发生拣货错误，提高储存管理账物相符率及客户满意度，降低拣货作业成本，也是拣货作业管理的目标。

三、理货

拣货工作结束后，仓库保管员需要将货物按地区代号搬运到配货区，再进行核对、打包和待运装车等。

1．核对

理货员根据货物场地的大小、车辆到库的班次，对到场货物按照车辆配载、地区到站编配分堆，然后对场地分堆的货物进行单货核对，核对工作必须逐车进行，以确保单货数量、品名、唛头、去向完全相符。

2. 打包

出库货物的包装必须完整、牢固，标记必须正确清楚，如有破损、潮湿、捆扎松散等不能保障运输安全的情况，应加固处理，否则不予出库。

（1）对包装的要求。对于同一种货物，包装尽量做到标准化，应统一材料、统一规格、统一容量、统一标识和统一包装方法。在不影响运输及搬运效率的前提下，尽量做到只对同一类货物进行混合包装，严禁将互相影响或性能相互抵触的货物混合包装。

（2）包装储运指示标志识别。包装储运指示标志是根据货物的某些特性（如怕湿、怕震、怕热、怕冻等）确定的，以文字、符号和图形等形式标明的标记，印刷、粘贴和书写在包装上，用以指明包装内货物的特征和收发事项的记号，以及在运输、装卸、交接、保管和配送等物流过程中的安全要求。包装储运指示标志主要包括运输标志、物品包装储运标志、危险物品包装标志。

★ 思政要点

注意分类思想。

任务三　复核、点交、装载发运

▶▶▶ 引 例

每年"双十一购物狂欢节"期间，某企业经常出现库存管理的问题困扰，主要出现在出库环节：

第一，出库异常问题。商家对提供商、工厂入仓质量没有办法管控，形成入仓数据由源头上就出错，若是在入仓阶段提供商与厂家没有配合好的话，就很有可能增加仓库收货作业的难度和成本，这些成本到最后都将转移到电商企业自身。作为第三方仓储企业，可以辅助商家搞好对提供商的管理，对于双方而言都是非常有意义的事情。

第二，超卖现象。电商行业与传统销售行业相比较，效率高、速度快，一个爆款的出世，瞬间就会有大量的订单出现，由于前、后台库存数据不统一形成订单超卖。若是前、后台的库存没有得到很好的衔接，即便仓内的库存是好的，前台也不一定能够上架正确的库存数量，因此，带给商家和买家的损失就避免不了。

第三，滞仓费。通常情况下，滞仓费会遵循"先进先出"的准则，根据商品滞仓天数来进行计算滞仓费用，但是滞仓费用的计算是基于一个准确的库存数量的。若是库存数量有误，那么滞仓费用也就会产生各种纠纷问题。

第四，错发漏发现象。经常会出现货物漏发及订单搞混错发的问题，究其原因是没有进行复核，从而导致后续的问题。

> 知识储备

一、复核作业

复核作业是对即将发送的货物进行数量和质量的检查，是指在拣货结束后，拣货员将拣选好的货物搬运至待出货区，交由复核员，复核员根据拣货员提供的复核单据，对各客户或门店的货物进行复核，确保数量、包装、名称等信息与复核单据上的信息一致。

1．复核的作用

（1）复核作业是在出货装车前对即将出货的货物的数量、质量、客户进行检验的最后防线，复核作业完成质量的高低直接影响着货物能否正确、通畅地流通。

（2）良好的复核作业能及时发现拣货过程中的问题，若货物数量或质量存在问题，可联系拣货员处理。这样能避免到达客户或门店时才发现问题，降低来回运输的时间和成本，提升作业过程的效率。因此，强化复核作业可以减少差错率，提高物流服务水平，提高客户满意度。

2．复核的内容

复核的主要内容包括：品名、型号、规格、数量是否同出库单一致；配套是否齐全；技术证件是否齐全；外观质量和包装是否完好。

二、点交作业

经过全面复核无误之后，即可办理清点交接手续。

点交后，仓库保管员应在出库单上填写实发数、发货日期等内容，并签名。然后将出库单连同有关证件资料，及时移交货主，以便货主办理货款结算。点交作业是货物配送到门店之前按客户或门店清点货物数量的最后一个过程，也是确保配送准确的重要保证。

在整个出库过程中，复核和点交是两个最为关键的环节。复核是防止差错的重要和必不可少的措施；而点交则是划清仓库和提货方两者责任的必要手段。

三、装载发运

装车是指车辆的配载。由于出库货物特性各异，因此车辆配载要特别注意，要对特性差异大的货物进行分类装载。例如，外观相近、容易混淆的货物要分开装载；渗水货物不能和容易受潮的货物一起装载；散发臭味的货物不能和吸臭性货物一起装载；散发粉尘的货物不能和清洁货物一起装载等。

货物的装车顺序要分清先后，尤其是同一车装载多个客户货物的更要遵循"后送先装"的顺序，且要与货物的特性相结合，如轻货要放在重货上面，易滚动的桶装货物要垂直摆放等。

★ 思政要点

做事要有耐心，认真细致。

任务四　出库整理

▶ 引 例

四川长虹电器股份有限公司（简称"长虹"）是一家集彩电、背投、空调、视听、数字网络、电源、器件、平板显示、数字媒体网络等产品研发、生产、销售于一体的多元化、综合型跨国企业。其下辖吉林长虹、江苏长虹、广东长虹等多家参股、控股公司。

目前，长虹在我国30多个省、自治区、直辖市成立了200余个营销分支机构，拥有遍及全国的30 000余个营销网络和8 000余个服务网点。在广东、江苏、吉林、合肥等地建立了数字工业园区，在深圳、上海、成都等地设立了创研中心。同时，在美洲、大洋洲、东南亚、欧洲等地设立了子公司，在美国、法国、俄罗斯等10多个国家和地区开设了商务中心，经贸往来遍及全球100多个国家和地区。

长虹拥有40多个原材料库房，50多个成品库房，200多个销售库房。过去的仓库管理主要由手工完成，各种原材料信息通过手工录入。虽然应用了ERP系统，但有关原材料的各种信息记录在纸面上，而存放地点完全依靠员工的记忆。在货品入库之后，所有的数据都由手工录入计算机。对于制造企业来说，仓库的每种原材料都有库存底线，库存不能过多，而当库存不够需要及时订货时，纸笔方式具有一定的滞后性，实际库存与ERP系统中的库存永远存在差距，无法达到实时。由于库存信息的滞后性，让总部无法作出及时、准确的决策。而且手工录入方式效率低、差错率高，在出库频率提高的情况下，问题更为严重。

为了解决上述问题，长虹决定应用条码技术及无线解决方案。经过慎重选择，长虹选择了美国讯宝科技公司（Symbol Technologies Inc，Enterprise Mobility Company）及其合作伙伴——高立开元公司共同提供的企业移动解决方案。该解决方案采用讯宝科技的条码技术，并以Symbol MC 3000作为移动处理终端，配合无线网络部署，进行仓库数据的采集和管理。目前，长虹主要利用Symbol MC 3000对其电视机生产需要的原材料仓库及2 000多平方米的堆场进行管理，对入库、出库及盘点环节的数据进行移动管理。

通过这个案例，我们可以认识到，利用合适的方法改善仓储出库过程的各个环节，能够提高商品的库存管理质量，提高出库效率，保证整体效益。

> 知识储备

出库货物经过仓库的复核、点交后,还需要仓库保管员完成出库货物的出库信息登录与整理作业。

一、登账

仓库在发货作业中,有先登账后付货和先付货后登账两种做法。

1. 先登账后付货

其核单和登账的环节连接在一起,由账务员一次性连续完成。这种登账方法可以配合下道仓库保管员的付货工作,起到预先把关作用。因为根据出库单登账时,除必须认真核单外,还可根据货账(仓储账页),在出库单上批注账面结存数,配合仓库保管员付货后核对余数;对于移动货物,需随即更正货位,方便仓库保管员按货位找货。

2. 先付货后登账

在仓库保管员付货后,需要经过复核、放行才能登账。这就要求账务员必须做好出库单、出门证的全面控制和回笼销号工作,防止单证遗失。按照日账日清的原则,在登账时,逐单核对仓库保管员批注的结存数,如与账面结存数不符,应立即通知仓库保管员,直至查明原因。发现回笼单证中有关人员未曾签章的,应将原单退回补办签章手续,再做账务记录。

二、销账

当物品出库完毕后,仓库管理人员应及时将物品从仓库保管账上核销,取下垛库以保证仓库账账相符、账卡相符、账实相符,并将留存的仓单(提货凭证)其他单证、文件等存档。

三、清理

物品出库后,有的货垛拆开,有的货位被打乱,有的现场还存留垃圾和杂物。保管员应根据储存规划要求,该并垛的并垛,该挪位的挪位,并及时清扫发货现场,保持清洁整齐,空出的货位应在仓库货位图上标注,以备新的入库物品之用。同时,清查发货的设备和工具有无丢失、损坏等。现场杂物清理完毕后,还要收集整理该批物品的出入库情况、保管保养及盈亏等数据情况,以备查用。

(1)按出库单,核对结存数。

(2)如果该批货物全部出库,应查实损耗数量,在规定损耗范围内的进行核销,超过损耗范围的查明原因,并予以处理。

(3)一批货物全部出库后,可根据该批货物出入库的情况、采用的保管方法和损耗数量,总结保管经验。

（4）清理现场，收集苫垫材料，妥善保管，以备再用。

（5）待运货物发出后，收货单位提出数量不符时，属于质量短少而包装完好且件数不缺的，应由仓库保管机构负责处理；属于件数短少的，应由运输机构负责处理；若发出的货物品种、规格、型号不符，应由保管机构负责处理；若发出货物损坏，应根据承运人出具的证明，分别由仓库保管员及运输机构处理。

★ 思政要点

培养新时代青年严谨求实的科学态度。

任务五　退货处理

▶▶ 引 例

2022年2月16日，沈某某通过雅佳百货店经营的淘宝店铺"雅佳生活"购买了名为"北欧花瓶摆件防摔客厅插花鲜花长枝透明高款落地马醉木富贵竹花瓶"的商品。其中，型号圆柱口径15高30（厘米）[VR150—300]共16个、型号圆柱口径10高30（厘米）[VR100—300]共32个、型号圆柱口径12高40（厘米）[VR120—400]共16个，订单号为2473456071645724956，实际付款金额共计5 800余元。2月17日，雅佳百货店按照沈某某指定的收货人及收货地址发货。2月20日，快递送达给收货人。

2月26日，沈某某就涉案商品全部发起了退货退款申请（原因：尺寸拍错/不喜欢/效果不好）。雅佳百货店同意了本次售后服务申请并确认退货地址。2月27日，沈某某通过德邦快递退货。3月1日，雅佳百货店以退回的货品已经影响使用为由拒绝退款，同时附上验货照片及视频。后淘宝小二介入，经双方举证后，淘宝小二驳回售后服务，维权定性：退货商品影响二次销售。

根据雅佳百货店提交的3月1日查验涉案商品退货时的照片及视频显示，随机拆开的多个花瓶留存有水渍。根据双方旺旺聊天记录显示，3月1日，雅佳百货店告知沈某某："这边收到花瓶了，这些全被用过，而且很多里面都有水"，并发送了花瓶有水的视频。

庭审中，沈某某自述为婚庆公司工作人员，其购买涉案花瓶是为了在婚礼中用于装水并插花，花瓶确实在婚礼中使用过，但花瓶现在质量没有问题，符合商品完好的要求，且在七日内申请退款，要求按照"七日无理由退货"规则退货，并由雅佳百货店承担退货运费。

杭州互联网法院审理后认为，本案争议焦点为能否适用于七日无理由退货规则。根据《中华人民共和国消费者权益保护法》第二十五条的规定，经营者采用网络、电视、电话、邮购等方式销售商品，消费者有权自收到商品之日起七日内退货，且无须说明理由。消费者退货的商品应当完好。经营者应当自收到退回商品之日起七日内返还消费者支付的商品价款。退回商品的运费由消费者承担；经营者和消费者另有约定的，按照约定。本案例中，沈某某虽然在收货后七日内申请退货，但根据雅佳百货店提交的查验退货快递的照片及视频显示，退货的涉案商品普遍留存有水渍；针对沈某某、雅佳百货店就涉案商品是否完好引发的退货退款纠纷，淘宝小二介入后的客服执行方案为驳回售后服务、维权定性为"退货商品影响二次销售"；庭审中，沈某某也自述存在婚礼中对花瓶有装水并插花的使用行为。对此，应认定涉案花瓶在婚礼中装水并插花使用并非"因检查商品的必要进行拆封查验"，属于超出查验和确认商品品质、功能需要而使用商品，势必影响二次销售，导致商品价值贬损较大，应视为商品不完好，故沈某某的退货主张不符合消费者权益保护法关于七日无理由退货的规定，沈某某要求依照"七日无理由退货"规则进行退货的诉请，没有相应依据，应不予支持；沈某某要求雅佳百货店承担退货运费的诉请，也没有相应依据，也不予支持。遂判决，驳回沈某某的全部诉讼请求。本案例适用于小额诉讼程序审理，一审终审，现判决已生效。

知识储备

在物流活动中，应尽可能地避免退货或换货，因为退货或换货的处理，只会大幅度增加成本，减少利润。

一、退货原因

1. 有质量问题的退货

对于不符合质量要求的商品，接收方提出退货的，仓库将予以退换。仓库虽然不会有直接的成本损失，但是快速地配合可降低损害，增进与厂商及客户间的关系。

2. 搬运途中损坏退货

物品在搬运过程中造成产品破损或包装污染的，仓库将予以退回。

3. 商品送错退回

送达客户的商品不是订单所要求的商品，如商品条码、品项、规格、质量、数量与订单不符，要求换货或退回。这时必须立即处理，减少客户抱怨。

4. 商品过期退回

有保质期的商品在送达接收单位时，超过商品有效期限的，仓库应予以退还。

二、退货处理方法

1. 无条件重新发货

由于仓库按订单发货发生错误的，应由仓库更新调整发货方案，将错发物品退回，重新按原正确订单发货，中间发生的所有费用应由发货人承担。

2．运输单位赔偿

因为在运输途中产品受到损坏而发生退货的，根据退货情况，由仓库确定所需的修理费用或赔偿金额，然后由运输单位负责赔偿。

3．收取费用，重新发货

因为客户订货有误而发生退货的，所有退货费用由客户承担。退货后，再根据客户新的订货单重新发货。

4．重新发货或替代

因为产品有缺陷，客户要求退货，仓储方接到退货指示后，作业人员应安排车辆收回退货商品，将商品集中到仓库退货处理区进行处理。一旦产品回收活动结束，生产厂家及其销售部门就应立即采取行动，用没有缺陷的同种产品或替代品更新有缺陷的产品。

能否处理好退货，涉及各方面的关系，如制造商与采购商、采购商与仓库经营者、仓库经营者与承运人、承运人与经销商、经销商与客户、客户与制造商等。妥善处理退货的方法就是每个环节都要检验，一环扣一环，环环都负责，环环都满意，这样才能使相关方面保持良好的关系。

★ 思政要点

商家与消费者双方要有诚实守信的社会传统美德，倡导诚信原则。

一、单项选择题

1. 由收货人或其代理持取货凭证直接到库取货，仓库凭单发货的出库方式属于（ ）。
   A．送货上门　　　　B．客户自提　　　　C．过户　　　　D．转仓

2. 发货人员由于对货物种类规格很不熟悉，或者在工作中出现疏漏，把错误规格、数量的货物发出库的情况属于（ ）。
   A．串发货和错发货　　　　　　　　B．漏记账
   C．错记账　　　　　　　　　　　　D．重复发货

3. 在发货过程中，如果货物包装破漏，发货时应经过整理或更换包装，方可出库，否则造成的损失应由（ ）承担。
   A．收货人　　　　　　　　　　　　B．仓储部门
   C．验收人员　　　　　　　　　　　D．运输单位

4. 出库程序包括核单、备货、复核、（ ）、点交、登账、清理等过程。
   A．检验　　　　　B．计价　　　　　C．包装刷唛　　　　D．清理现场

5. 客户自提是由要货单位凭（　　），自备运输工具到仓储企业取货的一种方式。
   A. 出库凭证　　　　　　　　　　B. 入库凭证
   C. 提货单　　　　　　　　　　　D. 出库通知单
6. 过户是一种就地划拨的出库形式，货物虽未出库，但是（　　）已从原货主转移到新货主。
   A. 所有权　　　　　　　　　　　B. 使用权
   C. 储存权　　　　　　　　　　　D. 管理权
7. 仓库管理部门备完货后，到运输单位办理货运手续，通过承运部门将货物运送到客户所在地，然后由其去提取，这种出库方式是（　　）。
   A. 送货上门　　　　　　　　　　B. 代办托运
   C. 转仓　　　　　　　　　　　　D. 过户

二、多项选择题

1. 货物出库要求做到"三不""三核""五检查"，其中"三核"是指在发货时要核实（　　）。
   A. 凭证　　　B. 账卡　　　C. 实物　　　D. 货物质量
2. 出库的具体形式主要有（　　）。
   A. 客户自提、送货上门　　　　　B. 代办托运、过户
   C. 取样和转仓　　　　　　　　　D. 按合同出货
3. 货物出库必须符合有关规定和要求，做到"三不""三核""五检查"，其中"三不"是指（　　）。
   A. 未接单据不翻账　　　　　　　B. 未经审核不备货
   C. 未经复核不出库　　　　　　　D. 未有领导指令不行动
4. 出库前的准备工作包括（　　）。
   A. 包装整理货物
   B. 货物的分装、组配
   C. 包装材料、工具和用品的准备
   D. 对出库凭证的仓容及装卸机具的安排调配
5. 对出库凭证进行审核的主要内容有（　　）。
   A. 审核出库凭证的合法性与真实性
   B. 检查出库凭证有无涂改、污损现象
   C. 核对货物的名称、型号、规格、单价、数量、提货日期等
   D. 核对签章、提货人身份
6. 仓库应依据要货单位开出的有效凭证出库，无有效的出库凭证，仓库不得擅自发货。下面属于有效凭证的是（　　）。
   A. 提货单　　　B. 调拨单　　　C. 转仓单　　　D. 领料单

7. 货物经复核后，将出库货物及随行证件逐笔向提货方按照出库凭证所列货物内容逐件当面点交，划清责任。点交完毕，应会同（　　）在出库单、运输单证上签字，并留存单证。

   A. 出库员　　　　B. 仓库保管员　　　C. 提货人　　　　D. 主管

8. 下列属于"五检查"的有（　　）。

   A. 品名检查　　　B. 规格检查　　　　C. 件数检查　　　D. 质量检查
   E. 单据检查

9. 出库复核完成后，仓库人员和提货司机进行点数交接，并在出货单中填写实发数量，双方分别在（　　）上盖章、签字。

   A. 转仓单　　　　B. 调拨单　　　　　C. 入库通知单　　D. 出货单

三、简答题

1. 简述复核的方式及适用情况。
2. 简述退货的原因。

四、案例分析题

商品出库是仓储工作的最后一个环节，把好商品出库关，就可以杜绝差错事故的发生。在商品出库时，要求做到以下几点：

第一，根据存货单位的备货通知，及时认真地做好备货工作，如发现一批入库商品没有全部到齐的，入库商品验收时发现有问题尚未处理的，商品质量有异状的，要立即与存货单位联系，双方取得一致意见以后才能出库，如发现包装破损，要及时修补或更换。

第二，认真做好出库凭证的审核和商品的复核工作。做到手续完备，交接清楚，不错发、错运。

第三，分清仓库和承运单位的责任，办清交接手续，仓库要开具出库商品清单或出门证，写明承运单位的名称，商品名称、数量、运输工具和编号，并会同承运人或司机签字。

第四，商品出库以后，保管人员要在当日根据正式出库凭证销卡、销账，清点货垛结余数，与账、卡核对，做到账、货、卡相符。并将有关凭证、单据交账务人员登账复核。

商品出库，必须先进先出，易坏先出，否则由此造成的实际损失，要由保管方负责。另外，根据《外运仓储管理制度》的规定，出库商品，严禁口头提货、电话提货、白条提货。如果遇到紧急装车、装船情况必须出库时，需经仓库领导批准才能发货，但要在第二天补办正式手续。

【辩证性思考】

1. 商品出库的业务流程是怎样的？
2. 商品出库时应注意什么？

第三部分　管理篇

智能仓储的规划布局

　　仓储规划是对各种仓储行为进行整体的规划，对于仓储模式、仓储设施、储存空间、信息管理系统等进行决策及设计。通过合理的仓储规划可以有效地提高仓储的工作效率，减轻仓储工作人员的作业难度，可以更直观地对仓储作业活动进行调控。

知识目标：
1. 掌握智能仓储规划的原则和步骤；
2. 熟知智能仓储规划注意事项；
3. 掌握仓库规划的总体要求和主要内容；
4. 掌握仓库整体布置相关要点；
5. 熟知货仓区位在规划设计时应满足的要求；
6. 掌握货物规格化的概念及其依据；
7. 熟知货位编号和物料编号。

能力目标：
1. 在进行智能仓储规划时，能遵循原则，牢记注意事项，完成智能仓储规划；
2. 能够根据公司的实际情况进行智能仓储规划，规划时能遵循原则和步骤，牢记注意事项，完成智能仓储规划；

3. 能够根据公司实际情况，进行仓库、仓位的规划；
4. 能够根据公司提供的产品信息，进行物料编号和货位编号。

素养目标：
1. 在进行智能仓储规划时，要有职业意识、安全意识、全局意识、长远意识；
2. 在进行货物规格化及其编号时，要有大局观、做事认真负责。

思维导图

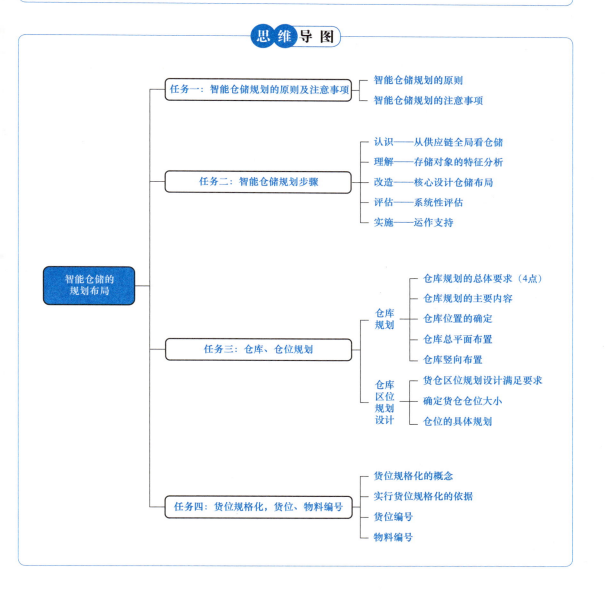

任务一　智能仓储规划的原则及注意事项

> 引 例

百事食品武汉分厂的智能仓库改造

百事食品武汉分厂年产薯片 11 500 t，供应全国各大城市。仓库保管品周转期仅为两天，其日入库量峰值达 3 000 托盘，日发货量峰值更高达 5 000 托盘。百事食品武汉分厂原成品仓库为普通穿梭式货架仓库，繁重的出入库量，需要多辆叉车进入狭窄的叉车通道同时进行作业，叉车操作人员和设备的安全事故时有发生，存取差错率也比较高。然而，像百事这样的大型跨国企业对于安全事故是极为重视的，使得企业各层级领导都非常关注仓库的运营情况。

为彻底排除安全隐患，结合仓库出入库处理能力的需求量，百事食品武汉分厂与世仓智能仓储设备（上海）股份有限公司（简称"世仓"）合作，将原有穿梭式货架系统改造为全自动子母穿梭式货架系统，如图 7-1 所示。存货时，叉车工仅需将货物送至仓库入口的输送线，之后自动化设备在仓库管理系统和仓库控制系统的控制下协同作业，将货物按照一定的规则搬运至指定货位进行储存；反之，取货时，系统也会根据订单和优化的取货规则将货物送至出库输送线。叉车操作工也只需根据出库显示屏的提示，从出库输送线取下托盘货物送至月台。

百事对于安全生产非常重视，就施工安全、电路安全、操作安全、维修安全等方面，对物流系统改造项目提出了很多要求，并专门聘请了全球专业的安全评估机构皮尔磁（PILZ）进行项目安全性能的评估与验收。所有设备均需满足百事提出的 MESS 3 安全标准。

为防止现场人员误进入自动货架内部，所有设备均安装在由安全围栏围绕的安全分区内。输送线出入口处安装有安全光栅，当检测到有人从输送线出入口处进入时，安全分区内设备断电并报警。安全门处设有安全锁，安全门被打开时安全分区内设备断电，维修人员进入货架区域内时携带安全锁钥匙，区域内设备断电，在安全锁取下之前区域内设备无法恢复供电，可以更好地保障作业安全。

物流系统中的设备使用安全 PLC 进行控制，并使用安全继电器，可以防止未确认安全环境下的设备突然启动而引发安全事故。另外，也按照安全标准布置了足够的急停按钮、安全传感器等设备。

项目中的维修爬梯、维修通道等均按照标准设计，设有安全围栏、弹簧门，防护维修人员可能出现的坠落、夹伤等意外。系统也应用各种措施和规范，最大限度地保障设备安全。如母车内部安装有限速装置，外部安装有防撞块；子车安装有防坠落插销等（图7-2）。

图7-1 项目实施前通道情况

图7-2 项目实施后设置的安全门、急停按钮、安全警示

百事食品武汉分厂原穿梭式货架由国内其他货架厂提供，改造为自动化仓库时，世仓对一些位置的货架进行了拆装移位，并配合建筑施工单位完成消防改造。另外，对全部货架进行安装精度调整，使其达到了可以满足自动仓库运行的精度。因为原货架穿梭车导轨截面形状与尺寸均与世仓不同，故世仓将穿梭车结构进行了特别定制，如图7-3所示。

另外，自动化改造需要架设母车通道、增补储位及考虑结构稳定，需要增补一些结构件，如货架立柱、穿梭车轨道、轨道支撑梁等。由于不同货架厂的结构件标准不同，世仓就此项目规划了特别实施方案，使用了不对称连接件架设母车轨道，并定制增补的穿锁车导轨，最终使整个货架系统浑然一体，满足出入库能力540托盘/h。经过分析仓库历史出入库数据，并考虑工厂未来发展与销售旺季的峰值，百事食品武汉分厂最终确定自动化仓库需满足出入库能力每小时各270托盘。

世仓据此规划了24套子母车、12台提升机、11个输送线出入口及足够的输送线缓存位，如图7-4～图7-6所示。

图7-3 原货架（左）与增补货架（右）

图7-4 提升机及输送线

智能仓储管理实务

图 7-5 穿梭车与轨道

图 7-6 穿梭母车

仓库管理系统也使用多种优化算法进行储位选择以平衡各设备负荷，尽量使各设备获得均衡的设备利用率。在项目实施之前，世仓也通过仿真建模验证了储位管理逻辑、设备效率及系统处理能力。

因百事食品武汉分厂生产线 24 h 生产，且没有其他周转库可以暂存产品，所以，仓库改造过程必须确保有库可用，不能造成产线停产。为此，本项目分三期实施。三期工程分别规划有独立的出入库口，任何一期施工都不影响其他两个区域货架的使用。为最大程度地减少施工对仓库运营的影响，第一期工程改造 3 000 个左右储位时，世仓严格控制项目进度，从进场施工到试运行仅用了三个月。

项目实施效果：改造项目实施后，叉车需求数量大大减少，原叉车班组需要 19 台叉车，现在只需要 5 台。绝大多数搬运工作用地牛替代；也因为出库效率大幅增加至 270 托盘 /h，月台备货区不再需要大量提前备货，变得井然有序；使用自动仓库后，备受困扰的叉车高位存取货时货箱掉落现象也不再出现；库存数据也更加准确，不再需要定期盘点。项目布局及项目仿真如图 7-7、图 7-8 所示。

图 7-7 项目布局

图 7-8 项目仿真

>>> 知识储备

一、智能仓储规划的原则

智能仓储规划必须遵循一定的原则,通过具体的需求分析,实现能力成本的合理规划,使系统既能满足库存量和输送能力的需求,又能降低会计成本。

(1)总体规划原则。在进行布局规划时,要对整个系统的所有方面进行统筹考虑。对该系统进行物流、信息流、商流的分析,合理地对"三流"进行集成与分流,从而更加高效、准确地实现物料流通与资金周转。

(2)最小移动距离原则。保持仓库内各项操作之间的最短经济距离,物料和人员流动距离能省则省,尽量缩短,以节省物流时间,降低物流费用。

(3)直线前进原则。要求设备安排、操作流程应能使物料搬运和存储按自然顺序逐步进行,避免迂回、倒流。

(4)充分利用空间、场地原则。包括垂直与水平方向,在安排设备、人员、物料时应予以适当的配合,充分利用空间,但也应保持设备的适当空间以免影响工作。

(5)生产力均衡原则。维持各种设备、各工作站的均衡,使全库都能够维持一个合理的速度运行。

(6)顺利运行原则。根据生产车间空间环境的布局,尽量保持生产过程的顺利进行,无阻滞。

(7)弹性原则。能够保持一定的空间以利于设备的技术改造和工艺的重新布置,以及一定的维护空间。

(8)能力匹配原则。设备的存储和输送能力要与系统的需求及频率相协调,从而避免设备能力的浪费。

（9）安全性原则。设计时要考虑操作人员的安全和方便。

二、智能仓储规划的注意事项

企业在做智能仓储规划时，应注意以下事项：
（1）设备技术选择成熟且先进的，不选过时的；选择效率适当高的，不选最高的。
（2）方案尽量选择柔性的，可扩展的。
（3）规模的产能设计不要超前太多或预估太紧。
（4）尽可能少客户化，尽可能可代替性强一点。
（5）尽可能降低人力投入，降低人的劳动强度，尽量降低人的操作技术难度，尽量减少差错率。
（6）化繁为简，换难为易。
（7）能向空间的，尽量少向平面。
（8）工艺方案中进出流量要平衡，切忌出现瓶颈。

小提示：无论采用多么专业的智能装备与软件，都必须根据企业的实际情况，要有属于企业自己的仓储管理方案。

★ 思政要点

学生在进行智能仓储规划时要有安全意识、大局观。

任务二　智能仓储规划步骤

》》 引 例

良品铺子的智能仓储物流中心

良品铺子是一家集休闲食品研发、加工、分装、零售服务的专业品牌连锁运营公司。2006年8月28日在湖北武汉开设第一家门店，秉承"品质·快乐·家"的企业核心价值观，坚持研发高品质产品，不断引入先进的经营管理思想。

1. 项目背景

为保持企业高速发展的良好势头，良品铺子选择普罗格（IT信息化厂商）共同将其华中物流中心发展成为良品铺子服务顾客的智能化、自动化、全面化物流服务中心。

一方面，良品铺子正处于高速发展期，客户对质量、时效、配送周期的需求越来越高，未来良品铺子的物流服务需达到1～2天一配，48 h到货。由于良品铺子物流华中物流基地既要服务华中区域业务，同时也要具备服务其他区域业务的能力，因此，当前所使用的仓库面积和处理能力均无法突破瓶颈。

另一方面，10多年来良品物流一直是随着业务粗放式增长，需要向主动服务、超前服务、高效高质量服务转变，在高速发展的同时将服务管理精细化。而且良品铺子认为，随着人力成本不断上涨，集成运用自动化物流设备、信息系统、管理理念，实现人、机、物的高效协同作业，是未来物流企业降本增效的必然趋势。

为解决良品铺子成长道路上的阻碍，保持企业高速发展的良好势头，良品铺子选择由普罗格全面负责开展良品铺子华中物流中心的项目咨询、规划设计、系统集成、设备集成、工程实施顾问、现场运营与线上管理，以及良品铺子全国物流中心网点布局规划咨询等方面的工作，共同将良品铺子华中物流中心打造成为服务华中、辐射全国的自动化、信息化、智能化物流中心。

2．项目概况

根据良品铺子发展战略及未来业务需求，普罗格将本项目规划并建设成为包括仓储、分拣、包装、配送、顾客退货处理等功能的全方位、智能化、线上线下仓储物流中心。

良品铺子华中物流中心是一个典型的食品流通型物流中心，讲求快速进出与周转，商品拆零出库量大，整零合一存储。普罗格团队在深入调研后，将整体优化思路确定为打造货位精细化、作业简单共通化、高度信息化、作业智能化与适度自动化，引入自动化立体库、万向分拣机等自动化、智能化设备，以及普罗格物流管理相关软件等，软硬件充分结合，形成高效和谐的一体化作业，使良品铺子华中物流中心项目的智慧程度显著提高，与良品铺子的现阶段发展思路更为匹配。

项目一期涵盖1号、3号两个厂房区域，其中1号厂房包括第1层的入库、出库作业区域及自动化立体库；第2～5层为模块化作业区域，每层楼布局一致，均为全品规划布局，单独拣选，经由输送线到一层分拨集货。

良品铺子华中物流中心一期投入使用的自动化立体库高达22 m，存量近百万件，采用全自动堆垛机，实现托盘商品的自动存取，通过条码自动识别功能保证出入库的准确，主要用作大批量商品存储及出库补货作业。同时，穿梭子母车与立体库进行联动作业，实现A品、超A品整件的全自动补货，密集存储，提高仓库利用率。

所有完成拣选的商品通过输送线及各楼层螺旋升降机，输送至万向分拣机进行分拣作业，各滑道分拣商品通过电子标签指引完成按门店分拣作业，经由电子便签指引集货至对应门店的集货位，配送员根据App提示按线路顺序将各门店商品装车配送。

良品铺子华中物流中心项目凭借具备智能算法的管理系统，根据各区域的商品属性和分拣需求进行统筹规划和布局，通过操作精准高效的智能设备，针对性地解决了大、中、小件订单的不均衡、场景复杂等问题，实现了物流综合处理能力的有机匹配和全面提升。

3．项目成果

良品铺子华中物流中心项目以统一仓储管理为基础展开低成本运营，提升了内部运营管理质量,并有效提高B2B(企业对企业)、B2C(企业对消费者)订单处理速度及客户满意度,实现了信息平台统一化、物流管理标准化、订单处理迅捷化。作业效率和能力的显著提高也标志着良品铺子华中物流中心对华中及周边地区的业务可以提供充分有力支持,解除物流服务能力的瓶颈制约,为良品铺子的高速发展增添动力。

知识储备

不同的仓储可以有多种分类方式,再根据不同的行业环境、设施环境等,又会有不同规划结果。企业在仓储规划中既要关注细节,同时也要注意顶层设计。仓储是物流中的一个战略节点,仓储规划的局限性会影响整个物流系统的全局性。图7-9所示的5个步骤可以对仓储进行系统性的规划。

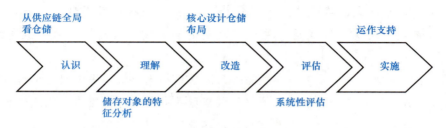

图 7-9 仓储规划步骤

一、认识——从供应链全局看仓储

对仓储进行规划,从专业的规划角度出发,首先还是要从供应链的角度看,不用生硬地套上一些专业术语,可以把供应链的结构当作一个理解事物的工具,理解将要规划的仓储处在一个什么环境中。

从这样的视角去规划可以带来以下3个好处:

(1)更加具有前瞻性。纵观全局,有助于更加清晰地理解当前所规划节点在当前应该解决什么问题、可能出现什么风险、在未来可能会发生什么样的演变,帮助客户从专业和更为宏观的角度去审视和理解后面将要陈述的方案。

(2)定位清晰。不同的仓储节点功能下的规划,所规划的要素参数不同,简单地说,原料仓和成品仓中,流程要素大多一样,但是作业方式和结果可能完全不同,所以,要从全局的角度把仓储定位搞清楚,规避可能出现的偏差。

(3)架构清晰。物流活动是由供应链而触发,那么在对当前活动规划时,必然需要了解触发的原因,用技术化的语言来说,就是要做好接口,将仓储模块化,当上游发生变化的时候,仓储模块或仓储里的子模块可以很好地去调整内部结构和过程。

所以,第一步是认识所需要规划的对象,从上往下看会更加清晰。

二、理解——存储对象的特征分析

理解仓储中的对象，核心对象主要是以存储的物料为主，仓库中物料很多，有的会有数万种SKU（库存量单位），那么就需要对其进行分类。分类方式有很多，可以按大小，也可以按品类，还可以按管理方式。总之，具体问题具体分析，只有理解仓储中的对象特征，才能进行最合理的规划。理解存储对象可从以下几个方面进行分析：

（1）从物料物理属性分析。分析物料的物理属性是对存储对象最基础的认识，分析所要规划对象的外形特征——长、宽、高，便于容器和货位尺寸的规划，梳理存储对象所需要的存放条件，如温度要求、通风要求、消防要求、摆放要求等。从不同的行业看，零售、化工、汽车零部件、医药、装备零部件等，无穷无尽的物料在某个仓库里存储和分拣，因此，对物料物理属性的分析是首要的，也是必不可少的，这个过程也可以看作对一个静态环境的分析。

（2）从数据特征分析。对仓储对象进行数据分析是另一个重要的分析节点，最通用的分析方式就是EIQ（E是指"Entry"，I是指"Item"，Q是指"Quantity"，即从客户订单的品项、数量、订货次数等方面出发，进行配送特性和出货特性的分析），基于前面的物料分类，然后对其按订单、物料（商品）等多维度进行分析，找出分类对象在一个动态环境中的特征。物料的进出作业可能存在季节性，存在高频次和低频次，每天也存在多波次。

对于数据特征分析的方法，根据仓储规划的需要，可以分成两种类型：第一种类型是对数据做一些简单的处理来寻找特征，如找到出入库数据的峰值、谷值、平均值，或者是一些表现频次的数据等；第二种类型是需要用于仿真模型输入的分布函数，通常是通过概率统计得出，找出其发生的概率来进行模拟，评估所设计的方案是否可行。

（3）从运作流程分析。在仓储规划中，对流程分析或配置是串联整个仓储活动最重要的步骤之一。为了对仓储流程分析得更清晰，可以构造一个流程的模型，分为多层级，第一层级是最主要的几个活动，如入库、理货、上架、分拣等；第二层级就可以按对象进行细分，不同的物料对象分类下可能会用到不同的流程或活动，如有的物料只用一次分拣，有的需要次分拣，有的甚至是越库操作，所以要按具体活动分清楚，越是到精细化仓储生产力评估就越要进行细分，因为每个活动都会用到"资源"，产生成本。

三、改造——核心设计仓储布局

前面的分析最终都会在仓储布局上进行直观的体现，仓储布局实际是仓储内的所有对象进行重组，只是看精细程度。

（1）如果只是到大的功能区，那么可以将功能区作为对象进行拆分，通常主要功能区和次要功能区一共加在一起会有 10～20 个功能区（同类功能区可能会有多个分区），将这些功能区按一定的逻辑进行布置就可以完成简单的仓储布局。

（2）如果需要做精细化的仓储布局，甚至要进行货位详细设计，则相对会更复杂。随着技术的发展，更多的仓储会通过智能化的调度来实现仓储业，这样的仓储布局会更加灵活，完全颠覆之前的布局方法。

（3）如果仓储布局里面对象拆分得越细，要求的效率越高，那么随机储存、货到人拣选这样的智能化方式会得到广泛应用，这样布局的方法会更多地用启发式的算法去解决。

四、评估——系统性评估

系统性评估是仓储规划的一个非常重要的步骤，这里需要从系统论的角度来看待仓储规划，也只有把仓储作为一个"系统"，才能最好地解释仓储规划的所有逻辑。

从作业流程的角度把流程作业中人、设备、功能区等看成是服务台仓储中需要处理的货物形成队列，将服务台串联，上一个流程完成的作业量，到下一个流程又形成了新的队列，那么这就是系统，有输入也有输出，通过仿真模拟作业过程中人、设施、设备的资源利用率，也就是忙闲程度，这样就可以从仿真的角度对所规划的仓储系统进行生产力评估。

小提示： 在进行系统评估时，可以根据具体需要评估的内容选择指标。完整的仓储评估指标会有上百个，不一定每个规划中都会关注所有的内容，企业应根据运作环境、功能需求等方面的具体情况来构建需要评估的指标体系。

五、实施——运作支持

仓储规划最后肯定是需要落地实施，所以，还需要考虑到操作中所需要设备配置和信息化需求及对于该仓库需要用什么样的建筑条件来匹配。在规划中将流程进行细分，设备和信息化都按照流程中的操作需求进行匹配，并在系统评估的时候选出最佳方案。

（1）设备配置。按仓储规划的模型将仓储流程进行细分后，每一步操作都会按照流程活动进行，从系统模型的角度看，设备的操作无非是在处理"数据"，这个数据可以是"托"，也可以是"方"或是其他的物流单位。设备的配置根据规划的需求，有的规划有明确的预算，那么可以把预算作为约束，进行最优化配置，如果仓储追求示范效应，那么可以参考智能化的标准在合理范围内进行配置。总之，根据作业要求、高效的运作、合理的成本来对设备的配置进行约束，追求用科学的方式来配置设备。

（2）信息化需求。信息化需求也是仓储规划中的必备要素，现在大多数的仓储都有信息化工具，只是工具的功能是不是更加方便和符合现代化物流管理的要求。随着现代数字化供应链的推广，对于仓储的信息化要求也越来越高，无论是从上下游模块间的对接，还是对数字化决策支持，以及可视化管理方面都在不断迭代。因此，从仓储流程中的实际需求为出发点，考虑整个仓储的功能定位首先要对信息化需求做一个完整的架构，如覆盖哪些模块、交付哪些数据、有什么样的管理要求。然后对功能进行配置，与业务场景结合，这样才能实现一个既实用又具有扩展性和战略性考虑的信息化建设。

（3）仓库建筑设计。有的仓储规划是先有了仓库再进行规划，有的是考虑物流再进行仓库建设。在此建议，最好是按后者的方式进行，因为从建筑的角度看，在一定的参数范围内进行设计和实施都是可行的，但是不一定后选择的参数对于仓储作业来说是最合理的。越是复杂的仓储环境越需要先考虑物流作业要求。在通过充分的仓储规划后，出具仓储功能区与设备布局图纸，然后建筑设计院在此基础上进行建筑设计，如果有相冲突的地方再协商调整。

★ 思政要点

弘扬工匠精神及其持续发展理念。

相关链接

传统仓库如何转型升级？

传统的观点是把仓库看成一个独立的运作单元，而没有把上下游之间的关联打通。在现代物流管理中，仓库是整体智慧物流战略的一部分。仓库的设计和运营需要为企业节省成本。传统的理念是喜欢把仓库设计得很大，仓库空间的利用率不是管理者关注的重点。

随着土地和劳动力成本的上涨，仓库经营者也逐渐意识到较大的仓库空间，可能会给仓库运营带来以下两个问题：第一，增加了仓库的租金、水电等成本；第二，增加了货物的移动路径。因此，仓库的使用空间需要根据货物仓储需求量进行缜密计算，充分利用空间，减少资源浪费。

目前，国内很多制造业工厂的仓库管理还停留在原始阶段，依靠着传统的"账、卡、物"的方式进行管理。纸质的账本基本都已升级到了 Excel 表格或是仓库管理软件了，登记卡还在大量使用，而仅依靠简单的"入库—出库—结存"信息很难有效地进行先进先出管理。

实物数量的变化，没有办法与账和卡自动同步，还是需要靠人在系统中操作。仓库管理效率的问题也逐渐浮出水面。低效率已经开始影响工厂的运营绩效，比如在订单履行方面，客户订单不能按照约定的时间和数量交付，其中一个可能的原因是仓库成品数量差异造成的。

库存数据的不准确、较低的空间利用率、低效的发货管理和手工记账错误等都是传统型仓库常见的现象，这些情况在不经意之间，阻碍了企业向前发展的步伐。

传统的仓库都要转型升级，以便应对不断上涨的成本和更快满足客户订单交付的要求。

很多企业管理者对仓库转型升级具体应该如何操作感到迷茫。要想用最经济的方式来实现企业经营目标，把钱都花在刀刃上，可以参考以下步骤进行。

步骤1：建立项目团队。

理想的项目团队是由内部人员和外部顾问共同组成。除非企业内部有经验非常丰富的人才，一般情况下是需要借助外力来完成此类项目的。顾问的优势在于两点：见多识广和外力推动。

顾问做过很多的相关项目，有着大量的成功或是不成功的实施经验，而且对于行业内最佳实践案例非常熟悉，有顾问的参与，可以帮助企业少走很多弯路。

一些企业经营时间长了，就会产生管理的惰性，针对很多工作上出现的问题，不能及时有效地解决，跨部门流程执行边界模糊。

如果是由内部人员推动变革，经常会遇到各种阻力难以顺利进行，而由一股外力来主导，往往更容易被全体利益相关方接受，当然前提是有公司管理层的全力支持。

步骤2：了解现有流程。

通过了解现行状态，更好地理解仓库运行的各种情况，为下一个阶段的行动做好准备。

收集和分析仓库运营的各项指标，这就像是健康体检中收集血液进行化学分析，通过量化的方法来判断绩效指标，包括库存准确率、来料收货准确性和效率、入库上架准确率、拣货准确率、及时出货率、客户投诉等。

通过这些指标数据与行业标杆企业的比较，可以看出两者之间的差距，避免有井底之蛙的心态。

除此之外，还需要绘制出现有的仓库管理流程图，其中应该包含所有涉及的业务，如入库、拣货、出库和退货管理等。

绘制流程图是一种最好的方式，可以深入了解每个具体的操作步骤。外部的顾问带着全新的视角来审视这些运行已久的流程，自然能够发现一些不太合理的环节，而终日沉浸在各种繁杂工作中的人们，可能早就对这些习以为常，不想或是无力改变现状。

步骤3：识别管理缺陷。

经过上一个步骤，基本上可以识别出一些缺陷，例如，根据绩效指标了解到库存周转率、数据准确率、发货及时率、仓库空间利用率和仓库工人加班情况等关键数据。

再结合现场参观绘制出的流程图，基本上对于需要改善的环节有了全面的记录。通过消除浪费和冗余的流程，提升仓库管理的效率，降低运营的成本，同时，还为下一步的仓库转型升级进行可行性分析。一些常见的缺陷可能包含如下情况：

（1）库存保管员使用纸质单记录货物信息，再手工输入到Excel表格里，非常容易导致数据输入错误。

（2）库存查询系统效率低，导致拣货员需要花费更多的时间在仓库里寻找货物，影响了交货时间。

（3）同一型号货物存储在多个库位里，在整理仓库的时候依靠手工记录，然后输入表格或系统，容易引起数据错误。

（4）货位安排不合理，周转率高的货物没有放在通道入口处，影响了工作效率。

（5）陈旧落后的仓库管理系统，库存相关信息无法与其他系统对接，效率低下且出错率高。

步骤4：设计未来流程。

在专家顾问的带领下，项目团队共同设计未来的流程。有缺陷的现有流程都是可以改善的地方，包括来料收货、物料搬运存储、拣货和发货等。

行业内的最佳实践是非常好的参照对象，虽然每家企业情况不同，是否可以全盘照抄存在着疑问，但是Best Practice（最优方法）足以在80%的环境下应用。例如，仓库收货应该是先入系统还是先进行质量检验，在大多数的情况下应该是先收入系统，不能因为可能存在的质量问题而影响收货工作的效率，毕竟有质量缺陷的产品是少数现象。

如果所有供应商原料都需要经过检验合格后入库，一方面会增加来料检验人工成本；另一方面也说明原材料的质量还不能达到客户要求，生产过程控制仍需加强。

步骤5：评估解决方案。

为了满足多品种、小批量的客户订单需求，仓库需要对现有的系统进行升级。

考虑到先进的管理系统或是自动化设备需要大笔的资金投入，在投资之前就要谨慎地评估新系统是否可以有效地提高现有的运营效率，针对性地解决运营上的短板。

例如，使用条码管理系统和RF（射频）手持终端提高库存的准确性，及时更新库存信息，提高数据输入的质量和准确率。升级WMS仓库管理系统，打通与ERP软件之间的数据传输，实现自动同步，从而达到提高工作效率的目标。

步骤6：项目实施。

项目实施是在经过前面5个步骤之后，最后阶段由配置、测试和实践组成，最终实现预期中的状态目标。

仓库管理流程的升级首先需要进行战略规划，其中包括选择正确的技术，并评估与业务和仓库流程的匹配度。成功完成这些步骤的关键是识别当前流程和系统中的缺陷、浪费和低效率环节。接下来的工作是设计未来的系统和流程，通过改造升级，最终完成传统仓库的升级迭代。

任务三　仓库、仓位规划

引例

长沙京东仓仓库管理现状分析

针对配送站点的分布，长沙京东仓选择了湖南招商局物流园一号仓库作为商品的存放地。但是，由于每日订单量大，入库货物多，其仓储规模不是很大，所以在仓库内出现了很多不合理的问题。

1. 项目背景

（1）仓库布局现状及作业流程分析。长沙京东仓占地面积30亩（1亩≈667 m^2），仓库存储了数码产品、数码配件、日用百货、食品酒水、小家电、母婴用品等商品。因商品规格不同，采用的货架型号也不同。全仓共分为A、B、C、D、E、H、I、J、K 9个区域，分别存放不同商品。A、B区采用30个京东统一标准货架，即长1.2 m、宽0.5 m、高2.13 m的5层货架，A区主要存放数码配件，B区主要存放日用百货。C区采用25个长1.2 m、宽0.5 m、高2.13 m的3层货架，主要存放零散小家电。D、E区采用长1.2 m、宽0.5 m、高2.0 m的货架，主要存放食品和个人洗护类商品。H区采用长1.1 m、宽1.25 m的托盘，主要存放酒水、批量奶粉、大米等商品。I、J区采用长1.15 m、宽1 m、高2.5 m横梁式货架，主要存放批量小家电和母婴用品。K区采用长1.2 m、宽0.4 m、高2.1 m货架，主要存放高价值商品，如图7-10所示。

注：小家电：货物质量在20 kg以下，如电饭煲、显示屏、电烤箱、打印机。

高值货物：手机、平板电脑、U盘、存储卡。

（2）拣货作业现状。

①拣货时要了解和记忆各种货物的具体存放位置、具体形状规格，便于快速拣取货物，提高拣货效率。

②减少通道所占用的空间来提高保管效率，储存区和拣货区共用托盘货架。

③确保一次性拣货成功，避免二次拣货。拣货数量和库存数量要与系统库存相一致，避免多发少发。

（3）长沙京东仓仓库管理存在的问题分析。

①功能分区不明确。仓库的功能分区是对整个仓库布局的简单规划，对仓库功能分区明确可以有效地展现整个仓库的布局条理，更能有效地方便仓库管理。合理的功能分区可以提高仓容利用率，有利于缩短商品的上架时间和质量，优化拣货路径，提高拣货效率；有利于仓储商品的安全，减少商品在库破损数量，有利于盘点理货，减少库存差异，降低仓储成本。

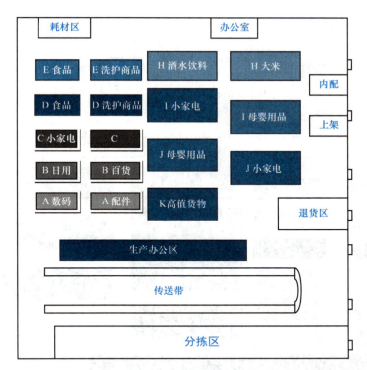

图 7-10　仓库布局图

②货物随处上架。在长沙京东仓仓库中，虽然仓库进行了功能分区，但实际情况是货物随处摆放，上架人员并没有按照所划区域进行分类上架，每日上架量接近 30 000，从 A 区到 K 区有 200 m 左右，所以，上架员选择就近上架，导致仓库中出现一种杂乱的景象，严重影响了货物的入库设计。

③入库区与生产区、办公区相隔太远。考虑到入库货物运输车辆和内配收货场地的原因，把入库区设立在仓库的一段，而生产区则设立在分拣区旁，两区分隔太远，以至于两区之间的工作衔接经常出现问题，生产区发生库存商品数量异常，入库区往往很迟才能接收到和做出反应，耗费大量不必要的时间与精力。

④耗材区与垃圾区相隔很近。京东耗材区大部分是纸箱和袋子，而仓库所产生的垃圾则是货物上架后所留的外包装，大部分也是箱子，所以，导致在处理垃圾时往往把耗材给处理了，增加了仓储成本。

⑤内配多货区货物与仓库货物相混。每天仓库入库量接近 30 000，在内配收货的同时会产生很多收货差异，导致不能上架，而内配多货区货物和库存货物放置很近，每天理多货差异的数量低于产生多货的数量，货物越积越多，导致多货区货物与库存货物相混，造成盘点理货工作的难度。

2．项目概况

完善仓库功能分区：长沙京东仓仓库布局存在的最严重的问题就是对整个仓库的功能分区不完善，仓库所呈现的就是一种混乱的景象，严重影响了货物的入库和拣货质量效率。同时，在整个仓库的管理上，由于布局不明确也带来了许多的麻烦。例如，在逆点理货时，重型货架一个储位放置20种货物，造成货压货，小货被压在下面，非常不容易盘点，浪费了许多的时间。像此类状况，在长沙京东仓有很多，这导致了在仓库中作业花费的时间长，增加了仓储成本。针对长沙京东仓的不足，对长沙京东仓仓库进行了简单的仓库布局优化，布局简图如图7-11所示。

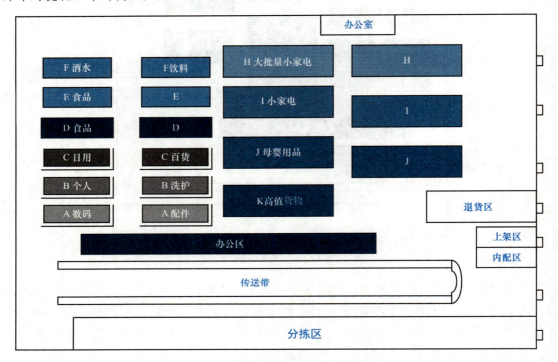

图7-11　整合后的项目布局简图

3．项目成果

（1）内配收货区。把内配上架区设置在生产办公区旁，可以更好地生产，简化了交接流程，节约了不必要的时间。有利于更好地人员管理，优化各组之间的人员统筹，提高了认证率；有利于避免多货区与库存商品混货，减小库存差异，降低仓储成本。

（2）部分区域商品细化放置。原B区放置日用百货，C区放置零散小家电，H区放置酒水饮料。由于各个区域的货架类型不同，每种货架的仓容也不同。

（3）增减区域。由于H区改成大批量小家电存储区，原H区酒水饮料现移入F区，增加一个区域降低H区仓容量，有利于拣货人员快速找到商品和理货人员理货，减掉垃圾区。仓库所产生的垃圾主要来源于上架后所遗留的外包装，好的纸箱可以直接进行二次利用，坏的纸箱拆掉，堆放到月台进行废品回收。这样有利用节约资源，降低仓储成本。

通过完善仓库功能分区，长沙京东仓分区更明确，货物存放规则码放，拣货差异率减少，减低仓库损耗，减少仓储成本，提高了公司的经济效益。

>>> 知识储备

一、仓库规划

1. 仓库规划的总体要求

在组建、规划仓库时,应本着方便、科学的原则,并应符合表 7-1 的要求。

表 7-1 仓库规划的总体要求

序号	要求	具体说明
1	符合工艺要求	(1) 在地理位置上仓库须满足产品加工工序的要求。 (2) 相关仓区应尽可能地与加工现场相连,减少物料和产品的迂回搬运。 (3) 各仓区最好有相应的规范作业程序说明
2	符合进出顺利的要求	(1) 在规划仓库时,要考虑到物料的运输问题。 (2) 要尽可能地将进出仓门与电梯相连,并规划出相应的运输通道,同时充分考虑运输路线等问题
3	满足安全	仓库是企业主要物资的集散地,在规划时要特别考虑以下两点安全因素: (1) 仓库要有充足的光、气、水、电、风、消防器材等。 (2) 需要防火通道、安全门、应急装置和一批经过培训合格的消防人员
4	分类存放	对所有物资进行分析、归纳分类,再进行分类储存: (1) 常用物资仓可分为原材料仓、半成品仓和成品仓。 (2) 工具仓主要用于存放各种工具。 (3) 办公用品仓主要用于为仓库的日常管理提供各种常用办公用品。 (4) 特殊物料仓主要是针对有毒、易燃易爆品等进行专门存放处理

2. 仓库规划的主要内容

(1) 仓库的合理布局。
(2) 仓库的发展战略和规模,如仓库的扩建、改造任务等。
(3) 仓库的机械化发展水平和技术改造方向,如仓库的机械化、自动化水平等。
(4) 仓库的主要经济指标,如仓库主要设备利用率、劳动生产率、仓库吞吐储存能力、储存能力利用率、储运品质指标、储运成本降低率等。

因此,仓库规划是在仓库合理布局和正确选择库址的基础上,对库区的总体设计、仓库建设规模及仓库储存保管技术水平的确定。

3. 仓库位置的确定

货仓部门的位置因厂而异,它取决于各工厂实际需要。在决定货仓部门的位置时,应考虑以下几点因素:

(1) 物料验收、进仓、储存是否容易;

（2）物料发料、搬运、盘点是否容易；

（3）物料储存是否安全；

（4）有无扩充的弹性与潜能。

4．仓库总平面布置

仓库总平面布置是指对仓库的各个组成部分，如库房、货棚、货场、建筑物、铁路专用线、库内道路、附属固定设备等在规定的范围内进行平面和立体的全面合理安排。

仓库总平面布置应该满足的要求如下：

（1）适应仓储生产的作业流程。库房、货棚、货场等储放场所的数量比例要与储存物资的数量和保管要求相适应，要保证库内物资流动方向合理，运输距离最短，作业环节和次数最少，仓库面积利用率最高，并能做到运输通畅，方便保管。

（2）有利于提高仓库的经济性。总体布置时要考虑地形、工程地质条件等，因地制宜，使之既能满足物资运输和存放的要求，又能避免大挖大掘减少土方工程量。平面布置应该与竖向布置相适应，既满足仓储生产上的要求，有利于排水，又要充分利用原有地形。

（3）符合安全、卫生要求。库内各区域之间、各建筑物之间应该留有一定防火间距，同时要设有各种防火、防盗等安全保护设施。此外，库内布置应符合卫生要求，考虑通风、照明、绿化等情况。

小提示：仓库总平面布置应能充分合理地利用库内的一些固定设备，以充分发挥设备的效能，合理利用空间。

5．仓库竖向布置

企业需要确定场地平面布局等各种因素（如库房、货场、专用线、道路、排水、供电）在地面标高线上的相对位置。仓库竖向布置要与总平面布置相适应，充分考虑各方面的条件和因素，使之既满足仓储生产的需要，也符合安全生产的要求。

二、仓库区位规划设计

1．货仓区位规划设计满足要求

（1）仓区要与生产现场靠近，通道顺畅。

（2）每仓要有相应的进仓门和出仓门，并有明确的标牌。

（3）按储存容器的规格、楼面载重能力和叠放的限制高度，将仓区划分若干仓位，并用油漆或美纹胶在地面标明仓位名、通道和通道走向。

（4）仓区内要留有必要的废次品存放区、物料暂存区、待检区、发货区等。

（5）全区设计须将安全因素考虑在内，须明确消防器材所在位置、消防通道和消防门的位置、救生措施等。

（6）仓库的办公室尽可能地设置在仓区附近并有仓名标牌。

（7）测定安全存量、理想最低存量或定额存量，并有相应的标牌。

（8）仓库的进仓门处须张贴仓库平面图，能够反映出该仓库所在的地理位置、周边环境、仓区仓位、仓门各类通道及门、窗、电梯等内容。

2．确定货仓仓位大小

通常物料的最高存量、最低存量与正常存量会决定仓位的大小。

（1）仓位大小若取决于最低存量，则显然仓位太小，物料常出现为腾仓位而辗转搬运或无仓位的现象。

（2）仓位大小若取决于最高存量，常会造成仓位过大的现象。

因此，通常以正常存量来决定仓位的大小。

3．仓位的具体规划

企业在具体规划仓位时，要根据物料的进出库规律及时调整货区和货位。

（1）预留机动货区。预留机动货区的目的是巩固分区分类和暂时存放而单据未到或待验收、待整理、待分类、待商检等场地之用。通常在整仓库划分货区时，应预先留出一定面积作为机动货区；其大小可视仓库性质、物料储存量及品种的多少、物料性质和进出频繁程度以仓储设备件而定。

（2）收料区域的设置。仓库要设有特定的收料区用于暂放所购进的物料。此收料区可划分为三个区域，第一区域：进料待验区（仓库收料人员收到物料后，应将物料放置在此区域，而且不同的物料要分开摆放，不得混放在一起）；第二区域：进料合格区（经由品管员检验合格的物料应放置在此区域，等待入库）；第三区域：进料验退区（检验不合格的物料或与生产部门所提供资料不符合要求的物料应放置在此区域，等待供应商处理）。

小提示：有了机动货区，如果某些物料入库数量超过固定货区容纳量，就可在机动货区暂存，待机移回原固定货区，避免到处寄存，造成混乱。

★ 思政要点

在进行仓库、仓位规划时，要有安全意识、全局意识、长远意识。

▶▶▶ 相关链接

富日物流月雅库区的仓库分析

现在，富日物流最重要的目标是改善和解决仓库及配送中存在的一些问题。

实现这一目标的主要问题和障碍是仓库储位规划不合理、工作效率低、劳动力成本耗费高、信息管理水平落后及配送程序不科学等问题。

克服上述障碍从而实现目标的最好办法是合理规划仓库布局、适当添加储位，提高正常工时产出量，减少加班情况出现，提高仓库信息管理系统，解决接收程序和中央分配处理过程中一些不合理的地方。

1. 项目背景

首先，企业最重要的目标是改善仓库计划，而仓库储位规划不合理及仓库信息系统落后是最关键的障碍。这两方面障碍主要表现在：

（1）仓库内部库位分布及堆垛方式不合理；

（2）仓库内部人员缺乏协调，很少关注库存周转、库存水平、交货时间，使得接收的货量持续超过发送到店铺的货量，最终导致仓库饱和，对店铺的服务水平恶化。

其次，仓库信息系统的落后，库存控制过于简单。

人工控制随机决定存储位置，手工键输入信息，这都将导致不必要的内部位移、很低的分拣生产效率和缺乏关于可用空间的信息。此外，这还会加大人工输入的工作量，降低工作效率。信息化会严重制约物流业务的发展，简单的单机订单管理系统，还有以手工处理单据为主的作业方式，会导致订单处理速度远远不能满足业务发展的需要。配售程序不科学，导致有些店铺分配过量，而有些店铺却分配不足，使得仓库饱和、对店铺的服务水平恶化。由于对每份配售单进行单独分拣的订单拣选方式不科学，导致仓库正常工时产出量低，加班情况经常出现，劳动力成本增加。

2. 项目概况

问题改进措施：内部库位布置形式及堆垛方式是很好解决的问题，根据富日物流的特点应该是根据产品与厂家的划区来分布，因为是大型的产品居多，所有堆垛方式应用大的架子与机械设备。库位安排与堆垛方式及仓库设施配置（针对仓库储位规划不合理问题）如下：

（1）库位安排方法：一般有随机库位安排和固定库位安排两种方式。由于富日货流量大、客户及货物较多，可以将两种方式结合使用：对各供应商库存区采用固定库区，即对每一家主要供应商采用固定储货区域，而同一供应商产品库位采用随机库位法储存，这样，有利于提高仓储空间利用率，又有利于出库及时、准确地寻找到目标商品。

（2）堆垛方式：由于商品流量大，要求仓储的空间利用率要尽可能高，因此，建议货物托盘化堆垛后，采用货架式储存；对单个品项储货量大的，可以采用驶入式托盘货架（Drive-in Pallet Racking），其空间利用率特别高；对品项多、储量小、托盘货物高度差异大的货物，可采用可调式托盘货架（Selective Pallet Racking），以提高仓储空间利用率；对一些质量较轻、体积不大的货物，可采用移动式托盘货架（Mobile Racking）等。

（3）搬运设备与分拣设备：由于采用以货架储货为主要方式，因此，要匹配相应的搬运设备。库内存货设备与取货设备以电动前移式托盘叉车为主，并根据货架高度，也可匹配一定量的臂式堆高机，对质量重的货物，可采用平衡式燃油叉车；库内水平移动采用座驾式电动叉车（距离长）、自走式电动叉车（距离短）为主，并配一定量的手动托盘叉车；分拣设备以多层分拣车为主，并配少量的（根据货架高度）高位分拣机。

3. 项目成果

根据上述问题，提出了改进方案，其具体布局如图 7-12 所示。

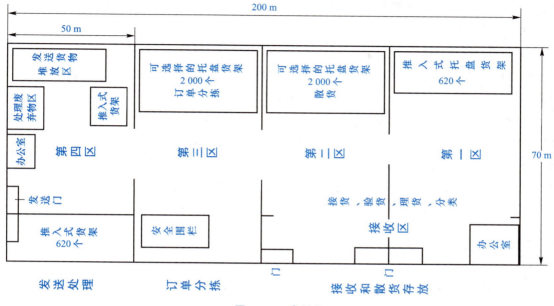

图 7-12 布局图

任务四　货位规格化，货位、物料编号

> 引 例

山东方鼎仓储设备制造有限公司

1. 项目背景

山东方鼎仓储设备制造有限公司货架安装的库区总面积为 2 592 m²（54 m×48 m），净高 9 m（因为有灯和消防喷淋，实际可用高度 7.5 m）。原先就地堆码摆放，效率很低，其中通道面积达 1 568.94 m²，真正用来存放货物的储位面积只有 1 023.06 m²，只占了库区面积的 39.47%。平面堆垛的平均高度只有 1.5 m 左右。经计算，仓库的空间利用率更低，库区可用空间体积为 19 440 m³（54×48×7.5），而存储货位体积只有 1 534.59 m³（1 023.06×1.5），只有 7.89%。

2. 项目概况

设施空间利用率是衡量仓库容量能力的基本指标，货架的可用体积为 6 978.32 m³（其中，重型货架体积为 6 268.32 m³，阁楼式货架为 710 m³），其设施空间利用率理论上可达到 35.89%，比不做货架提高了 4.54 倍。但是，由于货物不可能填满每个货位，存在难以利用的空隙，实际上的空间利用率大约为 23.7%（其中，重型货架利用率按 65% 计算，阁楼式按 75% 计算），比地面堆垛提高 3 倍。等于将原来一个库当成 3 个库来用。

3．项目成果

某公司仓库库房单位租金为 0.58 元/天（每平方米，下同），现租用面积为 6 300 m^2，年租金为 133.37 万元。根据我公司与该公司的协议，货架、叉车（2 辆）购买，我公司付租金的模式，年租赁费用为 58.2 万元，仓储设备单位租金为 0.25 元/天。

与原先租用一辆叉车费用 10.6 万元相比，即设备年租赁费用净增 37 万元。货架安装库区的面积为 2 596 m^2，安装完货架等于面积扩大了 5 192 m^2，按单位租金 0.58 元计算，年租金约需 109.91 万元，减去增加的费用，为 72.91 万元。可见，货架安装使得仓库每年净节省租金 72.91 万元；仓库库房单位租金降至 0.32 元，下降了 44.8%；仓库设施单位租金降至 0.14 元/天，下降了 44%。

知识储备

一、货位规格化的概念

货位，即货物储存的位置。企业应做好货位布置，以便合理地存放各种物料。货位规格化就是运用科学的方法，通过周密的规划设计，进行合理分类、排列（库房号、货架号、层次号和货位号），使仓库内物料的货位排列系统化、规范化。

二、实行货位规格化的依据

实行货位规格化的主要依据是物品分类目录，物品储备定额及物品本身的物理、化学等自然属性。

（1）物品分类目录：为满足仓库管理适应计划管理、业务管理和统计报表的需要，并同采购环节相衔接，采用按供应渠道的物品分类目录分类较为合适。

（2）物品储备定额：要按储备中的规定规划货位。如果无储备定额，可根据常备物品目录进行安排，并在货架上留有适当空位。

（3）物品本身的自然属性：如果不同物品本身的物理、化学性质相抵触，温度、湿度要求不同，以及灭火方法相抵触等，则这些不同物品不能安排在一起存放。

三、货位编号

企业应组织相关人员按照预先确定的编号方法对货位进行编号，方便物料的存放和取用。常见的货位编号方法如下。

1．货架货位编号

例如，B 库区 3 号货架第 4 层第 2 列可用 "BK-3-4-2" 表示，这种编号方法有四个要点：
(1) 库区号是整个仓库的分区编号。
(2) 货架号是面向货架从左到右的编号。
(3) 货架层号是从下层向上层依次编号。
(4) 货架列号是面对货架从左侧起横向依次编号。

2. 货场货位编号

货场货位编号一般有以下两种方法：
(1) 按照货位的排列顺序编号，再在排号内顺序编号。
(2) 不编排号，采取自左至右和自前至后的方法顺序编号。
例如，A 库房 1 号位 4 排 2 位可用"AK-1-4-2"表示。

3. 以排为单位编号

(1) 将库房内所有的货架按进入库门的方向，自左至右的顺序编号。
(2) 对每排货架的夹层或格眼，在排的范围内以自上至下、自前至后顺序编号。

4. 以品种为单位编号

(1) 库房内的货架按物料的品种划分储存区域。
(2) 以品种占用储存区域的大小，在分区编号的基础上进行格眼编号。

5. 以货物编号代替货架货位编号

(1) 适用于进出频繁的零星散装货物。
(2) 在编号时，货架格眼应与存放货物的数量、体积大小相适应。

四、物料编号

物料管理是仓库管理的重点，物料的编号也是仓库规划的重要任务，企业必须采用合适的编号方法。

1. 物料编号的要求

物料编号的要求有简单、分类延展、完整、一一对应、统一标准、具有伸缩性、合理有序、有足够的数量、便于记忆、能适应计算机管理。

(1) 简单。物料编号使用各种文字、符号、字母、数字表示时应尽量简单明了，不必编得太过复杂。

(2) 分类延展。对于复杂的物料，进行大分类后还需要进行细分类。如电器配件类：插座、铜线等，编号时所选择的数字或字母要具有延展性。

(3) 完整。所有的物料都应有对应编号，新的物料应赋予新的编号。

(4) 一一对应。一个物料编号只能代表一项物料，不能用一个物料编号代表数项物料，或者由数个物料编号代表一项物料。

(5) 统一标准。物料编号要统一，分类要具有规律性。

(6) 具有伸缩性。物料编号应考虑到未来新产品、新材料存在发展扩充的情形，要预留出一定的余地，应用的新材料应有对应的唯一编号。

（7）合理有序。物料编号应有组织、有顺序，以便根据物料编号查询某项物料的资料。

（8）有足够的数量。物料编号所采用的文字、符号、字母、数字必须有足够的数量，以便所组成的物料编号足以代表所有已出现和未出现的物料。

（9）便于记忆。物料编号应选择容易记忆、有规律的方法，有暗示和联想的作用，使人不必强制性地记忆。

（10）能适应计算机管理。对各种物料的编号应结合计算机管理系统进行，要能方便在系统中查询、输入和检索。

2．物料编号的方法

在对物料进行编号时，常采用数字法、字母法、暗示法、混合法等。企业应根据仓库物料种类的实际情况，选择简单、合理的编号方法。

（1）数字法。数字法是以阿拉伯数字为编号工具，按属性方式、流水式或阶层方式等进行编号的一种方法，见表7-2。

表7-2 数字法编号

类别	分配号码	类别	分配号码
塑胶类	01～15	包材类	46～60
五金类	16～30	化工类	61～75
电子类	31～45	其他类	76～90

（2）字母法。字母法是以英文字母为编号工具，按各种方式进行编号的一种方法，见表7-3。

表7-3 字母法编号

采购金额	物料种类	物料颜色
A：高价材料 B：中价材料 C：低价材料	A：五金 B：塑胶 C：电子 D：包材 E：化工	A：红色 B：橙色 C：黄色 D：绿色 E：青色 F：蓝色 G：紫色

(3) 暗示法。暗示法是以字母或数字作为编号工具，进行物料编号的一种方法。字母或数字与物料能产生一定规律的联想，看到编号能联想到相应的物料，见表7-4。

表7-4 暗示法编号

编号	螺栓规格/（mm×mm）
03008	3×8
04010	4×10
08015	8×15
15045	15×45
12035	12×35
20100	20×100

(4) 混合法。混合法是综合运用数字、字母、暗示等各种方法进行编号的一种方法。此方法是工厂最常用的一种编号方法。例如，电风扇塑胶底座（10）、高价（A）、ABS料（A）、黑色（B）、顺序号（003），其编号为「10-AAB-003」。

★ 思政要点

通过仓位的布局、编码等的讲解，学生在进行布局、编码过程中应具有大局观，在编码时要有认真负责的态度。

>>> 相关链接

仓库货区布局的方式

货区布局的目的，一方面是提高仓库平面和空间利用率；另一方面是提高物品保管质量，方便进出库作业，从而降低物品的仓储处置成本。

一、货区布局的基本思路

(1) 根据物品特性分区分类储存，将特性相近的物品集中存放。
(2) 将单位体积大、单位质量大的物品存放在货架底层，并且靠近出库区和通道。
(3) 将周转率高的物品存放在进出库装卸搬运最便捷的位置。
(4) 将同一供应商或同一客户的物品集中存放，以便于进行分拣配货作业。

二、货区布局的形式

仓库货区布局的形式可分为平面布局和空间布局。

1. 平面布局

平面布局是指对货区内的货垛、通道、垛间距、收发货区等进行合理的规划,并正确处理它们的相对位置。平面布局的形式可以概括为垂直式布局和倾斜式布局。

(1)垂直式布局,是指货垛或货架的排列与仓库的侧墙互相垂直或平行,具体包括横列式布局、纵列式布局和纵横式布局。

①横列式布局:是指货垛或货架的长度方向与仓库的侧墙互相垂直。这种布局的主要优点:主通道长且宽,副通道短,整齐美观,便于存取查点,如果用于库房布局,还有利于通风和采光。

②纵列式布局:是指货垛或货架的长度方向与仓库侧墙平行。这种布局的优点主要是可以根据库存物品在库时间的不同和进出频繁程度安排货位,在库时间短、进出频繁的物品放置在主通道两侧;在库时间长、进库不频繁的物品放置在里侧。

③纵横式布局:是指在同一保管场所内,横列式布局和纵列式布局兼而有之,可以综合利用两种布局的优点。

(2)倾斜式布局,是指货垛或货架与仓库侧墙或主通道呈60°、45°或30°夹角。其具体包括货垛倾斜式布局和通道倾斜式布局。

①货垛倾斜式布局:是横列式布局的变形,它是为了便于叉车作业缩小叉车的回转角度、提高作业效率而采用的布局方式。

②通道倾斜式布局:是指仓库的通道斜穿保管区,把仓库划分为具有不同作业特点,如大量存储和少量存储的保管区等,以便进行综合利用。这种布局形式,仓库内形式复杂,货位和进出库路径较多。

2. 空间布局

空间布局是指库存物品在仓库立体空间上布局。其目的在于充分有效地利用仓库空间。空间布局的主要形式有就地堆码、上货架存放、加上平台、空中悬挂等。其中使用货架存放物品有很多优点,概括起来有以下几方面:

(1)便于充分利用仓库空间,提高库容利用率,扩大存储能力。

(2)物品在货架里互补挤压,有利于保证物品本身和其包装完整无损。

(3)货架各层中的物品,可随时自由存取,便于做到先进先出。

(4)物品存入货架,可防潮、防尘,某些专用货架还能起到防损伤、防盗、防破坏的作用。

一、单项选择题

1. 确定货仓仓位大小的是(　　)。

　　A. 最低存量　　　　　　　　B. 最高存量

　　C. 正常存量　　　　　　　　D. 平均存量

2. 以下不是实行货位规格化的依据的是（　　）。
   A. 物品分类目录　　　　　　　　B. 物品储备定额
   C. 物品本身的自然属性　　　　　D. 物品大小
3. 分区分类规划是指按照库存物品的（　　）划分出类别。
   A. 数量　　　　　　　　　　　　B. 形状
   C. 规格　　　　　　　　　　　　D. 性质
4. 仓库货区布局的目的是要在库存物的（　　）和（　　）之间寻找最优平衡。
   A. 处置成本　　　　　　　　　　B. 仓储空间
   C. 运输效率　　　　　　　　　　D. 搬运距离
5. （　　）存货方式是指所有物品按顺序摆放在空的货架中，不事先确定各类物品专用的货架。
   A. 固定型　　　　　　　　　　　B. 周转型
   C. 流动型　　　　　　　　　　　D. 可变型

二、多项选择题

1. 仓储进行系统性的规划的步骤是（　　）。
   A. 认识　　　　　　　　　　　　B. 理解
   C. 改造　　　　　　　　　　　　D. 评估
   E. 实施
2. 仓库规划的总体要求是（　　）。
   A. 符合工艺要求　　　　　　　　B. 符合进出顺利的要求
   C. 满足安全　　　　　　　　　　D. 分类存放
3. 物料编号的方法有（　　）。
   A. 数字法　　　　　　　　　　　B. 字母法
   C. 暗示法　　　　　　　　　　　D. 混合法
4. 货区布局形式中的倾斜式布局包括（　　）。
   A. 通道倾斜式布局　　　　　　　B. 货架倾斜式布局
   C. 货垛倾斜式布局　　　　　　　D. 货物倾斜式布局
5. 仓库规划的主要内容包括（　　）。
   A. 仓库的合理布局
   B. 仓库的发展战略和规模
   C. 残酷的机械化发展水平和技术改造方向
   D. 仓库的主要经济指标

三、简答题

1. 货仓区位在规划设计上应有哪些要求？
2. 智能仓储规划的原则有哪些？

3. 进行物料编号有哪些要求？

四、案例分析题

金涛（中山）果蔬物流中心食品冷冻供应链的仓储配送规划方案

金涛（中山）果蔬物流有限公司是由香港中滔国际有限公司所管理，并且是亨泰消费品集团有限公司的附属机构。亨泰消费品集团（以下简称亨泰集团）是香港主板上市公司。亨泰集团在国内经营快流消费品、家庭用品和新鲜果蔬。该集团及其各个附属机构现已在中国运营超过 20 年。为了拓展服务领域，亨泰集团在中国广东省中山市投资建立了全国性的物流及现代化的果蔬贸易中心，即现在的金涛（中山）果蔬物流中心（以下简称金涛物流）。

一、金涛物流食品冷冻供应链仓储的现状

1. 金涛物流食品冷冻供应链

金涛物流冷冻链运营部位于广东省中山市南区，周边公路纵横，交通网络极为完善。冷冻链运营部是集冷藏保鲜、仓储管理、配送、运输为一体的冷冻链物流综合经营服务实体。它是珠江三角洲内冷冻保鲜食品贸易的重要周转仓，进而为提供冷冻食品业务提供了一个优良的硬体配套设施。

金涛物流冷库拥有 3 240 m^2 的宽大面积，存放容量高达 6 000 m^2，相当于 120 个 40 英尺[①]集装箱的储存量，可同时处理 17 个 40 英尺冷冻集装箱，5 个独立运作的冷库可设立不同的温度（−25 ℃～0 ℃以上）及湿度，上层也设有 11 个办公室可供租赁，此外，金涛物流冷库获得广东出入检验检疫局食品监管处批准作为中山进口肉类商品指定储存冷库。金涛供应链服务情况见表 7–5。

表 7–5　金涛供应链服务情况

服务目标	快准运输、高效仓储、精益配送
主要服务范围	果蔬等农副产品、禽肉品、乳制品、快速消费食品、饮品、雪糕等
增值服务	报关、检验检疫、加工包装、物流方案设计、货物库存分析、全球定位系统跟踪运输情况等

金涛物流对其本身的市场定位为珠三角的一家生鲜品储存与配送的企业，在中国这一块尚未发展完善，且具有极大发展潜力的食品冷冻供应链物流方面具有一定的市场地位。现在金涛物流食品冷冻供应链已经发展到一定的平台，基本上整个中山市蒙牛的乳制品皆是从金涛进行储存，再由其配送到各大超市和销售地点。而在进口肉类和进口蔬果方面的仓储与配送也是在中山市有一定的成果。以下是金涛物流的仓库配置：

（1）冷冻仓库：冷冻仓库 #1、#2 为高温库（0 ℃～17 ℃），可调湿度，主要为储存

---

① 1 英尺 = 0.304 8 米。

蔬果类生鲜品及一些乳制品和红酒等；冷冻仓库#3、#4为低温库（-25 ℃~0 ℃），是检验检疫局进口肉类指定存储冷库，页用来储存雪糕等更低温度要求的生鲜品。

（2）货场：#1和#2有两个货场，其温度为0 ℃以上，主要作为货品的暂时储存区域和作业搬运区域。

（3）硬件设施：专业设计的四层可调节高度货架；全进口装卸平台及滑升门；冷库全机械化操作；多个专用制冷插座满足产品对温度的需要。

（4）设备：制冷设备；BOHN计算机化温度监控系统能够及时、准确地反映不同时段各个库房的温湿度变化；三菱发电机作为后备电源。

（5）冷库监控设备：CCTV摄像头，全方位监控，确保货物安全；24小时录制；录像保存时间1个月；专业的保安队伍提供全天值勤。

（6）冷库操作工具：丰田7FB15叉车；德国XE15OM坐叉；德国XE15OM站叉；手动搬拖车。

（7）增值设备：3 240 m² 的温控平台；容纳5 000 t的冷冻仓库；17个密封式的装卸平台；专业的配送车队；检测中心；加工中心；催熟中心。

2. 金涛物流食品冷冻供应链的特点

金涛物流食品冷冻供应链最大的特点是对温度的控制比较敏感，而这一个特点为其储存生鲜品打下了奠基，正是前面提到的金涛物流的优势所在，加之为温度而特设的四个冷冻仓库，调节了不同生鲜品对温度的要求。除此之外，在商品出库后的配送环节，金涛物流还配备了特殊的车队——欧曼双温车队和区域冷冻、冷藏配送车队，其中欧曼双温车队可承载9.6 t，不同大小冷藏车可分别承载1.75 t、8 t和20 t的货物。

二、金涛物流食品冷冻供应链仓储存在的问题

可以看出在食品冷冻供应链中生鲜品供应最主要的就是仓储方面的问题，因此对冷冻仓库有着较高的要求。具体可以从两个方面来分析金涛物流在仓储方面存在的问题：

一方面，金涛物流的仓库面积为3 240 m²，由三个大小相同的库区组成，作业以叉车操作为主。除去B区的大、小车备货区面积为320 m²，实际仓库面积为2 920 m²。原库区通道布局简单，分为主干通道和作业通道。主通道一横五纵贯穿整个库区，分别为4 m宽和3 m宽，设置一条横向主干道作业通道，作业道两旁每个区各设置40 m宽（40~2 m的柱子宽）的货位区（图7-13）。每个库区实际面积为1 080 m²，A、C区有效实用面积为648 m²，B区有效实用面积为328 m²，仅占库区总面积的55.6%。月平均库存2 150托盘，实际单位面积储存量0.74托盘/m²，有效率较低，年吞吐量2.8万托盘。

另一方面，仓库中货物没有一个较好的储位管理，也造成了仓储空间的利用率低。受仓储容量的限制，近年来公司业务增长缓慢，以及客户较为单一。

金涛物流原库区内部通道和货位设计示意如图 7-13 所示。

图 7-13　金涛物流原库区内部通道和货位设计示意

金涛物流冷冻仓库货架相关参数见表 7-6。

表 7-6　金涛物流冷冻仓库货架参数

设施	货架层数	栋		存储量		
		驶入式	普通	板	立方米	TEU
冷藏间#1	3	133	5	319	498	18
冷藏间#2	4	133	5	552	861	31
冷藏间#3	4	143	14	620	967	35
冷藏间#4	4	143	14	628	980	36
货场#1	4	0	20	944	1 473	54
货场#2	4	0	31	128	200	7

三、金涛物流食品冷冻供应链仓库的改进方案

1. 金涛物流食品冷冻供应链仓库的平面布置改造

由前面可以看出，金涛物流在冷冻仓库方面存在着空间利用率不高的特点，而根据实地考察，采用 ABC 分析法进行重新的规划，调整布置。

通过对金涛物流的调查发现，周转率高、吞吐量大的货物附近的区域作业繁忙、通道拥挤，而储存期较长的货物附近的通道使用率较低。另外，货物位置管理混乱。如果两类货物分区储存，周转率高的区域作业空间扩大一点，周转率低的区域作业空间尽量小一点，运用储位管理就可以在提高入库和备货的作业效率的同时，增加库存有效

面积。

运用 ABC 分析法区分周转快慢的两类货物，先对金涛物流进行仓储空间规划，将库区规划为流通型和储备型两个区域，再进行储位管理。流通型区域主要保管周转快的商品，作业频繁、作业量大，人员、设备比较集中，作业区域应相应扩大，通道应较宽，以保证作业空间；储备型区域主要储存周转较慢的商品，在满足基本作业需求的情况下，尽量减少作业占用空间和通道占用面积，增加有效面积，提高储存量。

2. 根据储位管理进行仓储空间的布置和优化

通过结合金涛物流调研收集的数据资料，对影响金涛物流仓储空间使用和所服务企业物品等进行分析，从而寻找出影响金涛物流仓储空间的因素。

在人为要素上有作业方法及作业环境，在商品要素上有商品特性、货物存量、出入库量，而在设备要素上有保管设备及出入库设备，各项因素对仓储空间使用造成的影响，从而影响到储位的方式。

根据分析结果，规划仓储功能区域，进行库内细化布置，如图 7–14 所示。

根据图 7–14 进行库内细化布置，并与之前金涛物流冷冻仓库布局图进行比较。从两幅布局图（图 7–15）中可以看出重新规划后的仓库布局将仓库分成了两个区域，而且相对减少了 C 类货品的储存面积，这样可以缓冲作业区繁忙。

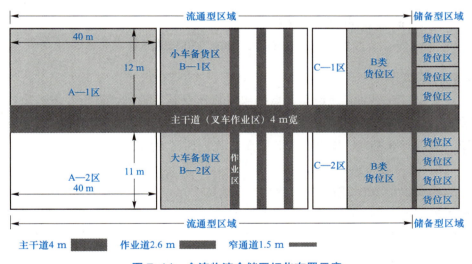

图 7–14　金涛物流仓储区细化布置示意

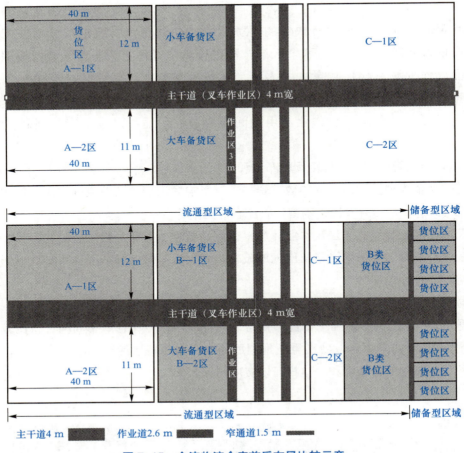

图7-15 金涛物流仓库前后布局比较示意

其具体分布如下：

第一，功能区域规划。流通型区域的收发货作业频率较高，靠近收发进出口，储备型区域设在离进出口较远处。在C-1和C-2号库区划出一块共178 m²的区域作为储备型区域，储存C类货物，如图7-15所示，其他库区为流通型区域，储存A类和B类货物。

第二，库区通道设计和货位的布置。主干道宽4 m，是仓储区的主干通道，能够满足两辆叉车会车、并行，人员进出；作业道宽2.6 m，是连接次干道和流通型区域货位的通道，左右各一个托盘的深度设置货位，满足叉车在货位直角堆垛。连接储备型区域窄通道和主干道，是储备型区域的主要通道。窄通道宽1.5 m，连接储备型区域作业道和货位的通道，左右各一个托盘的深度设置货位人工的叉车作业。

第三，对库区进行储位管理。将黄金区域（流通型区域）给高频拣取的货品，从而最大化拣货效率及最小化拣货成本。提高了仓储的空间利用率，劳动力及设备等得到有效使用，方便货物的存取，减少作业时间，提高了仓储的工作效率，保证质量。

金涛物流食品冷冻供应链采用的是先进的设施设备，在仓储和配送方面具有一定的特色与优势，对于正处于起步发展阶段的中国食品冷冻供应链有相当大的借鉴作用，但是也存在其发展的问题，相信未来的日子里面，我国的食品冷冻供应链将会发展得更好，人们不仅可以在冬天吃到夏天的西瓜，北方的消费者也可以及时尝到南方新摘荔枝等。而且我国的冷冻仓储和配送也成为一个热门行业，为国家创造着更高的消费指标。当然，金涛物流也将在以后发挥自身优势，不断进步，成为中国果蔬仓储配送的核心企业之一。

【辩证性思考】
改造后的金涛物流仓储区具备哪些仓储优势？

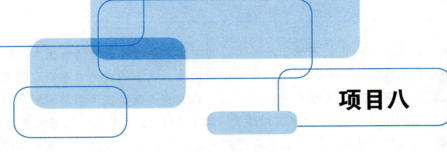

项目八

智能仓储物流成本与绩效管理

导　言

随着互联网的快速发展，网上交易量的增加带来了仓储配送量的增加。这就对物流成本提出更高的要求，企业管理层提出要在物流方面做到开源节流、降低成本，开发第三利润源泉，实现企业效益提升，做到物流成本精细化核算，对企业经营日益重要。

教　学　目　标

知识目标：
1. 熟知物流成本及其智能仓储成本的概念；
2. 掌握物流成本的分类；
3. 掌握成本预算编制和成本控制；
4. 熟知成本控制的对象；
5. 掌握仓储物流绩效管理的流程；
6. 熟知仓储物流绩效考核的指标。

能力目标：
1. 在进行相关成本核算时，能够运用作业成本法核算并完成表格的填制；
2. 在进行物流成本控制时，能够选择合适的方法编制成本预算，并选择合适的方法进行成本控制。

素养目标：
1. 在进行成本核算时，要有成本意识，开源节流；
2. 在进行物流成本控制时，要有全局意识、节约意识。

思维导图

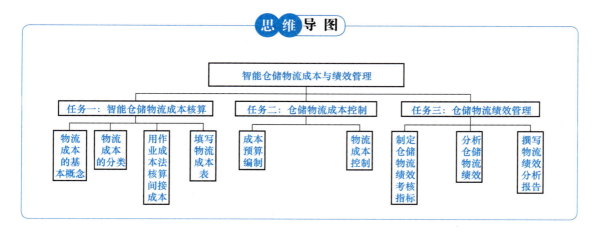

任务一 智能仓储物流成本核算

引例

东方药业物流

一、东方药业的总体概况和发展前景

东方药业有限公司（以下简称东方药业）是一个以市场为核心、现代医药科技为先导、金融支持为框架的新型公司，是西南地区经营药品品种较多、较全的医药专业公司。公司成立以来，效益一直稳居云南同行业前列，属下有一个制药厂，9个医药经营分公司，30个医药零售连锁药店。它有着庞大的销售网络，该网络以昆明为中心，辐射整个云南省乃至全国，包括医疗单位网络、商业调拨网络和零售连锁网络。

二、东方药业物流管理中面临的主要问题

目前，东方药业虽已形成规模化的产品生产和网络化的市场销售，但其流通过程中物流管理严重滞后，造成物流成本居高不下，不能形成价格优势。这严重阻碍了物流服务的开拓与发展，成为公司业务发展的"瓶颈"，主要表现在以下几个方面。

（一）装卸搬运费用过高

装卸搬运活动是衔接物流各环节活动正常进行的关键，它渗透到物流各个领域，控制点在于管理好储存物品、减少装卸搬运过程中商品的损耗率、装卸时间等。而东方药业恰好忽视了这一点，由于搬运设备的现代化程度较低，只有几个小型货架和手推车，大多数作业仍处于以人工作业为主的原始状态，工作效率低，且易损坏物品。另外，仓库设计得不合理，造成长距离的搬运。并且库内作业流程混乱，形成重复搬运，大约有70%的无效搬运，这种过多的搬运次数，损坏了商品，也浪费了时间。

（二）储存费用过高

目前，东方药业仓库的平面布置区域安排不合理，只强调充分利用空间，没有考虑前后工序的衔接和商品内的存放，混合堆码的现象严重，造成出入库的复杂性和长期存放，甚至一些已过效期发生质变和退回的商品没能得到及时处理，占据库存空间，增大了库存成本。

（三）运输费用没有得到有效控制

运输费用占物流费用比重较大，据日本通产省六大类货物物流成本的调查结果表明，运输成本占物流总成本的40%左右，是影响物流费用的重要因素。东方药业拥有庞大的运输队伍，但由于物流管理缺乏力度，没有独立的运输成本核算方法，该企业只单纯地追求及时送货，因此不可能做到批量配送，形成不必要的迂回，造成人力、物力上不必要的浪费。而且由于部分员工的工作作风败坏，乘送货之机办自己的私事，不仅影响了工作效率，还增大了运输费用。

（四）物流管理系统不完备

在企业中物流信息的传递依然采用"批条式"或"跑腿式"方式进行，计算机、网络等先进设备与软件基本上处于初级应用或根本不用，使得各环节间严重脱离甚至停滞，形成不必要的损失。

综上所述，我们可以看出，物流成本控制着重在运输和储存费用的控制。在运输中可以加强运输的经济核算，合理选择运输路线，有效调配运输车辆和人员，严格监控运输中的差错事故就可以大幅度的降低运输费用。而在储存中，有些费用好像是海中的一座冰山，人们只能看到露出水面的那一部分，虽有很大的潜力可挖，却又不容易找到切入点，那么企业现有的仓储系统应如何进行合理化改造？

三、东方药业仓储系统的合理化改造

（一）企业现有仓储系统的现状和产生的原因

（1）仓库的现代化程度低，设备陈旧落后，不少仍处于以人工作业为主的原始状态，人抬肩抗，工作效率低。货物进不来出不去，在库滞留时间过长，或保管不善而破损、霉变、损失严重，加大了物流成本。这与企业的经济实力及远景规划有关。企业建立仓库仅把它作为存放货物的地方，因此，对设备现代化的要求很低，而且廉价的劳动力使得企业放弃改造设备的打算，大量的手工作业使得人员不至于闲置，"不怕慢，只怕站"的思想在人们的心中根深蒂固，降低了工作效率。

（2）仓库的布局不合理。由于企业业务的不确定性，导致不同品种的零散物品占据很大的仓库面积，大大降低仓库的利用率；而且堆码、分区都很混乱，给出入库、盘点等带来诸多不便，往往是提货员拿着一张提货单在仓库里来回寻找，既影响了工作效率，也影响了配送，降低了服务质量。

（3）库存成本过大。目前，企业没有一套库存控制策略，包括经济订货批量、订货间隔期、订货点、安全或保险库存等。一方面，当某些物品的供大于求时就造成积压，浪费人力、物力和财力；当供小于求，发生缺货时，妨碍了企业的正常生产和销售，不仅带来经济损失，还使企业失去信誉。另一方面，破损、质变及退回商品没能及时处理所形成的库存。企业的仓储部与质检科联系不紧密，信息传递缓慢，对破损、质变等商品的单据处理及要层层上报批复的过程复杂，甚至是责任不明确形成的互相推卸。这一切造成了库存的增大和库存成本的提高。

（4）仓库管理信息系统不完备，其信息化和网络化的程度低。这是受企业的经济实力、人员素质及现代化意识等因素的影响。现在，企业的储运部只有一台计算机，接收订单、入账、退货单处理、报损、退厂、查询等工作都只能由它完成，工作量大而繁，易出错，同时也影响了整个管理链条中的信息传递和库存管理控制。针对这些现状，企业应如何在广泛的空间充分发挥自己的潜力，以不被淘汰呢？企业除引进先进技术和人才，整合营销，树立全球竞争观念，开拓国际市场，走国际化经营之路外，更重要的是应根据企业的特色优势，实行内部改革，在完善管理和引进技术的同时，加强企业的文化建设，这样才能推进东方药业的快速发展。

（二）企业仓储系统合理化改造的建议和方法

1．重视对原有仓库的技术改造，加快实现仓储的现代化

目前，医药行业的仓库类型主要分为生产物流中的制药原料及成品库和销售物流中的战略仓库，大多数的企业比较倾向于采用高位货架结合窄通道高位驾驶三向堆垛叉车的立体仓库模式，如西安杨森、通化东宝、奇化顿制药、中美史克等。在此基础上，根据实际需要，尽可能引进国外先进的仓储管理经验和现代化物流技术，有效地提高仓库的储存、配送效率和服务质量。

2．完善仓库功能，逐步实现仓库的社会化

加快实现仓库功能多元化是市场经济发展的客观要求，也是仓库增加服务功能，提高服务水平，增强竞争力，实现仓库社会化的重要途径。在市场经济条件下，仓库不应该再仅仅是存储商品的场所，更要承担商品分类、挑选、整理、加工、包装、代理销售等职能，还应成为集商流、物流、信息流于一身的商品配送中心、流通中心。现在在美国、日本等发达国家，基本上都把原来的仓库改成商品的流通加工配送中心。基于东方目前的规模及企业实力，企业应实现现有仓库向共同配送的库存型配送中心转化，商品进入配送中心后，先是分类储存，再根据用户的订货要求进行分拣、验货，最后配送到各连锁店和医疗单位。这种配送中心作业简单，只需将进货商品解捆后，每个库区都与托盘为单位进行存放即可。

3．建立完备的仓库管理系统

美国凯玛特的破产再一次警示那些在库存管理上有问题的公司最终难以避免破产的命运。东方药业收购的众多子公司也同样存在程度不等的存货管理不善问题，各种过期和滞销存货及应收款项使得这些国有商业公司步履维艰。所以，东方物流管理的建设必须解决存货管理的低效率现状，降低库存成本和存货滞销风险，解决它在整个管理链条中信息传递问题。

4．减少作业环节

每个作业环节都需要一定的活劳动和物化劳动消耗，采用现代技术手段和实行科学管理的方法，尽可能地减少一些作业环节，既有利于加速作业的进度，又利于降低成本。

（1）采用"二就直拨"的方法。

①就厂直拨。企业可以根据订单要求，直接到制药厂提货，验收后不经过仓库就将商品直接调运到各店铺或销售单位。

②就车直拨。对外地运来的商品，企业可事先安排好短途运输工具，在原车边即行分拨，装上其他车辆，转运收货单位，省去入库后再外运的手续。

以上这两种方法既减少了入库中的一切作业环节，又降低了储存成本。

（2）减少装卸搬运环节。改善装卸作业，既要设法提高装卸作业的机械化程度，还必须尽可能地实现作业的连续化，从而提高装卸效率，缩短装卸时间，降低物流成本，其合理化措施有：

①防止和消除无效作业。尽量减少装卸次数，努力提高被装卸物品的纯度，选择最短的作业路线等都可以防止和消除无效作业。

②提高物品的装卸搬运活性指数。企业在堆码物品时事先应考虑装卸搬运作业的方便性，把分类好的物品集中放在托盘上，以托盘为单元进行存放，既方便装卸搬运，又能妥善保管好物品。

③积极而慎重地利用重力原则，实现装卸作业的省力化。装卸搬运使物品发生垂直和水平位移，必须通过做功才能完成。由于我国目前装卸机械化水平还不高，许多尚需人工作业，劳动强度大，因此，必须在有条件的情况下利用重力进行装卸，将设有动力的小型运输带（板）斜放在货车、卡车上进行装卸，使物品在倾斜的输送带（板）上移动，这样就能减轻劳动强度和能量的消耗。

④进行正确的设施布置。采用"L"型和"U"型布局，以保证物品单一的流向，既避免了物品的迂回和倒流，又减少了搬运环节。

5．减少退货成本

随着退货会产生一系列的物流费、退货商品损伤或滞销而产生的费用及处理退货商品所需的人员费等各种事务性费用，而且由于退回的商品数量小，品种繁多，使配送费用有增高的趋势，处理业务也很复杂，这些费用构成企业物流成本中的重要部分，必须加以控制。

控制退货成本首先要分析退货的原因，一般来说，只要掌握本企业商品在店铺的销售状况及客户的订货情况，做出短期的销售预测，调整企业的商品数量和种类就能从根本上解决由用户引起的退货现象。另外，应从本企业的角度找出退货的原因。企业往往为了追求最大的销售目标，一味将商品推销给最终用户，而无视商品实际的销售状况和销售中可能出现的问题，结果造成流通在库增加、销售不振，退货成本高昂。因此，应改变企业片面追求销售额的目标战略，在追踪最终需求动向和流通在库的同时，为实现最终需求增加而实施销售促进策略。与上述问题相关联，要从根本上防止退货成本的增加，企业还必须改变员工绩效评价制度，即不是以员工每月的销售额作为奖惩的依据，而是在考察用户在库状况的同时，以员工年度月平均销售额作为激励的标准，这样才能在防止退货出现的情况下，提高经营效率。当然，在制度上还必须明确划分产生退货的责任，端正员工的工作态度，按用户要求准确无误的发货。

▶▶▶ 知识储备

一、物流成本的基本概念

物流成本是指企业物流活动中所消耗的物化劳动和活劳动的货币表现。其包括货物在运输、储存、包装、装卸搬运、流通加工、物流信息、物流管理等过程中所耗费的人力、物力、财力的总和，以及与存货有关的流动资金占用成本、存货风险成本和存货保险成本。

智能仓储成本是指仓储企业在开展仓储业务活动中各种要素投入的以货币计算的总和。智能仓储成本是物流成本的重要组成部分，对物流成本的高低有直接影响。大多数仓储成本不随存货水平变动而变动，而是随存储地点的多少而变。仓储成本包括仓库租金、仓库折旧、设备折旧、装卸费用、货物包装材料费用和管理费等。

二、物流成本的分类

根据国家标准《企业物流成本构成与计算》（GB/T 20523—2006）的要求，企业物流成本构成包括企业物流成本项目构成、企业物流成本范围构成和企业物流成本支付形态构成三种类型。

1. 按支付形态划分

按物流的支付形态划分，可分为本企业支付的物流成本（自营物流成本）与支付给外企业的物流成本（委托物流成本）。

（1）自营物流成本。自营物流成本又可分为材料费、人工费、维护费、一般经费和特别经费五大类。

①材料费是指因物料的消耗而发生的费用，具体包括资材费、工具器具费、低值易耗品摊销及其他物料消耗等。

②人工费是指因人力劳务的消耗而发生的费用，具体包括职工福利、奖金、津贴、补贴、住房公积金、职工劳动保护费、人员保险费、按规定提取的福利基金、职工教育培训费等。

③维护费是指土地、建筑物及各种设施设备等固定资产的使用、周转和维护保养所产生的费用，具体包括折旧费、维修保养费、租赁费、保险费、税金、燃料与动力耗费等。

④一般经费是指物流成本支付形态中的公益费和一般经费的合计，涵盖了各种物流功能成本在材料费、人工费和维护费三种支付形态外反映的费用项目，如办公费、差旅费、会议费、水电费、煤气费、通信费及其他杂费。

⑤特别经费是指与存货有关的物流成本费用支付形态，包括存货占用资金所产生的利息支出、存货保险和存货风险损失等。其主要用于反映物流功能成本之外的物流费用支出。

（2）委托物流成本。委托物流成本是指将物流业务委托给第三方企业时向其支付的费用。其包括支付的包装费、运费、保管费、出入库手续费、装卸费、特殊服务费等。

2. 按形成范围划分

物流成本按物流形成范围划分，可分为供应物流成本、企业内物流成本、销售物流成本、回收物流成本和废弃物物流成本。

（1）供应物流成本是指企业在采购环节所发生的物流费用。

（2）企业内物流成本是指货物在企业内部流转所发生的物流费用。

（3）销售物流成本是指企业在销售环节所发生的物流费用。

（4）回收物流成本是指退货、返修物品和周转使用的包装容器等从需方返回供方的物流活动中所发生的物流费用。

（5）废弃物物流成本是指在经济活动中失去原有使用价值的物品，根据实际情况需要进行收集、分类、加工、包装、搬运、储存等，并分送到专门处理场所的物流活动过程中所发生的物流费用。

3. 按成本项目划分

物流成本按成本项目划分，可分为物流功能成本和存货相关成本。

（1）物流功能成本。

①运输成本。运输成本是指一定时期内，企业为完成货物运输业务发生的全部费用。其包括支付外部运输费和自有车辆运输费。其中，自有车辆运输费由从事货运运输业务的人员费用，车辆（包括其他运输工具）的燃油费、折旧费、维修保养费、租赁费、养路费、过路费、年检费、事故损失费、相关税金等组成。

②仓储成本。仓储成本是指一定时期内，企业为完成货物储存业务而发生的全部费用。其包括支付外部仓储费和使用自有仓库仓储费。其中，使用自有仓库仓储费由仓储业务人员费用、仓储设施的折旧费、维修保养费、水电费、燃料与动力消耗等组成。

③包装成本。包装成本是指一定时期内，企业为完成货物包装业务而发生的全部费用。其包括运输包装费和集装、分装包装费，具体包括包装业务人员费用、包装材料消耗、包装设施折旧费、维修保养费、包装技术设计、实施费用及包装标记的设计、印刷等辅助费用。

④装卸搬运成本。装卸搬运成本是指一定时期内，企业为完成装卸搬运业务而发生的全部费用。其包括装卸搬运业务人员费用、装卸搬运设施折旧费、维护保养费、燃料与动力消耗等。

⑤流通加工成本。流通加工成本是指一定时期内，企业为完成货物流通加工业务而发生的全部费用。其包括支付外部流通加工费和自有设备流通加工费。其中，自有设备流通加工费由流通加工业务人员费用，流通加工材料消耗，加工设施折旧费、维修保养费，燃料与动力消耗等组成。

⑥配送成本。配送是物流系统中一种特殊的、综合的活动形式。从物流角度来说，配送几乎包含所有的物流功能要素，是物流的一个缩影或在较小范围内物流活动的全部体现。一般的配送集运输、仓储、包装和装卸搬运于一身，特殊的配送还包括流通加工。所以，配送成本包括在配送范围内的运输、仓储、包装、装卸搬运和流通加工成本。

⑦物流信息成本。物流信息成本是指一定时期内，企业为采集、运输、处理物流信息而发生的全部费用（指与订货处理、储存管理、客户服务有关的费用），具体包括物流信息人员费用，物流信息系统开发摊销费、维护保养费、通信费、咨询费等。

⑧物流管理成本。物流管理成本是指一定时期内，企业物流管理部门及物流作业现场发生的管理费用，具体包括管理人员费用、折旧费、修理费、办公费、水电费、会议费、差旅费等。

（2）存货相关成本。

①流动资金占用成本。流动资金占用成本是指一定时期内，企业在物流活动过程中负债融资所发生的利息支出（显性成本）和占用内部资金所发生的机会成本（隐性成本）。

②存货风险成本。存货风险成本是指一定时期内，企业在物流活动过程中所发生的物品的损耗、毁损、盘亏及跌价损失等。

③存货保险成本。存货保险成本是指一定时期内，企业在物流活动过程中，为预防和减少因物品丢失、损毁造成的损失，而向社会保险部门支付的物品财产的保险费用。

三、用作业成本法核算间接成本

在核算间接成本时，作业成本法是一种有效核算间接成本的方法，对于间接成本，根据资源耗用的因果关系，利用作业成本法进行成本核算；根据作业活动耗用资源的情况，将资源耗费分配给各项作业活动，再依据成本对象消耗作业中资源的情况，把作业成本分配给成本对象，从而计算出成本。

基本思想是物流作业成本计算通过物流资源动因将物流资源分配到各个物流作业，形成作业成本库；再根据物流作业动因，建立物流作业与物流成本对象之间的因果联系，将物流作业成本库中的成本分配到成本对象；计算出成本对象的总成本和单位成本。

四、填写物流成本表

由于生产企业、流通企业、物流企业的业务活动不同，填写物流成本表主表和附表时，所填的项目也有所不同。

（一）企业物流成本主表

1. 填写注意事项

（1）生产企业和流通企业。生产企业和流通企业一般应按供应物流、企业内物流、销售物流、回收物流和废弃物物流五个范围逐一进行填列。

按范围形态填列时，若某阶段未发生物流成本或有关成本项目无法归属于特定阶段的，则按实际发生阶段据实填列或填列横向合计数。

（2）物流企业。对于物流企业，不需按物流范围进行填列，按成本项目及支付形态填写物流成本总额即可。

2. 编制方法

（1）根据会计明细账发生额汇总填列。例如，对于生产制造和流通企业而言，委托运输成本和委托装卸搬运成本，可根据会计明细账中的"销售费用——运费""销售费用——装卸费"分别汇总填列。

（2）根据会计明细账发生额分析计算后汇总填列。企业物流成本主表中的多数项目都属于间接物流成本，其填列都需要根据会计明细账的有关资料进行分析，并采用一定的标准和方法进行分摊和计算（如用作业成本法），最后汇总为与某一成本项目有关的细目后加以填列。

（二）企业自营物流成本支付形态附表

1. 填写注意事项

对于运输成本、仓储成本、装卸搬运成本、物流信息成本和物流管理成本，对应的支付形态一般为人工费、维护费和一般经费；对于包装成本、流通加工成本，对应的支付形态一般为材料费、人工费、维护费和一般经费；对于流动资金占用成本、存货风险成本和存货保险成本，对应的支付形态一般为特别经费。

凡成本项目中各明细项目有相应支付形态的，均需填写，无相应支付形态的，则不填写。

2. 编制方法

（1）根据会计明细账发生额汇总填列。例如，计算"仓储成本——人工费"时，需要对"销售费用——工资"明细账进行分析，分析在销售费用列支的工资额中，有多少数额或多大比例是仓储作业人员的工资支出。同时，还需要进一步收集和分析与"仓储成本——人工费"有关的其他信息。

（2）根据会计明细账发生额分析计算后汇总填列。例如，在企业管理和经营过程中，应当列入"物流管理成本——一般经费"的内容较多，因此，在填列该项内容之前，需要将属于"物流管理成本——一般经费"的内容进行汇总。

★ 思政要点

让学生体会企业的社会责任感，从而建立自身的社会责任感。

任务二　仓储物流成本控制

引 例

美国布鲁克林酿酒厂物流成本管理案例

1．项目背景

布鲁克林酿酒厂于1987年11月将它的第一箱布鲁克林拉格运到日本，并在最初的几个月里使用了各种航运承运。最后，日本金刚砂航运公司（以下简称金刚砂公司）被选为布鲁克林酿酒厂唯一的航运承运人。金刚砂公司之所以被选中，是因为它向布鲁克林酿酒厂提供了增值服务。金刚砂公司在其国际机场的终点站交付啤酒，并在飞往东京的商业航班上安排运输，金刚砂公司通过其日本报关办理清关手续。这些服务有利于保证产品完全符合保鲜要求。啤酒之所以能达到新鲜的要求，是因为这样的物流作业可以在啤酒酿造后的一周内将啤酒从酿酒厂直接运送到顾客手中。新鲜啤酒能超过一般的价值定价，高于海运装运的啤酒价格的5倍。虽然布鲁克林拉格在美国是一种平均价位的啤酒，但在日本，它是一种溢价产品，获得了极高的利润。

2．项目成果

布鲁克林酿酒厂将改变包装，通过装运小桶装啤酒而不是瓶装啤酒来降低运输成本。虽然小桶质量与瓶的质量相等，但减少了因玻璃破碎而使啤酒损毁的机会。此外，小桶啤酒对保护性包装的要求也比较低，这将进一步降低装运成本。

知识储备

一、成本预算编制

（一）成本预算编制的概念

成本预算也称成本计划，是根据成本决策所确定的方案、预算期的任务、降低成本的要求及有关资料，通过一定的程序，运用一定的方法，以货币形式规定预算期各个环节的耗费水平和成本水平，并提出保证成本预算顺利实现所采取的措施，是实施成本管理责任制的前提条件。

编制成本预算即事先确定计划期内的成本项目和数额，明确降低成本的具体目标。

（二）选择合适的方法编制成本预算

按照以下步骤编制成本预算。

1．收集和整理相关资料

首先要收集和整理本企业的历史成本数据、定额、财务报表等，也需要通过多种方式收集和整理行业标杆企业或竞争企业的有关数据资料。

2. 分析上期预算的执行结果

如果企业在此之前已有成本预算，还需要分析上一期预算的实际执行情况，从而了解企业的预算方法和企业预算的执行情况。

3. 确定成本费用的控制限额

要根据企业的经营计划和利润指标来确定成本费用的控制限额。

4. 选择合适的方法编制成本预算

编制物流成本预算的方法通常有编制成本弹性预算和编制成本零基预算。

（1）编制成本弹性预算。弹性预算是指在编制成本费用预算时，预先估计到计划期内业务量及可能发生的变动，编制出一套能适应业务量变化的成本费用预算，以便反映在各业务量情况下所需开支的成本费用水平。

物流成本弹性预算的编制过程：确定各物流成本费用的成本依存度，选取恰当的业务量计量对象，确定各项成本与业务量之间的数量关系，选用表达方式，计算预算成本。

① 确定各物流成本费用的成本依存度。成本依存度是指成本总额对业务量的依存关系。弹性预算的编制以成本依存度的划分为基础，因此，物流企业在做成本弹性预算时必须先确定各成本项目的成本依存度，将它们划分为变动成本、固定成本和混合成本。

　　a. 变动成本。变动成本是随业务量增长而正比例增长的成本，如运输成本中的燃油费、包装成本中的直接材料费。

　　b. 固定成本。固体成本是不受业务量增减影响的成本，如物流设施设备的折旧。

　　c. 混合成本。混合成本是随业务量增长而增长，但与业务量增长不成正比例的成本，如物流机械设备的维修费。

② 选取恰当的业务量计量对象。编制弹性预算即要随业务量水平变化，计算出不同的计划成本费用。因此，应选择代表性强的业务量作为计量对象，并要求所选取的计量对象与预算中的变动部分有直接联系。

物流企业经常选取的业务量有小时订单处理量、运输吨千米、直接人工工时、设备运转时间等。

③ 确保各项成本与业务量之间的关系。混合成本要分解为固定成本和变动成本。变动成本则进一步确定单位业务量的变动成本。

④ 选用表达方式，计算预算成本。

　　a. 列表法。先确定业务量变化范围，划分出若干个业务水平。再分别计算各项成本项目的预算成本，汇总列出一个预算表格，确保业务量变动范围应满足业务量实际变动需要确定的方法主要有：把业务量范围确定在正常业务量的 7%～110%；把历史上的最低业务量和最高业务量分别作为业务量范围的下限和上限；对企业预算期的业务量做出悲观预测和乐观预测，分别作为业务量的下限和上限。

b．公式法。将所有物流服务成本项目分解为固定成本和变动成本，确定预算成本计算公式 $y = a + bx$ 中的系数。其中，a 为混合成本中的固定成本之和，b 为单位变动成本之和，x 为业务量。利用这一公式可计算任一水平业务量的预算成本费用。

（2）编制成本零基预算。零基预算是以零为起点，从实际需要出发，结合企业资源情况，通过逐项审议各项成本费用支出的必要性、合理性及支出数额的大小而编制的预算。

弹性预算的编制是以历史成本费用数据为基础，其缺点是容易忽略过去支出中不合理的部分。零基预算则解决了这个问题。零基预算编制的基本步骤如下：

①根据计划期的目标和任务，各部门提出预期内完成各自任务需要的各项成本费用开支的性质、目的及数额。

②对各项物流成本费用进行"成本·效益"分析，权衡利弊得失，评价成本费用的合理性。

③将各项成本费用按轻重缓急的先后顺序排序，考虑可动用的资金，先保证顺序在前的项目实施，依次类推，落实预算。

零基预算有利于消除不合理的成本费用支出，减少浪费，改善物流企业整个服务过程的成本控制效果，提高预算管理的效率。

二、物流成本控制

完成物流成本预算后，就有了物流成本控制的依据。物流成本控制是根据计划目标，对成本形成和发生过程及影响成本各种因素和条件加以主动地影响，以保证实现成本预算完成的一种行为。

1．确定成本控制对象

要开始进行物流成本控制，第一步就要确定物流成本控制的对象是哪些。物流成本控制对象主要有三种形式，即以物流成本的形成阶段作为控制对象，以物流服务的不同功能作为控制对象，以物流成本的不同项目作为控制对象。这三种形式并非孤立存在的，而是紧密关联在一起，控制某种形式的成本，也会影响另一形式的物流成本。

2．选择合适方法进行成本控制

确定了物流成本的控制对象之后，就必须选择合适的方法来控制成本。

（1）标准成本法。进行成本控制先要制定成本控制标准。标准成本是成本控制标准中最常见的一种。

标准成本是指经过调查分析和运用技术测定等科学方法制定的、在有效经营的条件下物流活动开展进行时应当发生的成本，是一种预定的目标成本。以此为基础，把成本的实际发生额区分为标准成本和成本差异两部分。

①标准成本控制的步骤。企业实施标准成本控制时，一般包括以下几个步骤：

a．制定单位物流作业的标准成本。

b．根据实际作业量和成本标准计算物流作业的标准成本。

c. 汇总计算物流作业的实际成本。

d. 计算标准成本和实际成本的差异。

e. 分析成本差异发生的原因。

f. 向成本负责人和单位管理者提供成本控制报告。

②标准成本的范围及计算公式。物流企业的标准成本范围主要包括直接材料、直接人工和物流间接费用。

a. 直接材料标准成本。直接材料标准成本应根据物流服务直接材料的用量标准和物流直接材料的价格标准确定。其计算公式为

$$直接材料标准成本 = 用量标准 \times 价格标准$$

其中，用量标准即标准消耗量，是用统计方法、工业工程法和其他技术方法确定的，包括理想消耗和正常损失两部分；价格标准是预计下一年度实际需要支付的进料单位成本，包括发票价格、运费、检验费和正常损耗等成本。

b. 直接人工标准成本。直接人工标准成本应根据物流服务直接人工的用量标准和物流直接人工的工资率标准确定。其计算公式为

$$直接人工标准成本 = 标准工资率 \times 工时标准$$

在制定物流直接人工标准成本时，如果是计件工资，标准工资率就是计件工资单价；如果是计时工资，标准工资率就是单位工时工资，可由标准工资总额除以标准总工时得到。而工时标准则需要根据现有物流运作技术条件，测算提供某项物流服务所需的时间，包括调整设备时间、直接服务操作时间、工间休息时间等。

c. 物流间接费用标准成本。物流间接费用标准成本可分为变动间接费用标准成本和固定间接费用标准成本。

变动间接费用标准成本可以根据变动物流服务作业数量标准和变动物流服务作业价格标准确定。作业数量标准可以用单位作业直接人工工时标准、机械设备工时标准或其他标准，但需与变动物流间接费用之间存在较好的线性关系。价格标准即每小时变动间接费用的标准分配率，可根据变动间接费用预算除以数量标准总额得到。

固定间接费用标准成本可以根据固定作业数量标准和固定作业价格标准确定。作业数量和价格标准的确定与变动间接费用标准成本相同。将以上确定的直接材料、直接人工和间接费用的标准成本按物流作业加以汇总，就可以确定有关物流作业全部的标准成本。

（2）目标成本法。目标成本法是一种对企业的未来利润进行战略性管理的方法，也是战略成本管理的新工具。目标成本使"成本"成为产品和服务开发过程中的积极因素，而不是事后消极结果。企业只要将待开发产品和服务的预计售价扣除边际利润，即可得到目标成本，之后关键的便是设计能在目标成本水平上满足客户需求并可提供的产品和服务。

目标成本的制定大体上可分为四个步骤，即目标成本的测算、目标成本的可行性分析、目标成本的分解、目标成本的追踪考核与修订。

①目标成本的测算。目标成本的测算包括总目标成本测算和单项目标成本测算两个方面。

a. 总目标成本测算。目标成本可以根据预计服务收入减去目标利润后的差额来确定，即

$$目标成本＝预计服务收入－目标利润$$

b. 单项目标成本测算。各项服务、作业的单项目标成本测算方法主要有倒扣法和比价测算法。

倒扣法是根据通过市场调查确定的客户可接受的单位价格，扣除企业预期达到的单位服务利润和单位税金及预计服务期间费用倒算出单位服务目标成本的方法。

比价测算法是将新服务或作业与原来相似服务或作业进行对比，对与原来一样的环节按原成本测定，对新的不同环节，按新材料成本、作业工时标准等加以估算测定。

②目标成本的可行性分析。目标成本的可行性分析是指对初步测算得出的物流目标成本是否切实可行做出的分析和判断，包括分析预计服务收入、物流目标利润和目标成本。

③目标成本的分解。目标成本的分解是指将目标成本自上而下按照企业的组织结构逐级分解，落实到有关的责任中心。目标成本的分解通常不是一次完成的，需要一定的循环，不断修订，有时甚至需要修改原来设立的目标。

④目标成本的追踪考核与修订。此项工作包括对企业财务目标和非财务目标完成状况的追踪考核、调查客户的需求是否达到满足、市场变化对物流目标成本有何影响等事项，并根据上述各阶段目标成本的实现情况对其进行修订。

★ 思政要点

增强物流成本节约意识，为我国物流业降本增效多做贡献。

任务三　仓储物流绩效管理

引 例

东莞某物流有限公司绩效管理体系项目

1. 项目背景

公司总部位于广东东莞，业务主要覆盖华东华南省份，专业员工600多人，拥有和整合各种运输车辆200多台，公司拥有专业物流ERP系统，对货物实行全程节点信息管理，为客户及时发送货物交付信息，提供后续信息服务支持；拥有GPS全球定位系统，全天候对车辆进行实时跟踪管理，为货物时效及安全提供保障支持，货物在途信息尽在掌握之中；提供人性化优质服务和全面增值服务，代收货款、货物保险、签收回单、上门提货、

送货上门、包装服务、等通知发货、仓储服务、货物查询等，尽力免除客户后顾之忧。此外，公司近年来积极开展新的业务成立新公司，业务涉及仓储、设备租赁、国际货代等领域。公司业务发展速度快，但同时面临着："如何设计有效的绩效指标？""构建怎样的一个绩效管理体系以支撑业务的实现和战略目标的分解落实？""如何既关注硬的业绩，又关注员工的发展潜力？"等一系列问题。正是在这种背景下，公司积极寻求外脑——咨询公司的帮助，以解决绩效管理方面存在的问题，更好地促进业务的增长。

存在的主要问题如下：

（1）绩效体系还没有成为战略实施和控制的有效手段；

（2）绩效改进管理体系未建立；

（3）未建立组织能力发展体系，公司对员工培训、能力提升没有引起足够的重视；

（4）绩效指标未能成为战略实施和业绩监控的有效工具；

（5）绩效指标体系不完善，多为结果指标，缺少对过程指标的关注；

（6）未建立绩效改进管理的流程，绩效计划过程、绩效辅导、绩效沟通、考核结果运用过程不明确，绩效管理的有效性难以得到保证；

（7）部分部门特别是支持部门的绩效指标不明确；

（8）管理人员缺乏有效激励下属的技能，没有将员工的成长与组织的成长协同起来；

（9）考核结果与薪酬调整的关联性不强。

主要咨询内容：调研诊断；战略识别与分析；组织与职位体系完善；绩效管理体系；绩效管理相关培训；实施辅导。

2．项目成果

（1）通过重要会议纪要、查阅资料、回顾、总结过去成功的经验和教训，对公司战略、愿景和使命深刻理解与分析。

（2）构建了一套基于公司愿景和战略的关键绩效指标 KPI 体系，并通过有效的分解，将市场的竞争压力传递到基层，"千斤重担人人挑，人人头上有指标"。

（3）设计了一套具有针对性、可操作性、前瞻性、系统化的绩效管理体系，做到考核用数字和事实说话，改变了原来考核粗放的局面。

（4）在项目的进行过程中对各业务部门进行了绩效管理技能的培训，提高了业务部门负责人绩效管理水平，使公司的绩效管理能力再上一个全新的台阶。

知识储备

一、制定仓储物流绩效考核指标

绩效考核是人力资源管理体系的重中之重。目的是增强组织的运行效率，提高员工的职业技能，推动组织的良性发展，激发员工工作热情，确保工作的高效运行，最终使组织和员工共同受益。

企业物流仓储绩效是指在一定的经营期间内物流企业的物流仓储经营效益和经营者的物流仓储业绩，即企业根据客户要求在组织物流运作过程中的劳动消耗和劳动占用与所创造的物流价值的对比关系。

在进行仓储物流绩效管理时，确定考核要素后运用多种方式进行调查，最后制定仓储绩效考核指标体系。仓储作业绩效考核指标主要包括资源利用程度指标、仓储服务水平指标、仓储能力与质量指标、库存效率指标、仓储作业效益指标等。下面就这几种仓储物流绩效考核指标进行详细说明。

（一）资源利用程度指标

1. 仓库面积利用率

仓库面积利用率是衡量和考核仓库利用程度的指标。仓库面积利用率越大，表明仓库面积的有效使用情况越好。其计算公式为

$$仓库利用面积 = \frac{仓库可利用面积}{仓库建筑面积} \times 100\%$$

2. 仓容利用率

仓容利用率是衡量和考核仓库利用程度的另一项指标。仓容利用率越大，表明仓库的利用效率越高。其计算公式为

$$仓容利用率 = \frac{库存商品实际数量或容积}{仓库应存数量或容积} \times 100\%$$

3. 设备完好率

设备完好率是指处于良好状态、随时能投入使用的设备占全部设备的百分比。其计算公式为

$$设备完好率 = \frac{期内设备完好台日数}{同期设备总台日数} \times 100\%$$

期内设备完好台日数是指设备处于良好状态的累计台日数。其中，不包括正在修理或待修理的台日数。

4. 设备利用率

设备利用率是考核运输、装卸搬运、加工、分拣等设备利用程度的指标。设备利用率越大，说明设备的利用程度越高。其计算公式为

$$设备利用率 = \frac{全部设备实际工作时数}{同期设备日历工作数} \times 100\%$$

仓储设备是企业的重要资源，设备利用率高表明仓储企业进出业务量大，是经营绩效良好的表现。为了更好地反映设备利用状况，还可利用以下指标加以详细计算。

（1）设备工作日利用率。设备工作日利用率是指计划期内装卸、运输等设备实际工作天数与计划工作天数之比值，反映各类设备在计划期内工作日被利用程度。其计算公式为

$$设备工作日利用率 = \frac{计划期内设备实际工作天数}{计划期内计划工作天数} \times 100\%$$

（2）设备工时利用率。设备工时利用率是指装卸、运输等设备实际日工作时间与计划日工作时间的比值，反映设备工作日实际被利用程度。其计算公式为

$$设备工时利用率 = \frac{设备每日实际工作时间}{设备每日计划工作时间} \times 100\%$$

5．设备作业能力利用率

设备作业能力利用率是指计划期内设备实际作业能力与技术作业能力的比值。其计算公式为

$$设备作业能力利用率 = \frac{计划期内设备实际作业能力}{计划期内设备技术作业能力} \times 100\%$$

6．装卸设备起重量利用率

装卸设备起重量利用率既反映各种起重机、叉车、堆垛机等装卸设备的额定起重量被利用程度，也反映了装卸设备与仓库装卸作业量的适配程度。其计算公式为

$$装卸设备起重量利用率 = \frac{计划期内设备每次平均起重量}{设备额定起重量} \times 100\%$$

7．劳动生产率

劳动生产率是指劳动投入与收益的比值，通常以平均每人所完成的工作量或创造的利润额来表示。全员劳动生产率计算公式为

$$全员劳动生产率 = \frac{利润总额}{同期全员平均人数} \times 100\%$$

（二）仓储服务水平指标

1．客户满意程度

客户满意程度是衡量企业竞争力的重要指标。客户满意与否不仅影响企业经营业绩，而且影响企业的形象。考核这项指标不仅能反映企业服务水平的高低，同时能衡量企业竞争力的大小。其计算公式为

$$客户满意程度 = \frac{满足客户要求数量}{客户要求数量} \times 100\%$$

2．缺货率

缺货率是对仓储商品可得性的衡量。将全部商品所发生的缺货次数汇总起来与客户订货次数进行比较，就可以反映一个企业实现其服务承诺的状况。其计算公式为

$$缺货率 = \frac{缺货次数}{客户订货次数} \times 100\%$$

3．准时交货率

准时交货率是满足客户需求的考核指标。其计算公式为

$$准时交货率 = \frac{准时交货次数}{总交货次数} \times 100\%$$

4. 货损货差赔偿费费率

货损货差赔偿费费率反映仓库在整个收发保管作业过程中作业质量的综合指标。其计算公式为

$$货损货差赔偿费费率 = \frac{货损货差赔偿费}{同期业务收入总额} \times 100\%$$

(三) 仓储能力与质量指标

1. 货物吞吐量

货物吞吐量是指计划期内进出库货物的总量，一般以吨表示。计划指标通常以年吞吐量计算。其计算公式为

计划货物吞吐量 = 计划期货物总进库量 + 计划期货物总出库量 + 计划期货物直拨量

其中，计划期货物总进库量是指验收后入库的货物数量；计划期货物出库量是指按调拨计划、销售计划发出的货物数量；计划期货物直拨量是指从港口、车站直接拨给用户或货到专用线未经卸车直拨给用户的货物数量。吞吐量是反映仓储工作的数量指标，是仓储工作考核中的主要指标，也是计算其他指标的基础和依据。

2. 账货相符率

账货相符率是指仓储账册上的货物存储量与实际仓库中保存的货物数量之间的相符程度。一般在对仓储货物盘点时，逐笔与账面数字核对。账货相符率指标反映仓库的管理水平，是避免企业财产损失的主要考核指标。其计算公式为

$$账货相符率 = \frac{账货相符笔数}{库存货物总笔数} \times 100\%$$

3. 进、发货准确率

进、发货准确率是仓储管理的重要质量指标，进、发货的准确与否关系到仓储服务质量的高低。因此，应严格考核进、发货差错率指标，将进、发货差错率控制在 0.005% 以下。其计算公式为

$$进、发货准确率 = \frac{期内货内吞吐 - 进、发货差错总量}{期内货内物存} \times 100\%$$

4. 商品缺损率

商品缺损主要由两种原因造成：一是保管损失，即因保管养护不善造成的损失；二是自然损耗，即因商品易挥发、失重或破碎所造成的损耗。商品缺损率反映商品保管与养护的实际状况，考核这项指标是为了促进商品保管与养护水平的提高，从而使商品缺损率降到最低。其计算公式为

$$商品缺损率 = \frac{期内商品缺损量}{期内库存商品总量} \times 100\%$$

5．平均储存费用

保管过程中消耗的一定数量的活劳动和物化劳动的货币形式，即各项仓储费用。这些费用包括在货物出入库、验收、存储和搬运过程中消耗的材料、燃料、人工工资和福利费、固定资产折旧、修理费、照明费、租赁费及应分摊的管理费等，这些费用的总和构成仓储总的费用。

平均储存费用是仓库经济核算的主要指标之一。它可以综合反映仓库的经济成果、劳动生产率、技术设备利用率、材料和燃料节约情况和管理水平等。其计算公式为

$$平均储存费用 = \frac{每月储存费用总额}{月平均储存量}$$

（四）库存效率指标

库存效率指标主要是以库存周转率来反映，影响库存效率的其他指标最终都是通过库存周转率反映出来的。下面主要介绍库存周转率指标。

1．库存周转率的基本概念

库存周转率是指用于计算库存货物的周转速度，是反映仓储工作水平的重要效率指标。它是在一定时期内销售成本与平均库存的比率，用时间表示库存周转率就是库存周转天数。

在货物总需求量一定的情况下，如果能降低仓库的货物储备量，其周转的速度就加快。从降低流动资金占用和提高仓储利用效率的要求出发，就应当减少仓库的货物储备量。但若一味地减少库存，就有可能影响货物的供应。因此，仓库的货物储备量应建立在一个合理的基础上，做到在保证供应需求的前提下尽量降低库存量，从而加快货物的周转速度，提高资金和仓储效率。

2．库存周转率的表示方法

（1）基本表示方法。一般情况下，货物的周转速度可以用周转次数和周转天数来反映。其计算公式为

$$货物周转次数（次/年） = \frac{年发货总量}{年货物平均储存量}$$

$$货物周转天数（天/次） = \frac{360}{货物年周转次数}$$

其中，年货物平均储存量通常采用每月月初货物储存量的平均数。货物周转次数越少，则周转天数越多，表明货物的周转越慢，周转的效率就越低；反之则效率就越高。

（2）库存数量表示方法。其计算公式为

$$库存周转率 = \frac{使用数量}{库存数量} \times 100\%$$

$$库存周转率 = \frac{出库数量}{库存数量} \times 100\%$$

由于"使用数量"并不等于"出库数量",在实际经营观念中一般认为使用数量包含一部分备用数量,因此,以使用数量为对象计算库存周转率更加合理。

(3)库存金额表示方法。如果将数量用金额表示出来,则库存周转率公式为

$$库存周转率=\frac{使用金额}{库存金额}\times 100\%$$

$$库存周转率=\frac{该期间的数量总额}{该期间的平均库存金额}\times 100\%$$

计算库存周转率的方法,根据需要可以有周单位、旬单位、月单位、半年单位、年单位等,一般企业采取的是月单位或年单位,大多数以年单位计算,只有零售业常使用月单位、周单位。

(五) 仓储作业效益指标

现代仓储企业生产经营追求的目标是利润,利润直接关系到企业能否生存发展,同时,利润又是考核、评价其生产经营管理最终成果的重要指标。

1. 利润总额

利润总额是指仓储企业在一定时期内已实现的全部利润。它等于仓库实现的营业收入去除储存成本、税金,加上其他业务利润,加上营业外收支净额后的总额。

$$利润总额=仓库营业利润+投资净损益+营业外收入-营业外支出$$

$$仓库营业利润=仓库主营业务利润+其他业务利润-管理费用-财务费用$$

仓库营业利润是指仓储企业利用各种资源在企业内获得的利润。其包括仓库保管利润、仓库保管材料销售利润、出租包装物等取得的利润。而投资净损益则是仓库用各种资源在企业外投资所取得的收益或损失。营业外收入是指与仓储企业生产无直接联系的收入,如逾期包装物的押金没收收入、罚款的净收入、其他收入等。营业外支出是指与仓储企业生产无直接关系的一些支出,如企业搬迁费、编外人员的生活费、停工损失、呆账损失、生活困难补助等。

2. 每吨保管商品利润

每吨保管商品利润是指在报告期内储存保管每吨商品平均所能获得的利润。其计算单位为元/吨。其计算公式为

$$每吨保管商品利润=\frac{报告期利润总额}{报告期商品储存总量}\times 100\%$$

其中,报告期商品储存总量一般是指报告期间出库的商品总量而非入库的商品总量。

3. 资金利用率

资金利用率是指仓储企业在一定时期实现的利润总额占全部资金的比率。它常用来反映仓储企业的资金利用效果。其计算公式为

$$资金利用率=\frac{利润总额}{固定资产平均占用额+流动资金平均占用额}\times 100\%$$

4．收入利润率

收入利润率是指仓储企业在一定时期内实现的利润总额占营业收入的比率。其计算公式为

$$收入利润率 = \frac{利润总额}{仓储营业收入} \times 100\%$$

该指标可以分析仓储企业营业收入和利润之间的关系，它受储存商品的费率、储存商品结构、储存单位成本等因素的影响。

5．人均实现利润

人均实现利润是指报告年度仓储企业平均每人实现的利润。它是利润总额与全员人数之比。其计算单位为元／人。其计算公式为

$$人均现实利润 = \frac{报告期年利润总额}{报告期年全员平均人数} \times 100\%$$

其中，报告期年全员平均人数应采用时点数列计算序时平均数的方法来计算；报告期年利润总额，采用时期累计数的方法计算。该指标是考核现代仓储企业劳动生产率的重要指标。

二、分析仓储物流绩效

根据要求及企业管理中分析与评价的重点，分析使用的仓储物流绩效考核指标、步骤、时间表，确定考核的原则方法及人员分工等。

1．确定分析衡量物流绩效的主要标准和要求

确定绩效考核的指标是由哪些方面的指标构成及其评价标准。同时，考核指标必须抓住关键环节，必须能够增加经济效益。

2．成立组织机构和确定人员

企业需要根据实际运营情况和物流绩效分析的具体工作任务，成立分析评估组织机构，并安排确定工作人员。如有必要，也可以从高校、行业协会或管理咨询公司聘请专家作为顾问参与分析评价。

3．制定分析工作方案

为确保工作顺利开展，需要制定具体工作方案。主要包括明确分析对象、分析目标、分析指标和标准、分析方法等。

4．收集整理基本资料和数据

根据评估工作方案的要求及评分需要，收集、核实和整理基础资料和数据，具体包括企业物流作业的基础数据、往期成本绩效评价报告等。也可以收集整理行业通用或先进标杆企业的评估方法及评估标准等。

5．选择物流作业绩效分析与评价方法

常用的绩效分析与评价方法很多，主要用于对人员的评价，也可变通用于对企业的评

价。大致可分为相对评价法、绝对评价法、描述法和其他分析与评价方法。

三、撰写物流绩效分析报告

需要对物流仓储绩效结果进行分析和判断，形成初步评价结论，并听取企业各方面人员的意见，然后对结论进行适当修改，最后撰写物流绩效分析报告，为管理决策提供重要参考。

>>> 相关链接

物流绩效考核分析方法和工具

一、物流绩效考核分析方法

1. 相对评价法

相对评价法包括序列比较法、相对比较法、强制／硬性分布法三种方法。

（1）序列比较法。序列比较法是按员工工作成绩的好坏进行排序考核的一种方法。在考核之前，首先应确定考核的模块，但是不确定应达到的工作标准。将相同职务的所有员工在同一考核模块中进行比较，根据他们的工作状况排列顺序，工作较好的排名在前，工作较差的排名在后。最后，将每位员工各个模块的排序数字相加，即该员工的考核结果。总数越小，绩效考核成绩越好。

（2）相对比较法。相对比较法是对员工进行两两比较，任何两名员工都要进行一次比较。两名员工比较之后，相对较好的员工记"1"，相对较差的员工记"0"，所有的员工相互比较完毕后，将每个人的得分相加，总分越高，绩效考核成绩越好。

（3）强制／硬性分布法。强制／硬性分布法属于强制比例法的一种，评价者根据被考核者的业绩，将被考核者归到类似正态分布的有限数量的类型中，例如，把最好的10%的员工归为优秀一类，次之20%的员工归为良好一类，再次之的40%归为中等档，又次之的20%归为较差档，余下的10%放在最低等级的类别中。

2. 绝对评价法

绝对评价法包括目标管理法、关键绩效指标法、等级评估法、平衡计分卡四种方法。

（1）目标管理法。目标管理是通过将组织的整体目标逐级分解直至个人目标，最后根据被考核人完成工作目标的情况来进行考核的一种绩效考核方式。在开始工作之前，考核人和被考核人应该对需要完成的工作内容、时间期限、考核的标准达成一致。在时间期限结束时，考核人根据被考核人的工作状况及原先制定的考核标准来进行考核。作业标准法、标杆对比法均属此类。

（2）关键绩效指标法。关键绩效指标法是以企业年度目标为依据，通过对员工工作绩效特征进行分析，据此确定反映企业、部门和员工个人一定期限内综合业绩的关键性量化指标，并以此为基础进行绩效考核。

（3）等级评估法。等级评估法根据工作分析，将被考核岗位的工作内容划分为相互独立的几个模块,在每个模块中用明确的语言描述完成该模块工作需要达到的工作标准。同时,将标准分为几个等级选项,如"优、良、合格、不合格"等,考核人根据被考核人的实际工作表现,对每个模块的完成情况进行评估。总成绩便为该员工的考核成绩。

(4) 平衡计分卡。平衡计分卡从企业的财务、顾客、内部业务过程、学习和成长四个角度进行评价,并根据战略的要求给予各指标不同的权重,实现对企业的综合测评,从而使管理者能够整体把握和控制企业,最终实现企业的战略目标。

3．描述法

描述法包括全视角考核法、重要事件法、叙述法三种方法。

(1) 全视角考核法。全视角考核法又称360度考核法,即上级、同事、下属、自己和顾客对被考核者进行多维度的评价,综合不同评价者的意见,得出一个全面的评价结论。

(2) 重要事件法。考核人在平时注意收集、保存对评价对象最有利和最不利工作行为或事件的书面记录,这些行为或事件对部门的整体工作绩效产生积极或消极的重大影响。考核时根据这些书面记录进行整理和分析,最终形成考核结果。

(3) 叙述法。评价者写一篇简短记叙性文字来描述员工的业绩,这种方法集中倾向于员工工作中的突出行为,而不是日常业绩。

4．其他分析与评价方法

其他分析与评价方法包括功效系数法、强制选择业绩报告、工作计划考核法、综合分析判断法、全方位绩效看板、情景模拟法、主观考核法及客观考核法等。

二、物流绩效考核分析工具

企业在绩效考核分析过程中需要使用一些工具,这些工具可协助进行数据分析并为决策制定提供基础。

1．检查表

检查表应是历史观察的记录,为着手进行问题分析及关键因素识别提供数据源。当今,问题发生频率数据可直接在线输入Excel表以便于数据整理分析。

2．趋势图

趋势图可以非常直观地记录某个重要流程变量在一段时间内的变化,项目团队可利用趋势图来比较某个方案执行前后的绩效指标。

3．直方图

直方图以条形图的形式表示一段时间内所搜索数据的频率分布。使用Excel的图表命令可作出检查表中数据的分布图。一些异常的特征在该图上变得非常明显。如果分布图有两个波峰或是双模式的,就表明这些数据代表的是两个具有不同均值的分布。

4．因果图

因果图也称因果分析图、石川图或鱼刺图。该图类似鱼刺,每个"刺"都代表最有可能的差错。因果图从信息、顾客、物料、程序、机器设备、人员和方法开始分析。这几个原因为开始分析提供了一个好的框架，当系统地深入研究下去，很容易找出可能的质量问题并设立相应的检验点。

5．帕累托图

帕累托图将产品／服务误差、问题或缺陷归纳起来以便于相关人员进一步解决问题。该方法认为，企业80％的问题是由20％的原因造成的，这又进一步推广了帕累托成果。帕累托图法尽管看起来简单，却能找出问题及其解决方法。

6．流程图

流程图是对服务流程的直观图形表示，以帮助团队成员识别问题发生之所在或是解决方案的着手点。按照画流程图的常规做法，用菱形"◇"代表决策点、矩形"□"代表活动、椭圆形"○"代表开始点和结束点，连接各种符号的箭头"－"代表活动的顺序。

7．控制图

控制图可以用来监视某一流程。控制图能够显示某一流程何时处于失控状态。在执行某一问题的解决方案之后，控制图是确定该流程是否仍然处于受控状态的一种检查手段。

8．标杆管理

标杆管理可以概括为不断寻找和研究同行一流公司的最佳实践，并以此为基准与本企业进行比较、分析、判断，从而使自己的企业得到不断改进，或赶超一流，创造优秀业绩的良性循环过程。其核心是向业内或业外的最优秀的企业学习。通过学习，企业重新思考和改进经营实践，创造自己的最佳实践，这实际上是模仿创新的过程。例如，某公司采用该方法对标优秀企业，评价自身仓库资源在完成目标任务过程中的利用效率，寻找差距，不断改进。通常可以利用Excel中的雷达图来反映差距，以便进一步寻找原因。

★ 思政要点

在制定仓储物流绩效考核指标时，要考虑到全局性。

一、单项选择题

1．年货物平均储存量通常采用每月月初货物储存量的平均数，下列选项正确的是（　　　）。

　　A．货物周转次数越少，则周转天数越多，表明货物的周转越慢，周转的效率就越低，反之则效率就越高。

　　B．货物周转次数越少，则周转天数越多，表明货物的周转越快，周转的效率就越高，反之则效率就越高。

　　C．货物周转次数越少，则周转天数越少，表明货物的周转越慢，周转的效率就越高，反之则效率就越高。

D. 货物周转次数越少，则周转天数越少，表明货物的周转越快，周转的效率就越低，反之则效率就越高。

2. 预测不可能是绝对准确的，其主要原因是（　　）。
   A. 采用不同的预测方法会导致预测不准确
   B. 预测是对未来的预测，而未来具有较大的不确定性
   C. 有来自供应端的大量不确定性因素
   D. 人们对大量的变化缺乏有效的分析方法

3. 库存成本包括多种成本，（　　）成本不属于库存成本。
   A. 存储　　　　　　B. 机会　　　　　　C. 短缺　　　　　　D. 订购

二、多项选择题

1. 物流成本按支付形态划分可划分为（　　）。
   A. 自营物流成本　　　　　　　　　　B. 自用物流成本
   C. 委托物流成本　　　　　　　　　　D. 额外支出物流成本

2. 物流仓储服务水平指标有（　　）。
   A. 客户满意程度　　　　　　　　　　B. 缺货率
   C. 准时交货率　　　　　　　　　　　D. 货损货差赔偿费费率

三、简答题

1. 物流成本的分类有哪些？
2. 简述编制成本预算的步骤。

四、案例分析题

月山啤酒

月山啤酒集团在几年前就借鉴国内外物流公司的先进经验，结合自身的优势，制定了自己的仓储物流改革方案。第一，成立了仓储调度中心，对全国市场区域的仓储活动进行重新规划，对产品的仓储、转库实行统一管理和控制。由提供单一的仓储服务，到对产成品的市场区域分布、流通时间等做出全面的调整、平衡和控制，仓储调度成为销售过程中降低成本、增加效益的重要一环。第二，以原运输公司为基础，月山啤酒集团注册成立具有独立法人资格的物流有限公司，引进现代物流理念和技术，并完全按照市场机制运作。作为提供运输服务的"卖方"，物流公司能够确保按规定要求，以最短的时间、最少的投入和最经济的运送方式，将产品送至目的地。第三，筹建了月山啤酒集团技术中心。月山啤酒集团应用建立在Internet信息传输基础上的ERP系统，筹建了月山啤酒集团技术中心，将物流、信息流、资金流全面统一在计算机网络的智能化管理之下，建立各分公司与总公司之间的快速信息通道，及时掌握各地最新的市场库存、货物和资金流动情况，为制定市场策略提供准确的依据，并且简化了业务运行程序，提高了销售系统工作效率，增强了企业的应变能力。

通过上述一系列的改革，月山啤酒集团获得了很大的直接和间接经济效益。首先，集

团的仓库面积由大约 70 000 m² 下降到不足 30 000 m²，产成品平均库存量由 12 000 t 降到 6 000 t。其次，这个产品物流实现了环环相扣，销售部门根据各地销售网络的要货计划和市场预测，制订销售计划，仓储部门根据销售计划和库存及时向生产企业传递要货信息；生产厂有针对性地组织生产，物流公司则及时地调度运力，确保交货质量和交货期。最后，销售代理商在有了稳定的货源供应后，可以从人、财、物等方面进一步降低销售成本，增加效益，经过一年多的运转，月山啤酒物流网取得了阶段性成果。实践证明，现代物流管理体系的建立，使月山集团的整体营销水平和市场竞争能力大大提高。

【辩证性思考】
1. 结合案例分析仓储成本的意义所在。
2. 分析月山啤酒集团是如何控制仓储成本的。
3. 分析月山啤酒集团是怎样通过控制仓储成本获得经济效益的。

第四部分　系统篇

项目九

智能仓储的硬件系统

在对仓储布局进行合理规划的前提下,企业可以投入智能化的硬件设施来提高仓储的运作效率,这些新型硬件设备的使用不仅会增大仓储的自动化水平和物流运作效率,还会给企业带来可观的经济收益。

教学目标

知识目标:

1. 了解电子标签的概念及组成;
2. 了解自动化运输系统;
3. 熟知 RFID 与传统条码的区别;
4. 熟知在进行自动化立体仓库总体布置规划时要注意的要点;
5. 熟知自动分拣系统的适用条件;
6. 掌握电子标签系统的优势;
7. 掌握皮带输送线、滚筒输送线、托盘输送线的特点;
8. 掌握自动存储系统的构成、功能、分类;
9. 掌握语言自动化拣选系统的特点及经济效益点;
10. 掌握自动分拣系统的构成、特点、分类;
11. 掌握机器人分拣系统的作业流程;
12. 掌握货到人的组成及其选择策略。

能力目标：

能够在适宜的条件下，运用智能仓储的硬件系统。

素养目标：

1. 在技术需求的前提下，提升信息素养；
2. 通过对智能仓储的硬件系统的了解，培养发现并分析问题的思维方式，激发进一步学习智能仓储的硬件系统的兴趣；
3. 培养信息系统的操作、管理能力。

任务一　电子标签系统

引例

球鞋的"专属身份证"

讲起球鞋圈里知名的"Sneakerhead"，想必很多人都会首先想起火箭队的前锋PJ·塔克，他是圈子内公认的鞋王！塔克在球鞋圈的名气和收藏有多丰富就不多说了，基本上是众人皆知，富可敌国意义上的那类！塔克无论是经典收藏或是新产品入手基本上都是圈里最经典、最抢眼或是最快、最新的。那么实际上有一个问题，塔克收藏的鞋子会有假鞋吗？

当然，塔克购买到假鞋的概率真的太低了！第一，他是 NBA 球员；第二，平时我们能够看见塔克购买鞋的渠道，包含某些正品店购买，塔克距离正品的距离很近……但是这对我们普通百姓来讲难度系数就颇大了。

已发售的一部分新产品球鞋中，某品牌已相继运用了"专属二维码"这项技术。简单扫一扫就能验证买的鞋是否来源于官方渠道。另外，二维码内的储存信息内容也被上传到了一张芯片上，这张芯片被嵌在鞋盒上，这可以防止球鞋与鞋盒调包造成的亏损。简单来讲，某品牌已开始专注于"球鞋身份证"的完成，将为每一双鞋创建一个鞋身与鞋盒充分匹配的"身份认证"！

如此一来，球鞋已不单单是一个商品，它还有身份、标签、个性，非常人性化。

知识储备

电子标签是 RFID 技术的载体，RFID 是 Radio Frequency Identification 的缩写，又称无线射频识别，是一种通信技术，可通过无线电信号识别特定目标并读写相关数据，而无须识别系统与特定目标进行建立机械或光学接触。

一、电子标签系统的组成

最基本的电子标签系统由以下三部分组成：

（1）电子标签。电子标签也称为应答器或智能标签，是一个微型的无线收装置，主要由内置天线和芯片组成。每个电子标签具有唯一的电子编码，如图 9-1 所示。

（2）读写器。读写器是一个捕捉和处理 RFID 标签数据的设备，它可以是单独的个体，也可以嵌入其他系统之中。读写器是构成 RFID 系统的主要部件之一，由于它能够将数据写到 RFID 标签中，因此称为读写器。读写器具有长时间稳定工作及跳频工作超强的抗干扰能力的特点，如图 9-2、图 9-3 所示。

图 9-1 托盘类电子标签

图 9-2 固定类读写器

图 9-3 手持式读写器

（3）天线。天线是一种以电磁波形式把前端射频信号功率接收或辐射去的设备，是电路与空间的界面器件，用来实现导行波与自由空间波能量转化。在 RFID 系统中，天线分为电子标签天线和读写器天线两大类,分别承担接收能量和发射能量的作用。

二、RFID 技术的工作原理

阅读器通过发射天线发送特定频率的射频信号,当电子标签进入工作区域时产生感应电流,从而获得能量、电子标签被激活,使得电子标签将自身编码信息通过内置射频天线发送出去;阅读器的接收天线接收到从标签发送来的调制信号,经天线调节器传送到阅读器信号处理模块,经解调解码后将有效信息送至后台主机系统进行相关的处理;主机系统根据逻辑计算识别该标签的身份,针对不同的设定做出相应的处理和控制,最终发出指令信号控制阅读器完成相应的读写操作,如图 9-4 所示。

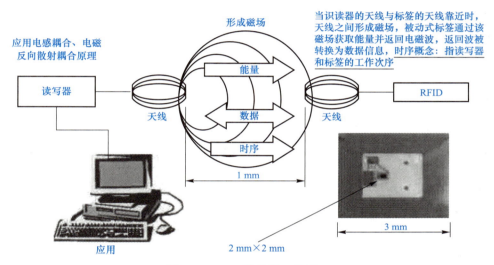

图 9-4 RFID 技术的工作原理

三、电子标签系统的优势

RFID 射频识别是一种非接触式的自动识别技术。它通过射频信号自动识别目标对象并获取相关数据,识别工作无须人工干预,可工作于各种恶劣环境。具体来说,RFID 技术具有以下六大优势:

(1) RFID 芯片与 RFID 读卡器对水、油和化学药品等物质具有很强抵抗性。

(2) 信息的读取上并不受芯片尺寸大小与形状限制,不需为了读取精确度而配合纸张的固定尺寸和印刷品质,而且 RFID 标签正往小型化与多样化形态发展,以应用不同产品。

(3) RFID 技术识别相比传统智能芯片更精确,识别的距离更灵活,可以做到穿透性和无障碍阅读。

(4) RFID 芯片标签可以重复地新增、修改、删除内部储存的数据,方便信息的更新。

(5) 内部数据内容经由密码保护,使其内容不易被伪造及篡改。

(6) RFID 芯片数据容量较大,而且随着技术发展,容量还有增大的趋势。

四、RFID 与传统条码（条形码 / 二维码）的区别

RFID 的核心是使每件商品都有自己特定的一段信息，一边与别的商品进行区分，与之相配合的在仓库的进出口都设立 RFID 读写器，会读取通过读写器的货物信息，在仓库里面可以使用 RFID 的手持客户端，对物品进行扫描。这样可以很容易地实现从商品进库到商品出库过程中的商品的识别定位、追踪、运送、存取、出库的信息收集和整理。

RFID 可以解决传统条码仓库出入库管理的四点难点：

（1）在光线条件太差的情况下，读码器无法正常扫描条码；

（2）一次只能有一个条形码可以扫描，效率低下；

（3）条形码标签容易损坏或掉落，扫描器无法辨识；

（4）条形码必须在近距离且没有物体阻挡的情况下，才可以识别。

具体来说，RFID 与条形码 / 二维码的比较见表 9-1。

表 9-1　RFID 与条形码 / 二维码的比较

项目	条形码	二维码	RFID
设备	扫描器	扫描器	固定设备/智能手持终端/标签
信息量	几十个字符	几百个字节	可扩充到几十KB
信息密度	低	高	高
可否加密	否	能	能
读写性	读	读	读/写
保密性	无	好	好
抗污染力	弱	强	非常强
抗干扰力	强	强	一般
扫描器价格	中	中	高
识读距离	0.5 m内	0.5 m内	2 m内
信息载体	纸或物质表面	纸或物质表面	存储器
读取方式	光电转换	光电转换	无线通信
纠错能力	能校验无纠错	能校验能纠错	自带防碰撞算法

★ 思政要点

通过RFID与传统条码（条形码/二维码）的比较，使学生能有信息评价对比意识，提高学生的信息素养能力。

任务二　自动化运输系统

》》》引例

百成数码智能化物流升级

作为中国龙头、亚洲翘楚的专业数码影像广告创意连锁企业，百成数码在我国建立了七个大型数码影像输出基地，数码图片输出一年可达6 000万 m^2，成为迄今亚洲最高端数码图片打印生产基地。在数码打印产品及原材料输送生产领域，面对大小、厚重不等的数码打印产品，目前行业大多数仍采用人工搬运模式。输送效率低、人工成本高、搬运量繁重，一直是企业迫切需要解决的难题。百成数码为解决上述几点问题，寻求自动化技术改造的解决方案，最终采用自动化输送设备系统，使总体自动化程度达到业内领先水平。

该项目主要分为成品卷材输送、板材原材料供应输送、成品板材输送和半自动压扣输送功能区，主要设备包含多列皮带输送机、V型皮带输送机、顶升移载机、往复式垂直输送机、液压顶升旋转台等设备。

其中，卷材自动化输送系统可为卷纸打印机和大型打印机，输送打印好的成品（产品最大尺寸长5 000 mm，直径≤300 mm，最大载重50 kg/件），由8个上线工位分别对应8台大型打印设备，完成合流、输送、切割等一系列工序。

另外，板材自动化输送系统主要针对板材输送区的成品（产品最大尺寸L2，440×W1 220 mm，最大载重25 kg/件）。由各工位相对应的顶升移载机，把打印成品投放到主输送线，到达6号柱与7号柱之间位置，经往复式垂直输送机从1 300 mm高度提升到3 700 mm后，改为横向输送，跨过廊桥到另一车间。再由往复式垂直输送机从3 700 mm下降到1 300 mm的高度输出到末端线体。

在实际应用中，该自动化输送系统为百成数码产品输送带来了显著效果，卷材输送最大可达200卷/h，板材输送最大达到150张/h（大件），生产输送效率提高一倍以上，缩减搬运人员的同时，还减轻工人繁重的体力劳动，节省人工成本。

本项目自动化输送系统凭借稳定、高效的自动化输送能力，助力百成数码解放劳动力，改善劳动条件，提高工作效率，保证产品质量，降低安全隐患，节约能源和原材料，提高企业素质和整体效益。

该项目作为行业缩影，证实了丰富自动化输送系统不仅为整厂自动化提供合理、实用的解决方案，还解决了中国数码影印行业原材料和半成品、成品一直采用人工搬运方式的难题，更加快了国内数码影印行业自动化改造，促进行业自动化、智能化升级。

> **知识储备**

自动化运输系统主要有皮带输送线、滚筒输送线及托盘输送线等，主要用于纸箱和周转箱的输送，相关厂家主要有瑞仕格、德马泰克、德马等。这种系统很多厂家都能做，其技术含量比其他系统要相对低一些。

一、皮带输送线

皮带输送线也称皮带输送机，是运用输送带的连续或间歇运动来输送各种轻重不同的物品，既可输送各种散料，也可输送各种纸箱、包装袋等质量较轻的件货，用途广泛。

（1）皮带输送机的结构形式。皮带输送机的结构形式有槽型皮带机、平型皮带机、爬坡皮带机、转弯皮带机等多种。

①槽型皮带机。槽型皮带机属于短途输送机械设备，输送特别平稳，适合输送容易滑落的散状物质。槽型皮带机在其两边加有挡边和裙边，使物料在输送过程中很平稳。槽型皮带机的输送带可根据输送不同物料的性质选择特殊的皮带，如具有抗磨、阻燃、耐腐蚀、耐高低温等各性能要求的输送带，如图9-5所示。

②平型皮带机。平型皮带机机架采用了结构紧凑、刚性好、强度高的三角形机架，机架部分、中间架和中间架支腿全部采用螺栓连接，方便运输和安装，可广泛用于轻工、矿山、煤炭、港口、电站、建材、化工等各个行业。由单机或多机组合成运输系统来输送物料，可输送密度为 $500 \sim 2\,500$ kg/m³ 的各种散状物料及成件物品，如图9-6所示。

图9-5　槽型皮带机

图9-6　平型皮带机

③爬坡皮带机。爬坡皮带机运用输送带的连续或间歇运动输送500 kg以下的物品或粉状、颗粒状物品。爬坡皮带机运用有高差的输送情况下，可完成连续输送，能平滑地与滚筒输送机或链板输送机接驳，如图9-7所示。

④转弯皮带机。转弯皮带机的扇形皮带加装专用的防跑偏滚轮（轴承外加聚甲醛），或者在输送带的外侧高频焊接导向筋使输送带运行在专用的导轨中，辊筒采用专用的锥形包胶辊筒。转弯皮带机可输送的物料种类繁多，既可以输送各种散料，也可以输送各种纸箱、包装袋等单件质量较轻的货件，用途广泛，如图9-8所示。

图9-7 爬坡皮带机

图9-8 转弯皮带机

小提示：转弯皮带机的结构形式有30°转弯皮带机、45°转弯皮带机、90°转弯皮带机、180°转弯皮带机，能满足各种转弯输送的工艺要求。

（2）皮带输送机的材质。输送带的材质有橡胶、硅胶、PVC（聚氯乙烯）、PU（聚氨酯）等多种材质，除用于普通物料的输送外，还可满足耐油、耐腐蚀、防静电等有特殊要求物料的输送。采用专用的食品级输送带，可满足食品、制药、日用、化工等行业的要求。

皮带输送机机架的材质有碳钢、不锈钢、铝型材。

（3）皮带输送机的驱动方式。皮带输送机的驱动方式有减速电机驱动、动滚筒驱动两种。

（4）皮带输送机的调速方式。皮带输送机的调速方式有变频调速、无级调速两种。

（5）皮带输送机的特点。皮带输送机具有以下几个特点：

①皮带输送机输送平稳，物料与输送带没有相对运动，能够避免对输送物的损坏；

②噪声较小，适合于工作环境要求比较安静的场合；

③结构简单，便于维护；

④能耗较小，使用成本低。

（6）皮带输送机的应用范围。皮带输送机可应用于轻工、电子、食品化工、木业、机械等行业。

（7）定制注意事项。企业在定制皮带输送机时应注意以下事项：

①皮带输送机载重范围，物品若超过载重范围会造成整条线体不能正常运作。

②防静电系数，输送线一般都是防静电的，防静电系数会随着使用时间拉长而降低，企业需要在定制前明确要在多久时间里确保防静电系数在一定范围内。

③滚筒工位，整条输送线中间部分的工位滚筒数量根据线体的长短、载重量等因素确定，工位量不够，同样会影响线体的正常运作。

二、滚筒输送线

滚筒输送线是指能够输送单件质量很大的物料，或承受较大的冲击载荷的机械。其适用于各类箱、包、托盘等件货的输送，散料、小件物品或不规则的物品需放在托盘上或周转箱内输送，如图 9-9 所示。

（1）滚筒输送线的结构形式。按驱动方式可分为动力滚筒线和无动力筒线；按布置形式可分为水平输送滚筒线、倾斜输送滚筒线和转弯滚筒线，还可按客户要求进行特殊设计，以满足各类客户的要求。

图 9-9 滚筒输送线

（2）滚筒输送线的材质。滚筒输送线的材质有碳钢、不锈钢、铝材、PVC、塑钢等。

（3）滚筒输送线的驱动方式。滚筒输送线的驱动方式有减速电机驱动、电动辊筒驱动两种。

（4）滚筒输送线的调速方式。滚筒输送线的调速方式有变频调速、电调速两种。

（5）滚筒输送线的设备特点。滚筒输送线之间易于衔接过渡，可用多滚筒线及其他输送设备或专机组成复杂的物流输送系统及分流合流系统完成多方面的工艺需要。

（6）滚筒输送线的应用范围。滚筒输送线适用于电子、食品、包装、机械、轻工、烟草、化工、医药、橡塑、汽摩、物流等行业。

（7）定制滚筒输送线的注意事项。企业在定制滚筒输送线时，需要注意以下 5 个方面的问题：

①输送物体的长度、宽度、高度；

②每一输送单元的质量；

③输送物的底部状况；

④有无特殊工作环境上的要求（如湿度、高温、化学品的影响等）；

⑤输送机属于无动力式或电机带动式，为确保货物能够平稳输送，必须在任何时间点都至少有三只辊筒与输送物保持接触，对软袋包装物必要时应加装托盘进行输送。

三、托盘输送线

托盘输送线是指在驱动装置的驱动下，利用滚筒或链条作为承载物，托盘及其上的货物进行输送，如图 9-10 所示。

（1）托盘输送线的结构形式。托盘输送线的结构形式有链条输送型、辊筒输送型两种。

（2）托盘输送线的优点。托盘输送线具有能输送较重的货物，输送能大，安全、经济的优点。

图 9-10 托盘输送线

（3）托盘输送线的应用范围。托盘输送线适用于对食品、罐头、药品饮料、化妆品和洗涤用品等的输送。

★ 思政要点

解当今自动化运输系统的知识，坚定学生加快实施一批具有战略性全局性前瞻性的国家重大科技项目，增强自主创新能力的意识。

任务三　自动存储系统

引例

正泰电器股份有限公司的自动化立体仓库

正泰电器股份有限公司（以下简称正泰电器公司）是我国目前低压电器行业最大的销售企业。该公司主要设计制造各种低压工业电器、部分中高压电器、电器成套设备、汽车电器、通信电器、仪器仪表等，其产品达150多个系列、5 000多个品种、20 000多种规格。"正泰"商标被国家认定为驰名商标。该公司2002年销售额达80亿元，综合实力被国家评定为全国民营企业500强第5位。在全国低压工业电器行业中，正泰电器公司首先在国内建立了3级分销网络体系，经销商达1 000多家。同时，建立了原材料、零部件供应网络体系，协作厂家达1 200多家。

一、立体仓库的功能

自动化立体仓库是公司物流系统中的一个重要部分。它在计算机管理系统的高度指挥下，高效、合理地储存各种型号的低压电器成品。准确、实时、灵活地向各销售部门提供所需产成品，并为物资采购、生产调度、计划制订、产销衔接提供了准确信息。同时，它还具有节省用地、减轻劳动强度、提高物流效率、降低储运损耗、减少流动资金积压等功能。

二、立体仓库的工作流程

正泰电器公司立体仓库占地面积达1 600 m²（入库小车通道不占用库房面积），高度近18 m，3个巷道（6排货架）。作业方式为整盘入库，库外拣选。其基本工作流程如下。

1. 入库流程

仓库二、三、四层两端六个入库区各设一台入库终端，每个巷道口各设两个成品入库台。需入库的成品经入库终端操作员输入产品名称、规格型号和数量。控制系统通过人机界面接收入库数据，按照均匀分配、先下后上、下重上轻、就近入库、ABC分类和原则，管理计算器自动分配一个货位，并提示入库巷道。搬运工可依据提示，将装在标准托盘上的货物由小电瓶车送至该巷道的入库台上。监控机指令堆垛将货盘存放于指定货位。

库存数据入库处理分为两种类型：一种是需操作员在产品入库之后，将已入库托盘上的产品名称（或代码）、型号、规格、数量、入库日期、生产单位等信息在入库客户机上通过人机界面而输入；另一种是托盘入库。

2．出库流程

底层两端为成品出库区，中央控制室和终端各设一台出库终端，在每个巷道口设有LED 显示屏幕，用于提示本盘货物要送至装配平台的出门号。需出库的成品，经操作人员输入产品名称、规格、型号和数量后，控制系统按照先进先出、就近出库、出库优先等原则，查出满足出库条件且数量相当或略多的货盘，修改相应账目数据，自动地将需要出库的各类成品货盘送至各个巷道口的出库台上，经电瓶车将之取出并送至汽车上。同时，出库系统在完成出库作业后，在客户机上形成出库单。

3．回库空盘处理流程

底层出库后的部分空托盘经人工叠盘后，操作员输入空托盘回库作业命令，搬运工依据提示用电瓶车送至底层某个巷道口，堆垛机自动将空托盘送回立体库二、三、四层的原入口处，再由各车间将空托盘拉走，形成一定的周转量。

三、立体仓库的主要设施

1．托盘

所有货物均采用统一规格的钢制托盘，以提高互换性，降低备用量。此种托盘既能够满足堆垛机、叉车等设备装卸，又可以满足在输送机上下平衡运行。

2．高层货架

采用特制的组合式货架，横梁结构。该货架结构美观大方，省料实用，易安装施工，属于一种优化的设计结构。

3．巷道式堆垛机

根据本仓库的特点，堆垛机采用下部支承、下部驱动、双方柱形式的结构。该机在高层货架的巷道内按 X、Y、Z 三个坐标方向运行，将位于各巷道口入库台的产品存入指定的货格，或将货格内产品运出送到巷道口出库台。该堆垛机动性设计与制造严格按照国家标准进行，并对结构强度和刚性进行精密地计算，以保证机构运行平稳、灵活、安全。堆垛机配备有安全运行机构，以杜绝偶发事故。其运行速度为 4～80 mm/min（变频调速），升降速度为 3～16 mm/min（双速电机），货叉速度为 2～15 mm/min（变频调速），通信方位为红外线，供电方式为滑触导线方式。

四、计算机管理及监控调度系统

计算机管理及监控调度系统不仅对信息流进行管理，同时也对物流进行管理和控制，集信息与物流于一体。同时，还对立体仓库所有出入库作业进行最佳分配及登录控制，并对数据进行统计分析，以便对物流实现宏观调控，最大限度地降低库存量及资金的占用，加速资金周转。

在日常存取活动中，尤其库外拣选作业，难免会出现产品存取差错，因而必须定期进行盘库。盘库处理通过对每种产品的实际清点来核实库存产品数据的准确性，并及时修正库存账目，达到账、物统一。盘库期间堆垛机将不做其他类型的作业。在操作时，即对某一巷道的堆垛机发出完全盘库指令，堆垛机按顺序将本巷道内的货物逐次运送到巷道外，产品不下堆垛机，待得到回库的命令后，再将本盘货物送回原位并取出下一盘产品，依此类推，直到将本巷道所有托盘产品全部盘点完毕，或接收到管理系统下达的盘库暂停的命令进入正常工作状态。若本巷道未盘库完毕便接收到盘库暂停命令，待接到新的指令后，继续完成盘库作业。

正泰电器公司高效的供应链、销售链大大降低了物资库存周期，提高了资金的周转速度，减少了物流成本和管理费用。自动化立体仓库作为现代化的物流设施，对提高该公司的仓储自动化水平无疑具有重要的作用。

知识储备

最典型的自动存储设备莫过于自动化立体仓库系统（Automated Storage and Retrieval System，AS/RS），又称高层货架仓库、自动存储系统，是现代物流系统的一个重要组成部分，在各行各业都得到了广泛的应用，如图9-11所示。

图9-11 自动化立体仓库

一、自动化立体仓库的构成

自动化立体仓库的主体由高层货架、巷道式堆垛机、入（出）库工作和自动运进（出）及操作控制系统组成。

（1）高层货架。通过立体货架实现货物存储功能，充分利用立体空间并起到支撑堆垛机的作用。根据货物承载单元的不同，立体货架又可分为托货架系统和周转箱货架系统，如图9-12所示。

（2）巷道式堆垛机。巷道式堆垛机是自动化立体仓库的核心起重及运输设备，在高层货架的巷道内沿着轨道运行，实现取送货物的功能。巷道式堆垛机主要可分为单立柱堆垛机（图9-13）和双立柱堆垛机。

图9-12 高层货架

图9-13 单立柱堆垛机

（3）出入库输送系统。巷道式堆垛机只能在巷道内进行作业，而货物仓储单元在巷道外的出入库需要通过出入库输送系统完成。

常见的输送系统有传输带、穿梭车（RGV）、自动导引车（AGV）、叉车拆码垛机器人等。输送系统与巷道式堆垛机对接，配合堆垛机完成货物的运输等作业，如图9-14、图9-15所示。

图 9-14　RGV

图 9-15　AGV

（4）周边辅助设备。周边辅助设备包括自动识别系统、自动分拣设备等。其作用是为了扩充自动化立体仓库的功能，如可以扩展到分类、计量、包装、分拣等功能。

（5）自动控制系统。自动控制系统是整个自动化立体仓库系统设备的控制核心，向上连接物流调度系统，接受物料的输送指令；向下连接输送设备实现底层输送设备的驱动、输送物料的检测与识别；完成物料输送及远程控制信息的传递。

（6）仓储管理系统。仓储管理系统是对订单、需求、出入库、货位、合格品、库存状态等各类仓储信息的分析和管理。该系统是自动化立体仓统的核心，是保证立体仓库更好使用的关键。

小提示： 自动控制系统主要是采用现场总线的方式控制设备工作。管理控制系统是自动化立体仓库的软件部分，它决定了自动化立体仓库得以自动化、智能化、无人化作业。

二、自动化立体仓库的优点

自动化立体仓库能充分利用存储空间，通过 WMS 可实现设备的联机控制，以先入先出的原则，迅速准确地处理货品，合理地进行库存数据管理。具体来说，自动化立体仓库具有以下七大优点：

（1）提高空间利用率。自动化立体仓库充分利用了仓库的垂直空间，单位面积的存储远大于传统仓库。此外，传统仓库必须将物品归类存放，造成大量空间闲置，自动化立体仓库可以随机存储，将任意货物存放于任意空仓内，由系统记录准确位置，大大提高了空间的利用率。

（2）实现物料先进先出。传统仓库由于空间限制，将物料码放堆砌，常是先进后出，导致物料积压浪费。自动化立体仓库系统能够自动绑定每票物料的入库时间，自动实现物料先进先出。

（3）智能作业账实同步。传统仓库的管理涉及大量的单据传递，且多由手工录入，流程冗杂且容易出错。立体仓库管理系统与 ERP 系统对接后从生产计划的制订开始到下达货物的出入库指令，可实现全流程自动化作业，且系统自动过账，保证了信息准确及时，避免了账实不同步的问题。

（4）满足货物对环境的要求。相较传统仓库，自动化立体仓库能较好地满足特殊仓储环境的需要，如避光、低温、有毒等特殊环境。保证货品在整个仓储过程的全运行，提高了作业的质量。

（5）可追溯。通过条码技术等，准确跟踪货物的流向，实现货物的可追溯。

（6）节省人力资源成本。在自动化立体仓库内，各类自动化设备代替了大量的手工作业，大大降低人力资源成本。

（7）及时处理呆滞料。传统仓库部分物料由于技改或产品过时变成了呆料，忘记入账变成了死料，不能及时清理，既占用库存货位，又占用资金立体仓库系统的物料入库。自动化立体仓库可以自动建账，不产生死料，可以搜索一定时期内有操作的物料，及时处理呆料。

三、自动化立体仓库的缺点

物体有利必有弊，自动化立体仓库具有以下五大缺点：
（1）结构复杂，配套设备多，基建和设备投资大；
（2）施工较困难，施工周期长；
（3）对货物的包装要求严格；
（4）建成后系统的更新改造困难；
（5）储存货品的品种受到限制。

四、自动化立体仓库的功能

自动化立体仓库具有收货、存货、取货、发货、信息查询五大功能。
（1）收货：仓库从供应商或生产车间接收各种材料、半成品或成品，供生产或加工装配之用。
（2）存货：将卸下的货物存放到自动化系统规定的位置。
（3）取货：根据需求情况从库房取得客户所需的货物，通常采取先入先出方式。
（4）发货：将取出的货物按照严格要求发往客户。
（5）信息查询：能随时查询仓库的有关信息，包括库存信息、作业信息及其他信息。

五、自动化立体仓库的分类

目前，自动化立体仓库的分类方法主要有以下几种：
（1）按照货架高度分类。按照货架高度分类，可将自动化立体仓库分为以下三种：
①低层立体仓库（5 m 以下）。

②中层立体仓库（5～15 m）。

③高层立体仓库（15 m以上）。

（2）按照货架结构分类。按照货架结构分类，可将自动化立体仓库分为以下四种：

①货格式立体仓库：其特点是每层货架都是由同一尺寸的货格组合而成，开口是面向货架通道的，便于堆垛机等行驶和存取货物。

②贯通式立体仓库：其特点是每个货架间没有间隔、没有通道，整个货架组合是一个整体。货架是纵向贯通的，存在一定的坡度，每层货架都安装了滑道，货物能从高处向下沿着滑道下滑。

③自动化柜式立体仓库：其特点是适合小型仓储规模，可移动，封闭性较强，智能化，保密性较好。

④条形货架立体仓库：专门用于存放条形货物，如木条、钢管等。

（3）按照建筑形式分类。按照建筑形式分类，可将自动化立体仓库分为以下两种：

①整体式立体仓库：也称一体化立体仓库，永久性的仓储设施采用钢筋混凝土建造，货架与建筑成一体，高层货架稳定性比较高。

②分离式立体仓库：货架独立，与建筑物分离。

（4）按照货物存取形式分类。按照货物存取形式分类，可将自动化立体仓分为以下三种：

①移动式货架：是由电动货架组成，货架可以在轨道上行走，由控制装置控制货架合拢和分离。作业时，货架分开，在巷道中可进行作业；不作业时，货架合拢，只留一条作业巷道，从而提高空间利用率。

②单元式货架：这种货架最常见，货物放托盘上或集装箱内，再装入单元货架的货物上。

③拣选式货架：人到货前拣选、货到人处拣选。

（5）按照自动化程度分类。按照自动化程度分类，可将自动化立体仓库分为以下两种：

①半自动化立体仓库：货物的存取和搬运过程一部分是由人工操作机械来完成的；另一部分由自动化控制完成。

②自动化立体仓库：货物的存取和搬运过程是自动控制完成的。

（6）按照仓库在物流系统中的作用分类。按照仓库在物流系统中的作用分类，可将自动化立体仓库分为以下两种：

①生产型仓库：工厂内部为了协调车间、工序间等建立的仓库，为保证各生产工序间有节奏的生产。

②流通型仓库：是一种服务性仓库，企业为调节生产和消费者等供需平衡而建立的仓库。

（7）按照自动化仓库与生产联系的紧密程度分类。按照自动化仓库与生产联系的紧密程度分类，可将自动化立体仓库分为以下三种：

①独立型仓库：其特点是规模大，存储量大，有自己的计算机管理、监控、调度和控制系统。

②半紧密型仓库：操作流程、仓库管理、货物的出入和经济利益与上级或内部有部分关系，但又未与其他生产系统有直接关联。

③紧密型仓库：也称在线仓库，是指与工程部门生产有直接联系的自动化仓库。

（8）按照仓储的功能分类。按照仓储的功能分类，可将自动化立体仓库分为以下两种：

①储存式立体仓库：其特点是种类少、数量大、存期长。

②拣选式立体仓库：其特点是货物种类多、发货量小。

六、自动化立体仓库的布置规划

在进行自动化立体仓库总体布置规划时要注意以下要点：

（1）货物的单元形式、尺寸和质量的确定。立体仓库是以单元货物搬运为前提，为了合理地确定货物单元的形式、尺寸及质量，需要对入库货物品种进行综合分析，根据分析结果确定仓储作业的主要货物单元形式、尺寸和质量，进行仓库的货架、作业机械的合理配置。

（2）仓库形式和作业方式的确定。确定仓库的形式和作业方式应建立在仓储货物的品种及规格型号的基础上。对一般货种，采用单元货格仓库；货种单一而批量较大时，宜采用重力式货架仓库、动力式贯通仓库和穿梭小车式仓库；对储存长物料时，宜采用悬臂式货架仓库；对小件货物，可考虑采用旋转式货架系统仓库或移动货架系统仓库；对有特殊要求的货物，应采用具有冷藏、防潮、恒温等设施的仓库。

（3）货格尺寸的确定。在货物单元尺寸确定后，货格的尺寸主要取决于货物四周需留出的净空大小和货架的结构尺寸，同时，还应结合搬运机械停车位置确定货格的尺寸。

（4）仓储设备的主要性能参数的确定。仓储机械设备的主要性能参数根据仓库的运行规模、货物的品种和出入库频率等综合确定仓储设备的主性能参数，主要是确定各个机构的工作速度、额定起重量等；对于输送机则需确定其带宽、带速等；在确定各种仓储设备的速度时，应以整个系统相协调的原则进行。

（5）货架区与作业区的衔接方式的确定。立体仓库的作业区与货架区衔接可采用堆垛机与叉车、堆垛机与自动导引小车（AGV）或与输送机配套来解决；也可以采用出入库月台装卸系统与输送机系统相连的方式解决，应根据不同的需要确定不同的衔接方式。

（6）货物单元出、入库形式的确定。货物在立体仓库内的流动有贯通式、同端出入式、旁流式三种形式，如图 9-16 所示。

（7）堆垛机轨道铺设形式的确定。堆垛机是立体仓库货架巷道作业的主要机械设备。堆垛机的数量应根据出入库频率和堆垛机的作业周期来确定，一般要求每个巷道中铺设一条轨道。实际上，由于堆垛机的走行速度一般在 80 m/min，最高可达到 160 m/min，载货台的升降速度一般在 20 m/min，最高可达到 60 m/min，每个巷道的作业量一般都小于堆垛机理论效率。因此，有必要在货架间安排一些弯道，以方便堆垛机在不同巷间的调动。

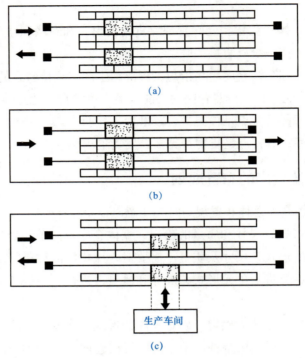

图 9-16　货物在立体仓库内流动的三种形式
(a) 同端出入式；(b) 贯通式；(c) 旁流式

（8）仓库出入库台形式的确定。出入库台应根据立体仓库的物流形式在物流路径的终点设置。其形式应结合货物单元的出、入库形式来确定，一般有同端出入库台、两端出入库台和中间出入库台。

七、选择自动化立体仓库需考虑的问题

自动化立体仓库带来了更高的物流作业水准，同时，也给企业带来了更多的成本。因此，企业在选择立体仓库自动化时应该考虑以下几个问题：

（1）要对项目进行审视，着眼于实际业务需要，而不是为自动化而自动化。在考虑自动化时，还要考虑与它相配套的手工作业。事实上，基本没有哪一个立体仓库是真正的立体仓库，任何立体仓库都是自动化与手工结合的。确定项目的时候，需要建立计划数据库。一般情况下需把未来 3～5 年内仓库的吞吐量、存储容量、订单货物的类别等要素考虑进去。

（2）要进行技术评估，确定自动化是否适当。根据库房吞吐量和存储量，可以确定是否需要自动化和自动化要达到的程度。按照作业水平可以将库房作业分成由低到高的四个层次：

①简单手工操作（如托盘堆垛、订单人工拣选）。

②机器辅助操作（利用输送机等）。

③简单自动化（利用自动起重机、输送系统）。

④复杂自动化（利用高速分拣系统、复杂适宜的输送系统和拣选系统）。

随着库房作业复杂程度和库房容量的增长，企业的选择也会跟着变化，例如，当库房每小时处理的订单超过 500 个，自动化作业就被提上议事日程了。

（3）要对设备的性能进行详细的审视。当确定有必要实施自动化以后，下一步就要对设备的性能进行详细的审视。每个被选设备的可选特性只需通过"是/否"备选框，就可以挑选出来。

例如，对严格实行先进先出的库房来说，单倍深自动存储系统就足够了，无须采用双倍深的存储系统或密集的起重机系统。

对设备的特性进行细致的评估后，就能得出哪些设备是必须配的，哪些设备是可以舍弃不用的。这个过程结束后，可能只有两三种比较合适的方案留下来。进而对剩下的两三种方案进行全面成本比较，比较时要把相关的成本都考虑进去。

例如，在考虑设备资金投入的基础上，应把占用的空间、操作工的数量、维修与保养等都考虑进去。

一般来说，可能发生的具体成本支出包括人工成本、消防设备成本、养护成本、水电冷气成本、税费、设备占用面积的租金等。

需要注意的是，这些支出有的是一次性支付的，有的是分期支付的，应衡量每一种方案的年度运营支出。较为妥当的办法是把与库房自动项目相关的支出，根据设备的折旧年限和期望的报酬率进行折现，比较每个方案的折现现金流出，就像住房按揭一样，把一次性或周期性的成本支出计算成一定年限内的平均支出来进行比较。

（4）根据计划阶段设定的作业环境参数和意外情况，做敏感度分析。通过分析作业环境改变之后，最终选中的方案是否会发生改变，可以发现方案的潜在缺陷。这时，计算机仿真测试就会派上用场了。例如，测试自动存储系统的一个起重机发生故障后对整体作业的影响，只需输入相关参数就可以了。

在重大自动化项目中，这是很有必要的，在计算机上对设计进行测试是非常容易的，当进入签约阶段，若发现不适合就难以改变了。通过逐渐缩小选择范围的方法，能把各个型号的自动化设备都考虑进去。只有通过这样彻底的分析，才能选中一个合适的自动化系统。

★ 思政要点

在进行自动化立体仓库布局规划时，培养学生可持续发展观，增强学生职业道德全局意识、安全意识。

智能仓储管理实务

任务四　自动分拣系统

> **引 例**

基于高速自动分拣的迪卡侬配送中心

迪卡侬由米歇尔·雷勒克（Michel Leclercq）于 1976 年创立，第一家商场位于法国北部城市恩洛斯。该公司的使命是为每种体育运动项目制造出最好的产品。在迪卡侬的卖场内，平均陈列着涉及 60 多个运动项目的、超过 35 000 种体育用品。其中，90% 的产品来自迪卡侬旗下自有运动品牌。降低成本、不断提高性价比，是迪卡侬一贯秉持的原则。

2008 年，迪卡侬集团加入 Oxylane 集团，其定位是全球体育用品的设计者、品牌缔造者和运动用品零售商，集研发、设计、品牌、生产、物流及销售于一体。Oxylane 集团为迪卡侬连锁零售业务提供整体供应链与物流服务。Oxylane 的欧洲物流网络分为国际仓库和区域仓库两级。国际仓库作为货品的中央储存地；区域仓库则为专卖店提供货品配送服务，库存量极少或没有库存。

随着业务规模持续扩大，产品种类不断增加，如何既提升物流效率，又实现成本效益的目标，成为迪卡侬面临的巨大挑战。当时，迪卡侬已在全球 17 个国家或地区拥有 610 家连锁店，分别位于法国、西班牙、意大利、中国、波兰和葡萄牙等地区。

迪卡侬 20 世纪 90 年代初就进入意大利，第一家店开设在米兰附近的 Baranzate。迪卡侬在意大利的物流网络与零售网络共同发展，其位于米兰、博洛尼亚和卡塞塔的 3 个区域仓库，分别服务于意大利的北部、中部、南部和岛屿区域。

为了实施综合供应链计划，以更好地支持产品销售，有效重组人力资源，让客户享受更高标准的服务，迪卡侬决定在欧洲启动新的物流改善项目。经过研究多个配送中心解决方案后，迪卡侬选择德马泰克作为合作伙伴，一起设计并实施基于高速分拣系统的自动化解决方案。

Oxylane 集团要求德马泰克设计并制造一种分拣机，为迪卡侬提供订单处理与发货支持。这种分拣机适用于每个仓库，所有分拣机要使用相同的操作界面和软件控制系统。

德马泰克为迪卡侬规划并建成了基于分拣机的自动分拣系统，在其意大利的 3 个区域仓库，以及位于法国的 4 个仓库和西班牙的 2 个仓库中，除那些不适用于标准包装的异形、笨重和庞大的货品外，所有货品均采用自动分拣的方式。

位于卡塞塔的仓库是新建仓库，因此，德马泰克需要为收货区设计、制造一种纸箱分拣机，连接到伸缩输送机，检查到货品的数量及是否匹配 ASN。分拣机还按照处理区域（分拣、非分拣、运输和储存）来划分货品，并按照目的地门店对纸箱进行分拣。

位于博洛尼亚和米兰的仓库也使用了上述设备，在按照目的地进行货品分拣之前，还增加了一台分拣机、一台输送机和一台打码及贴标机。三个区域仓库需要处理大量的货品，主要作业流程如下：首先，作业人员对送来的货品进行分类，无法用分拣机处理的货品被直接送到配送区，并不入库；其他所有货品都由分拣机自动处理。随后，货品从大型存储区或分拣区发出。这两个区域的商品先集中送到订单整合区，在此将每个门店的不同订单箱整合在一起。作业人员对商品进行复核，确保与订单相符后，货品装车配送。

每个仓库的分拣系统的日均商品处理量约为 40 000 个订单行。自动分拣系统的处理流程如下：

第一步，等待拆零的货品装在不同大小的纸箱中，放置于高度为 1.8 m 的货架上。控制系统将待配送的订单分为多个分拣波次。在每个分拣波次，特定区域中工作的多名员工，挑选出专卖店订单要求的货品数量，将货品放在周转箱中，送至分拣机的导入区。在这里，提升机将周转箱提升到合适的高度，一名员工会逐一扫描各个货品的条形码，再将其放入分拣机的托盘上。

第二步，货品进入分拣机的环形系统内。分拣系统中每个逻辑分区的标准处理量为 6 500 件/h。如果同时使用 2 个导入区对应 2 个逻辑分区，可以将处理量提高一倍。"分拣系统逻辑"允许托盘使用两次。分拣机的控制软件允许对订单进行动态分配，从而使迪卡侬运用分拣波次来处理比分拣机滑槽数量高出 20% 的订单量。

第三步，分拣机滑槽处的员工检查纸箱是否装满，并为每个纸箱贴上与门店和订单对应的条形码。WMS 系统基于这些信息完成订单处理。纸箱到达贴标机地点后，被自动粘贴发货标签。随后，纸箱经过发货分拣系统进入发货暂存区。在暂存区，一个门店的订单箱成组放置在同一个托盘上，准备装车配送。

迪卡侬在超过 25 个门店使用了货品陈列演示系统，有助于缩短货品上架所需时间，从而使员工有更多的时间服务顾客和销售商品。

>>> 知识储备

自动分拣系统（Automatic Sorting System）是先进配送中心所必需设施条件之一。可将随机的、不同类别、不同去向的物品，按产品的类别、产品目的地，从产品仓库或货架，经过拣选后按照系统要求的路径送仓库出货装车位置。自动分拣系统具有很高的分拣效率，通常每小时可分商品 6 000～12 000 箱，如图 9-17 所示。

图 9-17　自动分拣系统

一、自动分拣系统的组成

自动分拣系统一般由控制装置、分类装置、输送装置及分拣道口组成。

（1）控制装置。控制装置的作用是识别、接收和处理分拣信号，根据分拣信号的要求指示分类装置按商品品种、商品送达地点或货品的类别进行自动分类。这些分拣需求可以通过不同方式，输入分拣控制系统中，根据对这些分拣信号进行判断，来决定某种商品该进入哪个分拣口。分拣需求的输出方式有语言识别、高度检测、形状识别、条形码扫描、键盘输入、重量检测等。

（2）分类装置。分类装置的作用是根据控制装置发出的分拣指示，当有相同分拣信号的商品经过该装置时，该装置动作，使商品改变在输送装置上的运行方向进入其他输送机或进入分拣道口。分类装置的种类很多，不同的装置对分拣货物的包装材料、包装质量、包装物底面的平滑程度等有不同的要求。

（3）输送装置。输送装置的主要组成部分是传送带或输送机，其主要作用是使待分拣商品通过控制装置、分类装置，输送到装置的两侧，一般要接若干分拣道口，使分好类的商品滑下主输送机（或主传送带）以便进行后续作业。

（4）分拣道口。分拣道口是已分拣商品脱离主输送机（或主传送带）进入集货区域的通道，一般由钢带、皮带、滚筒等组成滑道，使商品从主输送装置滑向集货站台，在那里由工作人员将该道口的所有商品集中后进行储存，或是组配装车并进行配送作业。

小提示： 装置是通过计算机网络连接在一起，与人工控制及人工处理环节构成一个完整的自动分拣系统。

二、自动分拣系统的特点

（1）数量大。由于采用大生产中使用的流水线作业方式，自动分拣系统不受气候、时间、人的体力等的限制，可以连续进行。同时，由于自动分拣系统单位时间分拣件数多，因此，自动分拣系统的分拣能力是连续运行 100 h 以上，每小时可分拣 7 000 件包装商品，如用人工则每小时只能分拣 150 件左右，同时，分拣人员也不能在这种劳动强度下连续工作 8 h。

（2）误差低。自动分拣系统的分拣误差率大小主要取决于所输入分拣信息的准确性大小，也取决于分拣信息的输入机制，如果采用人工键盘或语音识别方式输入，则误差率在 3% 以上，如采用条形码扫描输入，除非条形码的印刷本身有差错，否则不会出错。因此，目前自动分拣系统主要采用条形码技术来识别货物。

（3）无人化。建立自动分拣系统的目的之一就是为减少人员的使用，减轻员工的劳动强度，提高人员的使用效率。因此，自动分拣系统能最大限度地减少人员的使用，基本做到无人化。

分拣作业本身并不需要使用人员，人员的使用仅局限于：人工控制分拣系统运行；自动分拣系统的经营、管理与维护中；分拣线末端由人工将分拣出来的货物进行装车等；送货车辆抵达自动分拣线的进货端时由人工接货。

三、自动分拣系统的优势

自动分拣系统之所以能够在现代化物流得到广泛应用，是因为该系统具有以下优势：

（1）自动化分拣。分拣系统应用于设备中，可控制设备自动化分拣货物，不需要人工分拣。自动化分拣为企业减少了很多劳动成本，同时也加快了企业的工作进度，让企业更方便地管理存储货物。另外，企业也不需要花费更多的时间在分拣工作上，可以将精力放置在其他工作上。

（2）数据存储。自动分拣系统在工作的时候可以存储数据，而这些数据都存储在系统中。数据存储主要是确保货物分拣正确，能保证分拣的货物不丢失。人工分拣货物的时候，常常会出现分拣错误，或者是出现货物丢失的情况，导致分拣工作出现各种各样的问题。因此，自动分拣系统数据存储能有效避免这样的问题。

（3）货物安全。使用设备分拣货物，能确保货物分拣安全，同时也能保证货物分拣正确。然而，人工分拣货物的话，会出现各种问题，尤其是货物安全无法保证。

（4）分拣效率高。分拣效率高是系统应用的最大优势，使用分拣系统的企业就能实现高效分拣。

四、自动分拣系统的类型

自动分拣系统是工厂自动化立体仓库及物流配送中心对物流进行分类、整理的关键设备之一，通过应用分拣系统可实现物流中心准确、快捷的工作。因此，在快递行业它被誉为"智能机器手"。那么，自动分拣系统有以下几种类型。

（1）交叉带分拣机。交叉带分拣机有很多种型式，比较普遍的为一车双带式，即一辆小车上面有两段垂直的皮带，既可以每段皮带上搬送一个包裹，也可以两段皮带合起来搬送一个包裹。在两段皮带合起来搬送一个包裹的情况下，可以通过在分拣机两段皮带方向的预动作，使包裹的方向与分拣方向相一致，以减少格口的间距要求。交叉带分拣机的优点就是噪声低、可分拣货物的范围广，通过双边供包及格口优化可以实现单台最大能力约 2 万件 /h；但缺点也是比较明显的，即造价比较昂贵、维护费用高，如图 9-18 所示。

图 9-18　交叉带分拣机

（2）翻盘式分拣机。翻盘式分拣机是通过托盘倾翻的方式将包裹分拣出去，该分拣机在快递行业也有应用，但更多的是应用在机场行李分拣领域。最大能力可以达到 1.2 万件 /h。标准翻盘式分拣机由木托盘、倾翻装置、底部框架组成，倾翻分为机械倾翻及电动倾翻两种，如图 9-19 所示。

（3）滑块式分拣机。滑块式分拣机是一种特殊形式的条板输送机。输送机的表面由金属条板或管子构成，

图 9-19　翻盘式分拣机

如竹席状，而在每个条板或管子上有一枚用硬质材料制成的导向滑块，能沿条板作横向滑动。平时滑块停止在输送机的侧边，滑块的下部有销子与条板下导向杆连接，通过计算机控制，当被分拣的货物到达指定道口时，控制器使导向滑块有序地自动向输送机的对面一侧滑动，把货物推入分拣道口，从而商品就被引出主输送机。这种方式是将商品侧向逐渐推出，并不冲击商品，故商品不容易损伤，它对分拣商品的形状和大小适用范围较广，是目前国外一种最新型的高速分拣机。

滑块式分拣机是在快递行业应用非常多的一种分拣机。滑块式分拣机是一种非常可靠的分拣机，故障率非常低，在大的配送中心，如 UPS 的路易斯维尔，就使用了大量的滑块式分拣机来完成预分拣及最终分拣。滑块式分拣机可以多台交叉重叠起来使用，以满足单一滑块式分拣机无法达到能力要求的目的，如图 9-20 所示。

图 9-20　滑块式分拣机

（4）挡板式分拣机。挡板式分拣机是利用一个挡板（挡杆）挡住在输送机上向前移动的商品，将商品引导到一侧的滑道排出。挡板的另一种形式是挡板一端作为支点，可作旋转。当挡板动作时，像一堵墙似的挡住商品向前移动，利用输送机对商品的摩擦力推动，使商品沿着挡板表面移动，从主输送机上排出至滑道。平时挡板处于主输送机一侧，可让商品继续前移；如挡板做横向移动或旋转，则商品就排向滑道。挡板一般是安装在输送机的两侧，与输送机上平面不相接触，即使在操作时也只接触商品而不触及输送机的输送表面。因此，它对大多数形式的输送机都适用。就挡板本身而言，也有不同形式，如有直线形、曲线形，也有的在挡板工作面上装有滚筒或光滑的塑料材料，以减少摩擦阻力，如图 9-21 所示。

（5）胶带浮出式分拣机。胶带浮出式分拣机用于辊筒式主输送机上，将有动力驱动的两条或多条胶带或单个链条横向安装在主输送辊筒之间的下方。当分拣机结构接受指令启动时，胶带或链条向上提升，接触商品底部会把商品托起，并将其向主输送机一侧移出，如图 9-22 所示。

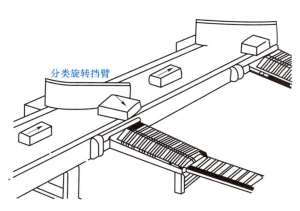

图 9-21 挡板式分拣机

图 9-22 胶带浮出式分拣机

（6）辊筒浮出式分拣机。辊筒浮出式分拣机用于辊筒式或链条式的主输送机上，将一个或数个有动力的斜向辊筒安装在主输送机表面下方，当分拣机构启动时，斜向辊筒向上浮起，接触商品底部，将商品斜向移出主输送机。这种上浮式分拣机有一种是采用一排能向左或向右旋转的辊筒，以气动提升，可将商品向左或向右排出，如图 9-23 所示。

（7）条板倾斜式分拣机。条板倾斜式分拣机是一种特殊形式的条板输送机，商品装载在输送机的条板上，当商品行走到需要分拣的位置时，条板的一端自动升起，使条板倾斜，从而将商品移离主输送机。商品占用的条板数量随不同商品的长度而定，经占用的条板数如同一个单元，同时倾斜，因此，这种分拣机对商品的长度在一定范围内不受限制，如图 9-24 所示。

图 9-23 辊筒浮出式分拣机

图 9-24 条板倾斜式分拣机

以上就是自动分拣系统的各种类型，根据它的分类，不难看出，每种分拣机都有自己的分拣对象，这也是各种自动分拣系统的重要区别。

五、自动分拣系统的适用条件

虽然自动分拣系统有以上诸多优点，但也不是任何仓库、任何企业都适用的。一般来说，自动分拣系统的适用条件如下：

（1）一次性投资巨大。自动分拣系统本身需要建设短则 40～50 m，长则 150～200 m 的机械传输线，还有配套的机电一体化控制系统、计算机网络及通信系统等，该系统不仅占地面积大，动辄 20 000 m² 以上，而且一般自动分拣系统都建在自动立体仓库中，这样就要建 3～4 层楼高的立体仓库，库内需要配备各种自动化的搬运设施，这丝毫不亚于建立一个现代工厂所需要的硬件投资。因此，小企业无力进行此项投资。

（2）对商品外包装要求高。自动分拣机只适用于分拣底部平坦且具有刚性的包装规则的商品。袋装商品、包装底部柔软且凹凸不平、包装容易变形易破损、超长、超薄、超重、超高、不能倾覆的商品不能使用普通的自动分拣机进行分拣。因此，为了使大部分商品都能用机械进行自动分拣，可以采用两条措施：一是推行标准化包装，使大部分商品的包装符合国家标准；二是根据所分拣的大部分商品的统一的包装特性定制特定的分拣机。但要让所有商品的供应商都执行国家的包装标准是很困难的，定制特定的分拣机又会使硬件成本上升，并且越是特别的其通用性就越差。因此，企业要根据经营品的包装情况来确定是否建或建什么样的自动分拣系统。

★ 思政要点

通过新型信息技术发展，培养学生科学的创新精神、工匠精神。

任务五　机器人分拣系统

》》》引例

5G 助力分拣机器人提高效率

5G 时代的到来，开启了万物互联的新时代，对于物流行业来说也充满了更多的可能。2018 年，圆通速递与菜鸟联手在圆通杭州转运中心打造了超级机器人分拨中心，使用 350 台机器人对快递进行分拣，高峰时期一天可以分拣 50 万件快递。这也是当时行业内平均速度最快、分拨效率最高的小件机器人分拨中心。

由于 4G 速率有限，行业内通常使用 Wi-Fi 网络调度机器人，但 Wi-Fi 网络覆盖范围小，需要频繁切换网络，存在网络不稳定及网络延时等问题，影响机器人运行效率。

而通过 5G 网络，智能分拣机器人在整个工作区内，包含在货架下方穿行，均行驶流畅，业务通顺，整个仓库运行稳定，将彻底解决传统 WiFi 方案引发的智能分拣机器人受工厂设备高频干扰、终端接入受限、网络切换失败、高速调度请求、机器人停驶等难题，提升物流仓库的整体运营效率和稳定性，同时大大降低了人工干预的成本。同时，通过接入 5G 网络的 VR 全景视频摄像头，将 5G 物流智能分拣场的监控视频画面实时回传，管理人员可实时查看全景的 VR 监控画面，大幅度降低了管理成本，提升了信息化水平。

知识储备

基于快递物流客户高效、准确的分拣需求，分拣机器人系统应运而生。通过分拣机器人系统与工业相机的快速读码及智能分拣系统相结合，可实现包裹称重、读码后的快速分拣及信息记录交互等工作。

一、机器人分拣系统的优势

机器人分拣系统作为新型自动分拣技术，最高可实现高达 15 000 件/h 的拣选效率。机器人分拣系统具备系统可拓展性、人工成本低、分拣差错率低、系统可靠性高、节能环保等优势。

二、机器人分拣系统的作业流程

分拣机器人系统可大量减少分拣过程中的人工需求，提高分拣效率及自动化程度，并大幅度提高分拣准确率。

机器人分拣系统的作业流程如下：

（1）揽件。包裹到达分拣中心后，卸货至皮带机，由工作人员控制节奏，包裹经皮带机输送至拣货区工位。

（2）放件。工人只需将包裹以面单朝上的方向放置在排队等候的自动拣货机器人上，机器人搬运包裹过龙门架进行面单扫描以读取订单信息，同时，机器人可自动完成包裹称重，该包裹的信息将直接显示并上传到控制系统中。

（3）分拣。所有分拣机器人均由后台管理系统控制和调度，并根据算法优化为每个机器人安排最优路径进行包裹投递。

例如，Geek＋的 S 系列分拣机器人在分拣作业过程中可完成互相避让及避障等功能，系统根据实时的道路运行状况尽可能地使机器人避开拥堵。当机器人运行至目的地格口时，停止运行并通过机器人上方的辊道将包裹推入格口，包裹顺着滑道落入一楼集包区域。目的地格口按照城市设置，未来随着业务量的增加，可灵活调度调节格口数量，甚至一个城市分布多格口。

（4）集包装车。集包工人打包完毕后，将包裹放上传送带，完成包裹自动装车。

小提示： 随着大数据算法的日趋完善化、快递邮件信息逐步标准化、智能控制系统集成化，分拣机器人系统已成为物流业由劳动密集型产业向批量智能化转型高度契合的产物。

> **★ 思政要点**
>
> 树立科技强国、制造强国的理想信念,为实现中国制造而奋发图强的拼搏精神。

任务六　货到人拣选系统

▶ 引例

澳大利亚首例货到人拣选系统

Blackwoods 是西农(澳大利亚最大的零售商之一)工业与安全部门最大的业务板块,在澳大利亚的工业服务领域扮演着至关重要的角色,其服务涉及开采、制造到零售,保健与教育。业务所涉产品种类广泛,每年要向客户发送多达 300 000 种不同品规的货品。

同时,Blackwoods 的客户需求多样化程度之高绝不亚于其产品品类之多。要为客户提供超群的服务,提升其满意度,必备的条件是高效与及时的配送服务。为达成此目标,Blackwoods 付出了艰辛的努力,在人员、技术与资源等各方面进行投资,尽最大努力兑现准时送达的承诺,不断完善供应链网络。

新配送中心货到人拣选方案:Blackwoods 将以前的 2 个配送中心合二为一,在悉尼西部郊区 Greystanes 建立了一座新配送中心,占地 14 000 m^2,该中心集成了德马泰克 2 代多层穿梭车及货到人订单履行系统,是澳大利亚的首例。

当系统启动订单时,料箱货品从多层穿梭车取出后,按订单需要精确排序,经巷道旁的提升机送到货到人拣选站。拣选人员按照订单要求完成拣选任务后,将订单料箱经输送线送至高层托盘区和普通货架区,在那里借助语音系统将其余的品规拣选至料箱。之后,订单料箱被送至中央输送机的卸放段和分拣系统,再分拣到相应的发货道口,检验、包装,最后发运。

整套系统作业都在德马泰克仓库控制软件的掌控中,包括货到人拣选站的物料流向,托盘拣选区与普通货架区的语音拣选作业及订单从系统流向送货区的整个流程。与 Blackwoods 的仓库管理软件无缝集成后,仓库内整个拣选作业便一目了然,为 Blackwoods 提供了系统实时作业状态及订单状态数据。

Blackwoods 新配送中心集成了复杂的 2 代多层穿梭车系统,其主要针对料箱作业,包含了两个巷道和 25 层货架。整个系统共有超 2 万个料箱货位,可存储多达 3 万多种品规货物,并以每小时 1 000 个料箱货的速度向货到人拣选站送货。

多层穿梭车的排序功能多遵循"先重后易碎"的原则,按照货品类别或其他事先设定的原则,确保高速的作业效率及订单处理率。多层穿梭车系统软件还具有自我修复功能,实行动态管理存储货位。每次从系统中取出货品后，系统对这一品规需要的频次进行评级，快物动量品规被存放至系统的前端，慢物动量品规被存放至系统的后端。

每个货到人拣选站都有拣选和补货双重目标，配置也极具灵活性。多个拣选工位配备多个拣选员，同时拣选却不会因来回奔走而相互干扰，按照不同流量，每一班次可以按需关闭拣选站。系统还提供了充足的冗余设计，任一拣选站均可实施订单，而且每个拣选站可以独立作业。作业时，系统拣选工位给出清晰、易于操作的视频指示，从而避免了人为的拣选错误。每个拣选工位可同时拣选最多 6 个订单，拣选速度高达每小时 500 次，远超出 Blackwoods 实际拣选速度（200 次/h）。

作为澳大利亚首例货到人项目，Blackwoods 配送中心创造了多个亮点。从 Blackwoods 区域总经理 Tony Pantilas 处到 Blackwoods 对货到人拣选系统投入使用后的作业效率非常满意。该中心拥有的德马泰克 2 代多层穿梭车系统拥有订单合理排序和自我修复功能，作业效率比同款 1 代提高了一倍，进一步提升了作业效率与配送中心的订单处理量。项目开始时，Blackwoods 并未将所有的货品转移到多层穿梭车系统，因此，当时货到人拣选系统的产出只占整个仓库的 25%，现在随着更多的货品转移到多层穿梭车，货到人拣选系统产出有望提升至 75%。

在 14 000 m² 的新配送中心内，Blackwoods 拥有的德马泰克货到人系统帮助其解决了巨大品规数的挑战。灵活的设计方案在实现非常高的拣选准确率的同时，也为今后预留了包括 50% 存储量和货到人拣选站在内的扩展空间，能够确保今后发展所需提升的作业效率。

多层穿梭车和货到人系统为 Blackwoods 员工提供了安全安静的工作环境，系统操作的友好、便捷使得他们对这套创新系统很感兴趣，新拣选人员只需经过 1 h 培训便能胜任工作岗位，充实了自身工作技能。

知识储备

所谓"货到人"拣选系统，简单来说，就是在物流中心的拣选作业过程中，由自动化物流系统将货物搬运至固定站点以供拣选，即货动人不动。

一、货到人拣选系统的优势

货到人拣选系统通过与输送机控制系统、自动存取系统协同工作，将货物自动输送到拣选人面前，降低拣选作业强度的同时实现高效拣选。其优势如下：

（1）提升拣选效率。货到人每小时完成 400 个左右的订单行，效率是人工拣选的 5～6 倍。

（2）提升拣选的准确性。拣选更准确，将拣选差错率控制在 0.05%，人工拣选差错率在 0.5% 左右。

（3）提高存储利用率。货到人拣选系统可以增加仓库利用率，消除人员拣选通道。

（4）减少员工作业强度。降低装卸搬运等移动作业。

二、货到人拣选系统的组成

一般货到人拣选系统主要由储存系统、输送系统、拣选工作站三大部分组成。

（1）储存系统是基础，其自动化水平决定了整个货到人拣选系统的存储能力，随着拆零拣选作业越来越多，货物存储单元也由过去的以托盘为主向纸箱/料箱发展。

（2）输送系统负责将货物自动送到拣货员面前，它需要与快速存取能力相匹配。

（3）拣选工作站完成按订单拣货，拣货人员借助电子标签、RF、称重扫描等一系列技术，提高拣货速度与准确率。

三、常见的货到人拣选系统

（1）Mini-load "货到人"解决方案。Mini-load 轻型堆垛机系统与托盘式立体仓库 AS/RS 结构相似，但存储货物单元为料箱/纸箱，因此也称为料箱式立体仓库。该系统早在 20 世纪八九十年代便已推出并在欧洲得到广泛应用，目前技术相对成熟。由于堆垛机的货叉和载货台形式多达数种，Mini-load 系统具有广泛的适应性，是最重要的"货到人"拆零拣选方案之一。

目前，国内外多家物流装备企业均可提供 Mini-load 轻型堆垛机系统，堆垛机运行速度普遍能达到 300 m/min，部分产品能达到 360 m/min 及以上。

在技术创新方面，Robot Mini-load 智能快存系统是一个典型代表。2016 年"双 11"期间，Robot Mini-load 智能快存系统凭借其高效率、低成本、便于维护等特点受到业内普遍关注。

该系统由德马与菜鸟网络联合打造，包括机器人料箱暂存系统、3D 自动识别拣选机器人、智能分拣机器人，并配备德马最新一代高模组化输送系统。整个系统在无人操作环境下自行完成整箱入库、缓存、取货出库、拆拣选、货物分拣、输送出库的整个作业流程。

（2）穿梭车"货到人"解决方案。穿梭车系统以能耗低、效率高、灵活等突出优势成为"货到人"拆零拣选的最佳方式，近两年得到快速发展和大范围应用。

穿梭车系统根据作业对象的不同主要可分为托盘式穿梭车系统和箱式穿梭车系统。前者主要用于密集存储；后者则用于"货到人"拣选。箱式穿梭车系统包括收货系统、货架及轨道、穿梭车、提升机等组成的储存与搬运系统，拣选与包装工作站和输送系统等发货系统主要有以下几种形式：

① 多层穿梭车系统。随着多层穿梭车系统技术的不断成熟，拆零拣选作业需求的增加和作业难度的加大，近两年多层穿梭车系统得到了大量的应用，是高速存储拣选解决方案的典型代表。多层穿梭车系统作业效率非常高，拣货效率是传统作业方式的 5～8 倍，一般可以达到 1 000 次/h 以上，同时，还可以大量节省人力成本。因此，多层穿梭车非常适用于电商等拆零拣选需求巨大的行业。

② 四向穿梭车系统。随着物流中心业务类型的多样化、复杂化，四向穿梭车作为新的

自动化存储技术逐渐走进人们的视野。从某种意义上说，四向穿梭车系统是多层穿梭车系统的升级，可以多向行驶，跨巷道高效、灵活地作业，并且可以充分利用空间。同时，还可以按照作业流量来配置小车量，减少设备能力的浪费，穿梭车与提升机的配合也更加灵活、柔性。近年来，越来越多的四向穿梭车项目得到成功应用。

四向穿梭车系统也正在不断被创新，如凯乐士推出的 A-Frame 拣选型四向穿梭车系统，其原理如同摘果式拣选系统，一台 A-Frame 穿梭车相当于一个拣货工人，在一个作业循环内可以完成一个订单的多个订单行的拣选而且运行速度更快，达到 5 m/s；同时借助精确定位技术，节省了找货的时间；拣选动作也更快捷。

由于四向穿梭车系统的能力可以线性调节，因此，其适合的行业范围非常广，如图书馆等流量较低、出货效率要求较高的行业；电商等高流量、高储量行业；以及制造业线边物流等。

③子母穿梭车系统。子母穿梭车系统由穿梭子车、穿梭母车、行走轨道、巷道货架、垂直提升机、输送系统、自动控制系统、仓储控制系统、仓储管理软件等组成。其原理为穿梭母车在货架主巷道内行驶，完成 X 方向的运动，到达特定支巷道时释放穿梭子车并继续在 X 方向运动，穿梭子车完成 Y 方向的运动，从而节约拣选时间，加快作业速度，使用方便、灵活、效率高。子母穿梭车系统为全自动密集式仓储，对仓库空间的要求较低，以实现非连续楼层、多区域布局的全自动化存储。

（3）类 Kiva 机器人"货到人"解决方案。从市场热度来看，随着亚马逊 Kiva 机器人的大规模应用，类 Kiva 机器人（也称为智能仓储机器人）得到越来越多的关注和追捧。该系统高度自动化，可以大幅度替代人工；项目实施速度快，交付周期短；更重要的是灵活性非常强，易于扩展，常适用于 SKU 量大、商品数量多、有多品规订单的场景。目前，类 Kiva 机器人系统在电商、商超零售、医药、快递等多个行业实现了成功应用。

正是由于该系统具有的诸多优点，使得越来越多的企业进入该行业并对产品进行创新。例如，自动跟随机器人（行业内无标准叫法），或者订单到人拣选解决方案，即机器人跟随拣货人员完成拣货，并搬运订单商品。此外，还有一种方式，即以机器人替代人进行长距离的行走，拣选人员只在局部区域内行走完成拣货。

（4）AutoStore "货到人"解决方案。AutoStore 系统是由 Swisslog 针对中小件商品存储拣选而推出的"货到人"解决方案，将货物放到标准料箱里面，通过料箱堆叠的方式进行存储，可以有效利用仓库上部空间，在很小的空间内实现高密度存储。

AutoStore 系统还可以将高流动量的商品分配在离拣选站台更近的区域存储，低流动量的商品分配在远离拣选站台区域进行存储，从而实现拣选率的最优。商品的属性会随着正常拣选作业的触发频率慢慢地分化出来，而实现动态存储，提高拣选效率。

（5）旋转货架"货到人"解决方案。旋转货架系统与 Mini-load 系统一样，均是非常成熟的货到人拣选解决方案，适合存储小件商品。随着对旋转货架系统的技术创新，其效率得到了大幅度提高。

例如，南京苏宁云仓采用胜斐迩的 SCS 旋转货架货到人系统，可以实现每个拣选工作站每小时 500～600 个订单行的拣选效率。另外，旋转货架系统还具备高密度存储功能，可以实现自动存储、自盘点、自动补货、自动排序缓存等一系列分拣动作。

例如，鲸仓科技也利用回转式货架原理推出了一套兼具密集存储和"货到人"拣选功能的自动货架系统。即驱动货品向拣选面流转，当订单商品到达拣选口时，系统自动识别停止运转的设备，拣货员看到灯光提示即过去拣货。该系统可以实现货品边进边出。值得一提的是，该系统用更加柔性的工作面替代拣选工作台，如此一来可以在订单高峰期为临时增加的工人预留足够多的操作界面。尽管该系统单次拣选效率不高，但是非常适用于大型、SKU 数量多的场景，如电商仓库等。

四、选择货到人拣选系统的策略

一般来说，企业选择"货到人"解决方案的目的主要有两点：一是提高物流作业效率；二是降低物流作业成本。

企业在选择适合的解决方案之前，应注意以下几个要点：

（1）要对自身的业务类型特点及需求有非常明确的认识；

（2）要平衡好效率与成本之间的关系；

（3）要准确预测未来几年公司的业务量变化情况。

▶ **思政要点**

培养学生勇于探索、勇于创新的科学精神与匠人精神。

任务七 语音自动化拣选系统

▶ **引例**

语音拣选＋全程信息化，打造大东鞋业高品质物流管理

大东鞋业拥有一支专业的研发团队，不断攀升的销售业绩与数量庞大的 SKU 对大东鞋业的仓储物流水平提出了更高的要求。为应对电商促销与实体店铺多种类型的订单需求，大东鞋业积极采用北京普罗格科技股份有限公司（以下简称"普罗格"）解决方案，配合普罗格相应规划设计，引入语音拣选系统及穿戴式设备，以解决人工拣选鞋类货品效率低、差错多、出货慢等问题，应对各类个性化订单需求。

大东鞋业物流中心的整体布局设计基于"楼层库存储拣选、平面库整理复核"的设计思想，采用整零分离的存拣模式，引入普罗格信息化管理系统，改变现有的多品订单处理模式，应用语音拣选系统及配套穿戴设备，并适当采用输送分拣设备，同时，为应对电商峰值作业制定了相应的处理机制，以提升物流中心的整体作业效率。

优化效果在作业流程中体现较为显著的主要是入库、拣选、分拣及市场退货。作业人员在入库验收前已通过管理系统预知货品信息，并依据该信息准备验收所需资源。验收时，将货品按出入库不同规律分为三类，分别搬运至不同区域上架存储，以便于拣选人员根据不同订单分区域作业。

拣选环节则是全面应用了语音拣选系统及配套穿戴设备，拣货员按照佩戴规范调整好拣选设备后，根据打印的分拣标签到订单商品所在区域，使用语音拣选系统及设备快速获取商品信息，在听取下一个商品位置的同时即已到达指定位置，说出校验码听取指令并执行任务即可。

传统的拣选方式需要先扫描位置，读取屏幕显示的数量，然后腾出双手放置设备才能执行任务，完成后方能读取下一个拣选位置，再走向该位置，不仅费时费力，而且操作动作较多，极易产生差错。

与之相比，语音拣选方式操作简便，易于新员工快速上岗，解放了拣货员的双眼，配套的穿戴式设备则解放双手，省去了手动输入和额外步骤，拣货员不用再分心于一单一品、一单多品、并行拣选合流等问题，操作步骤大大简化，准确度也得到有效保证。

已完成的拣选单则经过输送线由复核员与分播员按一单一品任务和一单多品任务分别确定明细，完成打包复核作业后经出库输送线进行最终分拣。有了前一环节语音拣选的准确率保障，分拣出库的作业压力也得到大大缓解，节省了大量错单核查时间，提升了包裹出库速度。

知识储备

语音拣选系统是仓储系统的一部分，是一款新型的仓储内部管理语音拣选系统（简称VPS），通常与仓储系统配套使用。

一、语音拣选系统的工作原理

语音拣选系统移动端通过耳机下达语音拣货任务，拣货人员获取任务并到达指定地点扫描旧箱号、换新箱号，通过耳麦语音回复拣货内容，直到拣货完成。

二、语音拣选系统的特点

语音拣选系统主要作为大型集团仓库的核心拣选系统工作，同时支持对多个仓库业务管理。区别于原始的拣选系统，VPS 具有以下几个特点：

（1）在恶劣的环境中提高准确的订单拣选；

（2）实现语音拣选作业高效化、实时化；

（3）加快工作速度，提高拣货效率和准确率；

（4）充分发挥语音技术的特点和优点，保证系统的科学性和优先性。

三、语音拣选系统的应用效益

语音拣选系统的应用可为企业带来以下效益：

（1）操作效率加倍提升。能够使操作人员解放双手，作业效率提升。

（2）订单错误率下降。听到正确的校验数字后，系统才会向操作员提供拣货数量，避免错误操作。

（3）培训费用低。语言拣选主要训练准确听、说，需要用到的关键词汇，操作员戴上设备就可以开始工作了。

（4）员工满意度提高。降低了劳动强度，增加了工作的趣味性，降低了工作难度，增加了工作的安全度，使其工作热情得到提高。

★ 思政要点

培养学生突破陈规、大胆探索、敢于创造的精神。

一、单项选择题

1. 下列信息技术不能加密的是（　　）。
    A. 二维条码　　　　　　　　　　B. RFID
    C. 条形码　　　　　　　　　　　D. 二维码
2. 下列物流信息技术自带防碰撞算法既能读又能写的是（　　）。
    A. RFID　　　　B. EDI　　　　C. GPS　　　　D. GIS
3. 下列不是货到人拣选系统的组成的是（　　）。
    A. 输送系统　　　　　　　　　　B. 机器拣选车
    C. 拣选工作站　　　　　　　　　D. 储存系统
4. 自动化立体仓库总体布置规划时，在货物单元尺寸确定后，货格的尺寸主要取决于货物四周需留出的净空大小和货架的结构尺寸，同时，还应结合（　　）确定货格的尺寸。
    A. 货架钢管的粗细　　　　　　　B. 空间高度的选择
    C. 空间柱体的大小　　　　　　　D. 搬运机械停车位置
5. 穿梭车、自动导引车的英文缩写是（　　）。
    A. RGV/AGV　　　　　　　　　　B. GVA/AVG
    C. CCV/AGV　　　　　　　　　　D. AGV/RGV

二、多项选择题

1. 电子标签系统的组成有（　　）。
   A. 电子标签　　　B. 读写器　　　C. 天线　　　D. 电线杆
2. 以下属于 RFID 可以解决传统条码仓库出入库管理的难点的有（　　）。
   A. 在光线条件太差的情况下，读码器无法正常扫描条码
   B. 一次只能有一个条形码可以扫描，效率低下
   C. 条形码标签容易损坏或掉落，扫描器无法辨识
   D. 条形码必须在近距离且没有物体阻挡的情况下，才可以识别
3. 货物在立体仓库内的流动形式有（　　）。
   A. 旁流式　　　　　　　　　　B. 同端出入式
   C. 贯通式　　　　　　　　　　D. 中间出入式
4. 自动分拣系统的特点有（　　）。
   A. 数量大　　　B. 误差低　　　C. 无人化　　　D. 装车快
5. 机器人分拣系统的作业流程有（　　）。
   A. 揽件　　　　B. 分拣　　　　C. 集包装车　　　D. 放件

三、简答题

1. 自动化立体仓库有哪些分类？
2. 选择自动化立体仓库需考虑的问题有哪些？
3. 自动分拣系统有哪几种类型？
4. 机器人分拣系统的优势是什么？
5. 货到人拣选系统的优势有哪些？

四、案例分析题

一汽大众汽车零部件语音排序项目——百特麦语音拣选拣货系统

一汽物流有限公司（以下简称"一汽物流"）始于 1952 年，前身是"第一汽车制造厂"筹备组运输科。公司本部位于汽车产业开发区轴齿工业园 A 区，有体系内员工 15 000 多人，设立技术部、运营部（安全部）、战略发展部、人力资源部、财务控制部、采购部、合规部、综合管理部、党群工作部、纪检监察部 10 个职能部。

一汽物流以长春为中心，下设天津、青岛、成都及佛山四大物流基地辐射全国，多个分拨中心为节点构建"三纵三横"物流网络；拥有两个主体业务板块，整车物流事业部和零部件物流事业部，具有公路、铁路、水运、空运等运输模式；分别在天津、青岛、成都、佛山、大连设有 5 个外埠全资子公司；在长春、大连、上海设有 3 个参股公司；在河北、北京、山东等地设有 9 个整车分拨中心；在吉林、北京、济南等地设有 11 个零备件办事处。

生产管理遇到的瓶颈：一汽物流仓库对于拣货任务要求非常严格，必须 24 min 完成一波拣货和处理完成所有异常，并且操作员在拣货中无法将现阶段拣货情况实时回传 FIS

系统，导致库存数据无法及时更新。在原纸单配合对讲机的拣货作业过程中没有任何的路径优化可言，从拣货开始时无法确定从哪一个库位拣货，通常只能按照打印排序号来进行顺序拣选，导致作业人员在通道来回走动拣选。除此之外，仓库对于准确率有非常严格的要求，如果拣货人员拣错零件，那么后方组装产线就会跟着出错，这对整个仓库作业来说是一项巨大的挑战。

1. 原纸单拣选的问题

（1）作业信息对接差。原FIS系统每月平均有4次无法在线，所以，就需手工进行作业保证生产，但是系统恢复以后已经手工完成的任务还会重复推送，拣货员有可能回去进行拣货，这样就会影响其他作业安排。

（2）拣货无路径优化。原纸单作业时拣货操作员需要根据顺序号来进行一个个拣货，顺序号是没有路径优化的，这样导致拣货人员在通道来回走动，花费较长时间在重复路线走动上从而导致效率低下。

（3）出库效率低。原纸单拣货由于货物需要每六个逆序叠放，如果拣错了零件需要将所有的货物重新进行排序，这样大大降低了员工的拣货效率。

（4）数据同步不及时。原纸单拣货由于不是与WMS数据同步，导致现场拣货人员情况无法与WMS实时对接，无法得到实时的库存信息，而且仓库要求24min完成一波拣货并且处理完成所有异常，这加大了仓库的拣选难度。

（5）新人培训成本高。由于原纸单拣货工人需要大量的培训才能掌握一种零件的拣选作业，换一种零件则需要重新培训一个月，轮岗成本太高，新人培训期太长，大大增加了员工培训成本。

2. 导入百特麦REP语音系统，以全面替换原有纸单作业流程

2019年，一汽物流基于提升效率与确保准确率的需要，与一汽大众产线的衔接更加顺畅，在一汽物流（佛山）基地引入了语音分拣解决方案，用于汽车零配件的备货拣选，实现与产线的实时对接，解决生产延误（由于人为失误，经常导致生产延误损失），基于纸单的信息传递延时，作业流程改善的需要，同时在行业大背景降本增效的趋势下，引入新技术、新应用，提升IT、管理与服务水平。

（1）项目目标。

①全面解决原纸单拣货作业的各种问题。

②全面替换原有纸单拣货作业方式。

③提升拣货效率、提高准确率。

④控制库内作业成本。

⑤提升新老员工工作效率，降低新老员工培训成本。

（2）项目成果。

①作业准确率达到99.99%。

②人均拣货效率提升了50%。

（3）ROI。

①计划 12 个月收回投资成本。

②百特麦语音系统解决了原纸单作业的问题。

（4）简单方便操作性。百特麦语音系统特有的多模式语音，随身小计算机带有触摸大屏，直观易操作，可以通过蓝牙耳麦与系统进行交互，百特麦特有的双引擎语音识别让操作员可以直接进行上手使用。

（5）替换原纸单拣货。在引入百特麦语音系统之前，拣货作业一直是使用纸单进行作业的，但由于原 FIS 架构导致流程和作业路径无法优化，没有采用最短的行走路线进行拣货，浪费不必要的时间在行走上，大大降低拣货效率。通过一汽仓库充分沟通和商讨，百特麦语音系统专门为其各个作业环节设计并固化落地了最优作业方案，自从全面引入百特麦语音系统后，大大提升了作业效率，提高了准确率，降低了员工培训成本，仓库管理层对语音应用效果非常满意。

（6）硬件通用性。百特麦语音硬件可以不需要专用的硬件，利用 PDA 就能应用语音系统。解放员工的双手和双眼，让员工的工作更加轻松、自在，工作效率更高。

（7）网络兼容性。面对仓库复杂的网络环境，百特麦语音系统具有独特的数据传输模块，在获取相应任务数据后，即使中途网络中断也不会影响作业，系统无卡顿，作业过程顺畅。

（8）标准化。百特麦语音系统将最佳的工作经验固化在系统流程中，工人只需要严格按照系统设定的流程执行而无须判断，避免工人因判断失误而产生的差错，短期内就能缩小新老员工的差距。

（9）作业安全性。百特麦语音系统相比原纸单作业方式，能让工人解放双手，用双手拣货安全性更高，能让工人解放双眼视野更加开阔，减少事故发生率。设备装在腰包中佩戴在工人身上，降低硬件设备损坏风险。

（10）人员安排灵活性。当作业区域由于任务量差异导致人手不足时，现场主管可调拨其他区域多余人手或调配其他作业人手，百特麦特有的双引擎语音识别，可使工人到岗后立即使用设备进行作业。

3. 百特麦语音解决方案的成果

（1）项目成果。

①作业准确率达到 100%。

②拣货效率提升了 50% 以上，仓库整体作业效率提升 40% 以上。

③缩短培训时间，同时提升员工有效工作时间。

④一次拣选即可分播，优化拣选流程，减少行走路径。

⑤工作统计为管理层对拣选员进行绩效考核提供依据。

（2）百特麦 REP 穿戴式语音系统导入后的成效。

①准确率提高。语音软件要求确认产品的校验码，才能发出拣选指令，操作员根据语

音提示确认拣选什么物品，拣选多少件，有效地避免了错拣、乱拣的现象。通过语音指令指导操作员到指定的位置拣选产品后，操作员会先向系统读出产品校验码，以确认拣选的产品正确无误，符合客户的需求；当操作员读取的校验码与后台系统数据不相符时，系统将提示产品有误，从而有效地避免误差，提高了员工分拣的准确率。另外，语音软件不仅提高了准确率，同时也规范了拣选的作业流程，使员工更加规范地进行作业，不增加员工的个人行为，保证了拣选作业的一致性和统一性。

②出货速度加快。使用语音软件只需要用耳朵听就好，双手可以很自在地去搬运拣选的货物。由于解放了员工的双手（不需要拿纸质拣货单和书写）和双眼（不需看纸张），让员工的工作更加轻松、自在，工作效率也相应地得到了大幅度的提升。语音软件导入前，需要人工排单，拣选效率低，且错误率较高。语音导入后，不仅优化了拣选流程，同时减少了行走路径，提升了拣选效率。批次拣选是一次拣选多个拣货任务，每个任务对应一个拣选车上的位置，先拣取商品总数量再根据每个任务所要数量分播到对应的位置中，分播的同时进行校验，保证了准确性。

③操作性加强。新员工的培训只需半天，即可实现独立作业（录制模板 15 min，拣选练习 2 h）。根据一汽物流实际作业情况，甚至可以达到新老员工工作效率基本持平的效果，员工对于穿戴式语音软件的反馈良好，不仅工作效率提高了，工作起来也更为轻松、容易。如此一来，在有效降低员工培训成本的同时，也提升了员工的有效工作时间。

④优化了拣货路径。语音系统导入前，仓库的货架布局是两排货架共用一个通道，但每排货架标识为一个独立的通道。库位编号的编排都是从小到大，相邻通道没有实现 U 形。同通道内的拣货是一边货架拣完再折返拣另一边。这样不仅增加了行走路径，使效率也大大降低。

语音系统导入后，在当前仓库布局的基础上进行了优化。体现在两排货架为同一通道，通道内是 Z 字形向前拣货，两通道间为 U 形（从一个通道的开始端到末端，又从另一通道的末端到开始端）。这样不仅减少了行走路径，而且使效率得到更大的提升。

⑤数据统计和绩效管理。语音系统根据员工的作业数据，能按定义时间段生成各种作业对应的统计数据（图表），员工效率、员工作业量、库区作业量等都能一目了然，及时掌握和帮助管理人员及时做出应对。同时，员工效率数据为薪酬体制提供了数据基础，绩效管理变得更加轻松。

⑥实时操作和实时管理。与指令完成情况的准确追踪，使管理者能够对每个员工的操作信息实时掌控。相比原纸单拣货，管理者能更准确地了解完成日常订单所需的人力需求，每项操作的广泛信息更是他们做好指导的得力工具。

⑦展望未来。信念决定作为，奋斗创造未来。面向"十三五"发展，一汽物流将建立一套基于互联网、云存储的网络智能运营系统，以物流信息系统为中枢，借助公铁水综合运输体系的高效运行，搭建"O2O"运营模式，为客户提供一体化、全价值链的汽车物流

服务。百特麦语音系统在一汽物流（佛山）基地的应用将进一步助力其提升库内管理水平，相信将来一汽物流将在更多仓库使用和上线百特麦语音系统。

【辩证性思考】

1．百特麦语音系统解决了一汽物流有限公司的哪些问题？
2．在本案例中，语音系统体现了哪些优势？

智能仓储的软件系统

　　智能仓储体系的一个最大特点就是多功能集成,除传统的库存管理外,还要实现对流通中货物的检验、识别、计量、保管、加工及集散等功能,而这些功能得以顺利实现,都依赖于智能仓储软件管理系统。

教学目标

知识目标:
1. 了解 WMS 智能仓储管理系统的意义及其选购时要注意的事项;
2. 了解 WCS 仓储控制系统的工作原理;
3. 熟知 RFID 仓储管理系统的架构、软件结构;
4. 熟知 WMS 智能仓储管理系统和供应链系统的区别;
5. 掌握 RFID 仓储管理系统的组成、特点、优势;
6. 掌握 WMS 智能仓储管理系统的功能和优势;
7. 掌握 WCS 仓储控制系统的功能。

能力目标:
能够在适宜的条件下,运用智能仓储软件系统。

素养目标:
在技术需求的前提下,提升信息素养。

思维导图

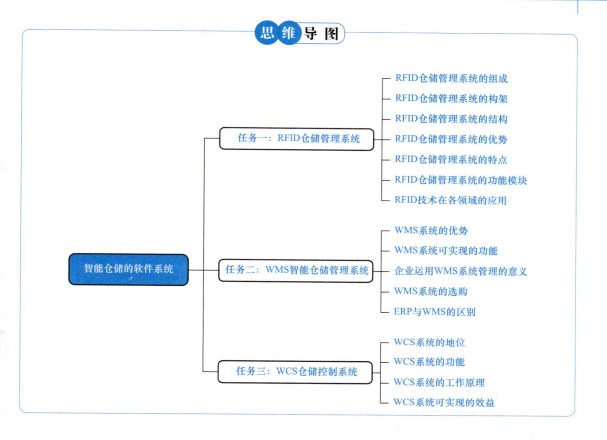

任务一　RFID 仓储管理系统

引例

酒店中的 RFID

在经济转型与消费升级的大背景下，旅游业、酒店业蓬勃发展，建立信息化管理系统是提升酒店的竞争实力的有效方式之一，酒店的物资管理又是其中重要的一环，传统酒店业对于仓库管理的意识相对薄弱。通过某酒店客户使用仓库管理软件案例的介绍来说明酒店仓库管理软件的价值与应用。传统酒店业仓库管理普遍存在如下问题：

（1）数据录入错误频出。酒店仓库物资作业纯粹依赖工作人员进行手工录入，存在着数据录入错误的问题。

（2）数据同步无法实时更新。酒店仓库管理所面对的数据量是非常巨大的，而整个酒店行业所需要的是快速响应，数据信息上的无法同步会拖累整个系统的运作速度。

（3）库存物资保管难度大。普遍缺乏有效方法，对物资进行全面的安全监控。

基于 RFID 技术的酒店仓库管理软件，是对新一代信息技术的高度集成和综合运用，能有效解决酒店业存在的仓储管理问题。用该酒店仓库管理软件案例来介绍软件的价值与管理流程。

（1）利用 RFID 采集数据进行入库管理，可以有两种方式：第一种方式，利用桌面式发卡器进行 RFID 标签信息的录入，然后将标签贴在货物上；第二种方式，利用 RFID 手持终端进行 RFID 标签写入及读取操作。

（2）利用 RFID 手持终端对要出库的货物扫描进行数据采集，进行出库管理。被采集的数据通过网络传输到后台数据库，进行数据的同步和更新。

（3）利用 RFID 手持终端快速地实现盘点管理，并与数据库中的信息进行比对，供给盘点工作人员核查。

（4）查看库存信息状态，包括入库、出库、库存信息的管理及各种条件的库存信息查询。

（5）通过 RFID 技术可以将整个仓库作业中的数据全部采集起来，并进行大数据分析，得出管理者需要的数据，根据结果找出问题进行调整，提升酒店仓库管理能力。

知识储备

仓储管理系统是一个基于 RFID 识别技术为货物识别追踪、管理和查验货物信息的平台。其中，追踪主要包括配送需求、货物送货、货物入库和配送超时等功能模块。该系统将先进的 RFID 识别技术和计算机的数据库管理查询相结合，自动识别货物信息，实现企业物流运作的自动化、信息化、智能化的需求，同时，实现 RFID 技术与企业信息化体系的无缝对接，确保 RFID 技术在企业物流作业中发挥最大的效益。

一、RFID 仓储管理系统的组成

RFID 仓储管理系统采用 B/S ＋ C/S 结构，由数据追溯平台（B/S）和手持客户端程序（C/S）两部分组成。其中，数据追溯平台具有管理与企业 ERP 系统数据对接、客户端数据接口支持和追溯信息查看等功能。

客户端程序根据软件使用环境可分为以下两种：

（1）手持客户端（WinCE 系统），有收货、上架、拣货、盘点等功能；

（2）PC 客户端（Window 系统），有标签初始化、发货等功能。

二、RFID 仓储管理系统的构架

RFID 仓储管理系统设计采用以下三层构架：

（1）信息采集层。通过发卡贴标，将新购置货物配备 RFID 标签，标签的唯一 ID 号或用户编写的编码可对货物进行标识。读写器可自动化采集标签信息，从而实现货物的信息采集功能。

（2）数据传输层。RFID 读写器采集到的货物标签信息，可通过相关通信接口传输至后台系统进行分析，其传输的通信接口可根据用户需求进行选择，如可选择 RS-485、RS-232、以太网、WiFi 或 GPRS（通用分组无线服务技术）等。

（3）货物管理层。PC 终端或后台数据中心收到读写器的数据后，对数据进行分析，从而判断货物出库、入库、移库、盘点等流程，同时生成相应的报表明细单，并在系统中做相应的处理。

三、RFID 仓储管理系统的结构

RFID 仓储管理系统硬件主要由 RFID 标签、固定式读写器、手持式读写器、服务器、个人计算机等组成，通过网络实现相互连接和数据交换。

RFID 仓储管理系统软件由供应链管理系统、RFID 标签发行系统和 RFID 标签识别采集系统组成，这几个系统互相联系，共同完成物品管理的各个流程。后台数据库管理系统是整个系统的核心，RFID 识别采集是实现管理功能的基础和手段。

RFID 仓储管理系统软件有以下三个结构：

（1）供应链管理系统。供应链管理系统由数据库服务器和管理终端组成，是系统的数据中心，负责与读写器的数据通信，将读写器上传的数据转换并插入供应链仓储管理系统的数据库中，对标签管理信息、发行标签和采集标签信息集中进行储存和处理。

（2）RFID 标签发行系统。RFID 标签发行系统由发卡机和标签信息管理软件组成，负责完成库位标签、物品标签、包装箱标签的信息写入和标签 ID 号的更改、授权与加密等。标签信息管理软件嵌入在后台系统中，实现与供应链系统中的一一对应。

（3）RFID 标签采集系统。RFID 标签采集系统由读写器、手持机和标签等组成。读写器和手持机自动识别物品上的标签信息，并将信息发送给后台系统进行分析和整理，从而判断物品入库、出库、调拨和维修流程等。

四、RFID 仓储管理系统的优势

RFID 仓储管理系统对企业物流货品进行智能化、信息化管理，实现自动发送配送需求信息、实时跟踪货品送货情况、自动记录货品入库信息、系统自动报警和与 WMS 系统实时对接等功能。具体来说，RFID 仓储管理系统有以下五大优势：

（1）出入库自动化。不再需要各种单据交接货品，不再需要补录出入库信息。RFID 智能仓储系统能自动查询货品信息、自动提交出入库信息、全程实时反映现场作业。

（2）高效理货。不必考虑是否记住库位存货，不必考虑物品移动后查找困难，智能仓储系统可以快速查询各自库位上的货品信息，快速提交货品变化信息，彻底解决理货难题。

（3）精准盘点。不需要打印纸质文件，不必记载货品信息，不必手动汇总库存，智能仓储管理系统能自动汇总盘点。

（4）自动识别。库位信息、货品信息是智能仓储管理系统快速抓取仓储管理信息的根基，精准高效。

（5）标准化流程。标准化流程包括出入库流程及库房内部的管理流程，仓储管理无盲区，能大大提升作业效率。

五、RFID 仓储管理系统的特点

RFID 仓储管理系统全面支持多仓库管理要求，能够通过一套系统快速实现对分布于全国的仓库网络进行集中管理，并有效地为大量不同的仓库提供差异化物流与供应链管理服务。相关仓库间可以实现联动作业，以构建一体化的库存服务体系，集中部署，全局视角，对各类业务可以全局掌握和局部协调，可以实时查看分析、统计报表。具体来说，RFID 仓储管理系统具有以下四大特点：

（1）实现货物的先进先出管理。RFID 仓储管理系统利用先进的 RFID 技术、无线局域网、数据库等先进技术，将整个仓库管理与射频识别技术相结合，能够高效地完成各种业务操作，改进仓库管理，提升效率及价值。对于每一批入库的货物，其入库时间、存放货位等信息均由系统自动记录，当货物出库时，就可在此基础上实现货物的先进先出管理。

（2）仓库库存实时化管理。原始仓库的库存管理依靠手工报表、人工统计的方式来实现，导致各个部门间无法及时确切地了解库存信息。此外，随着业务的发展，日进出货物数量、品种逐步扩大，客户需求也日趋复杂，能否实现仓库库存的实时化管理已经成了影响建立快速、高效的运营体系的重要因素。RFID 仓储管理系统可以实时、准确地掌握仓库的库存情况，为各级领导和相关部门优化库存、生产经营决策提供科学的依据。

（3）缩减盘点周期、降低配送成本。传统的仓库盘点是一件费时费力的事情。RFID 仓储管理系统，可以缩减仓库盘点周期、提高数据实时性、实时动态掌握库存情况、实现对库存物品的可视化管理，提高拣选与分发过程的效率与准确率，并加快配送的速度，解放工人劳动力。

（4）先进的 RFID 数据采集作业。系统采用先进的 RFID 数据采集作业方式，可实现在仓库管理系统中各个关键作业环节：入库、出库、盘点、定位中数据的快速准确地采集，确保企业及时准确地掌握库存的真实数据，为企业决策提供有效依据。

六、RFID 仓储管理系统的功能模块

RFID 仓储管理系统由发卡贴标、入库管理、出库管理、调拨移位、库存盘点和附加功能组成。入库管理系统包含库位分配设置、卸货物品识别、入库记录管理。出库管理系统包含出库货物申领、出库货物识别、出库记录下传。

（1）发卡贴标。对新购置的货物进行贴标的操作，使其配备电子标签。标签的唯一 ID 号或用户写入数据可作为货物的标识码，其数据用于记录货物名称、购入时间、所属仓

库、货物属性等信息。当安装在各个通道的读写器识别到标签时便可自动获取货物的所有信息。

（2）入库管理。首先，对需要入库货物在系统上安排库位，如货物属于哪类，需要放置在哪个仓库、哪个货架；其次，将所有已贴有标签的物品放到待入库区，从出入通道运入仓库内，当经过通道时，RFID读写器会自动识别标签信息，若读写器识别的标签信息及数量正确则入库，若读写器识别的标签信息错误或数量少时，系统则进行提示；在入库时操作人员根据标签信息和系统提示可以准确地将货物存放到相应的仓库区域，同时，系统将自动更新物品信息（日期、材料、类别、数量等），并形成入库单明细。

（3）出库管理。货物出库，需在计算机上填写需要出库物品申请单；仓库管理人员接到出库单后通过手持机或查询服务器找出相应物品，并将货物放置待出库区域；将贴有电子标签的待出库货物通过进出通道被读写器识别后再进行装车；出通道读写器将识别到的电子标签信息与出库申请单核对，确认装车货物是否一致，若不一致时则重复识别或补充缺货；系统自动更新物品信息（日期、材料、类别、数量等），并形成出库单明细。

（4）调拨移位。要进行调拨移库的货物通过进出通道时会被安装在通道旁的读写器所识别，读写器记录当前标签信息，并发送至后台中心，后台中心根据进出通道识别标签的先后顺序等判断其为入库、出库还是调拨等。还可以通过手持机进行货物移位的操作，当仓库管理员发现某个货物被放错位置时，可手动安放好货物，同时通过手持机更改标签信息并发送给服务器，实现快捷便利的移位功能。

（5）库存盘点。

①账账核对。通过手持机获取货位标签中的信息，将该信息与仓库管理系统中的信息进行核对，管理人员只需要拿着手持机在货位间走一遍即可完成盘点。

②账实核对。通过核对具体货物的标签信息与仓库管理系统中储存的信息进行盘点。

（6）附加功能。

①库存量预警。当库房的存量少于正常存量时，系统将提示补充存量，避免库存不足的现象。

②防盗报警。当货物被异常挪动或未经允许带出时，读写器识别的同时即向系统报警，避免货物遗失或被盗。

七、RFID技术在各领域的应用

RFID技术作为一种先进的自动识别技术，在我国已展开相关研发并投入使用。RFID技术涉及的领域众多，如信息、材料、装备、工艺等，可以拉动很多相关行业的经济增长。现就部分领域进行RFID技术应用的说明：

（1）RFID技术在仓储管理中的应用。RFID技术在货物贴标登记、货物入库、仓位自动分配、货物盘点、货物出库、仓库环境监控上都可以实时进行读取数据，完成仓储数据。

（2）RFID技术在高速公路自动收费（AV）的应用。快速的读写速度，完成车辆辨析，能让车辆快速通过，也能解决收费员贪污路费的问题。

（3）RFID 技术在火车和货运集装箱的识别应用。通过快速读写，从而确认火车的身份，监控火车的完整性，防止遗漏在铁轨上的车厢发生撞车事故，同时，能在车站将车厢重新编组。

（4）RFID 技术在超市物流领域的应用。通过 RFID 技术应用于超市，能迅速查询、调用各商品信息，能对商品的信息实时编写和对商品进行远距离的群识别；能提高顾客的支付速度，提高满意率。

（5）RFID 技术在生活中的应用。RFID 技术在生活中的应用如门禁保安、产品防伪、汽车防盗、生产线自动化等。但在我国，各类防盗系统不属于 RFID 技术的主要应用领域。

★ 思政要点

学习 RFID 技术在各个领域的应用，使学生有民族自豪感和爱国情怀。

任务二　WMS 智能仓储管理系统

》》引 例

神龙东信应用标领 WMS 实现灵活可视的仓库管理

汽配企业想要提升效率，就必须剔除传统人工带来的局限，借助信息化、数字化来降本增效。成立于 1997 年的神龙东信汽车内饰件有限公司（以下简称"神龙东信"），经过 23 年的长足发展，已成为目前国内较具规模的汽车座椅面套、汽车内饰注塑件及汽车内饰件包覆产品生产基地之一，主导产品包括汽车座椅真皮护套、真皮方向盘套、排挡套、车衣、随车资料包及辅料包等汽车零备件，主要客户为东风雪铁龙、风神汽车、日产等知名汽车公司。

在信息化时代，企业实行先进的信息化管理已经越来越普遍化，加上受疫情的影响，更加坚定了神龙东信上线 WMS 仓储管理系统的决心。标领科技凭借对汽配仓库管理的深度认知、系统研发与实施的丰富经验，成为神龙东信的系统开发商，共同打造 WMS 仓储管理系统，构筑企业现代化仓库。

神龙东信的项目负责人说："以往我们的仓库管理主要为人工＋Excel 模式，通过人工经验来判断作业的对错，对老员工依赖高，一旦某位老员工休息或请假，仓库的运营效率下降会很明显。同时当出入库作业完成后，需要员工手写记录今天的出入库情况，然后交由仓管员录入到 Excel 中，不仅效率低，数据容易混乱出错，而且管理、查询、统计麻烦，对于采购、生成、销售造成较大的影响。此外，用 Excel 来记录数据，无法做到权限控制，存在数据泄漏风险。"

"此次需要通过引入标领 WMS 仓储管理系统，实现仓库作业条码化、自动化、无纸化管理，降低对老员工经验的依赖。同时让系统精准采集数据，实时反馈至系统，减少人工手写和录入工作，从而清晰、透明、实时地呈现出仓库现场作业情况，并对产品实现初级质量追溯的管理目标，真正做到为管理所用，帮助仓库管理，提升企业管理效益。"

主要解决方案如下：

（1）基础资料支持人工建档录入和 Excel 文件导入两种方式，减轻了工作量，也方便了日后维护管理。

（2）支持物料/成品条码标签、仓位条码标签打印管理，为后续条码化管理打好基础。

（3）通过 PDA 扫描产品条码方式，根据指令完成操作，出错时 PDA 会预警，无须过多的判断，既保证效率又避免出错。

（4）通过先进先出的出库策略，让库存周转率得到提升。

（5）库存占用情况自动计算，轻松查询了解库存现状，实现库存有效预警。

（6）报表查询，快速了解仓库数据，提高仓库信息化管理水平。

此次，相信在标领 WMS 仓储管理系统的协助下，神龙东信能够打造现代化仓库管理平台，实现仓库数字化、条码化，数据精准，流程清晰，利润增长的目标。

知识储备

WMS 是仓储管理系统的缩写，是通过入库业务、出库业务、仓库调拨、库存调拨和虚仓管理等功能，对批次管理、物料对应、库存盘点、质检管理、虚仓管理和即时库存管理等功能综合运用的管理系统，有效控制并跟踪 WMS 仓库业务的物流和成本管理全过程，实现或完善企业仓储信息管理。

一、WMS 系统的优势

WMS 系统既可以独立执行库存操作，也可以实现物流仓储与企业运营、生产、采购、销售智能化集成，可为企业提供更为完整的物流管理流程和财务管理信息。具体来说，WMS 系统具有以下六大优势：

（1）数据采集及时，过程精准管理、全自动化智能导向，提高工作效率。

（2）库位精确定位管理、状态全面监控，充分利用有限仓库空间。

（3）货品上架和下架全智能，按先进先出自动分配上下架库位，避免人为错误。

（4）实时掌控库存情况，合理保持和控制企业库存。

（5）通过对批次信息的自动采集，实现了对产品生产或销售过程的可追溯性。

（6）WMS 条码管理促进公司管理模式的转变，从传统的依靠经验管理转变为依靠精确的数字分析管理，从事后管理转变为事中管理、实时管理，加速了资金周转，提升供应链响应速度，这些必将增强公司的整体竞争能力。

二、WMS 系统可实现的功能

WMS 系统能控制并跟踪仓库业务的物流和成本管理全过程，实现完善的企业仓储信息管理。该系统可以独立执行库存操作，也可与其他系统的单据和凭证等结合使用，可提供更为全面的企业业务流程和财务管理信息。基本上，此仓储管理系统可实现以下八大功能：

（1）系统可满足为 2C 业务服务的国内电商仓、海外仓、跨境进口 BBC 保税仓与为 2B 业务服务的各类仓库业务管理需要。

（2）系统可支持多仓协调管理，并针对单仓进行个性化流程配置，根据 2B、2C 业务需要，实现简单管理和精细化管理。

（3）系统可提供收货、入库、拣货、出库、库存盘点、移位等各种仓库操作功能。

（4）系统可提供多样化策略规则，实现智能分仓、智能上架、智能拣货。

（5）系统可支持自动识别技术，与自动分拣线、自动拣货小车等物流辅助设备集成，提高仓库作业自动化水平。

（6）系统指引仓库人员作业，作业效率更高，同时减少了人为差错。

（7）仓库管理模式以系统为导向，可确保库存的准备率，操作效率高，合理控制库存，提高资产利用率，降低现有操作规程和执行的难度。

（8）易于制订合理的维护计划，数据及时，成本降低，为管理者提供正确的决策依据。

三、企业运用 WMS 系统管理的意义

虽然传统中小企业的仓库管理不用建立大型全自动立体智能仓库，但是为了做好企业的后备支撑，仍然需要在管理中进行更多的标准和规范，而要达到这些目的，WMS 系统是必不可少的。具体来说，企业运用 WMS 系统进行管理具有五大意义。

（1）准确的进销存账务。通过 WMS 系统下单—作业—记账，改变传统仓库手工记账模式，有效地进行正向校验、反向核对、异常预警。通过计划生成作业任务、任务驱动仓库实际作业的模式，既在作业过程中充分保障账务和实际作业的准确性，也有效提高作业效率，最大限度减少了仓库作业对人工经验的依赖性。

（2）精细化货位管理。WMS 系统按照仓库实际情况进行合理分区，并根据存储产品的不同特性进行更加精细化、规范化的货位划分与管理，显著提高仓库整理整顿的合理性，实现整散区分等功能，使库存货品在仓库中的位置一目了然，出入库也依据库存的实际情况及系统丰富的规则策略进行智能、精准货位匹配，从而达到提高仓库利用率、资产效益有效管理等目标。

（3）标准的 SOP（标准作业程序）。仓库根据不同的类型及不同的业务场景，需要制定不同的操作 SOP，以规范仓库作业流程，减少因不规范操作带来的损失。WMS 系统可

根据系统不同的 SOP 配置相应的系统流程，以实现系统对作业的正确规范控制、指引、监督及预警，系统管理结合业务的实际情况使仓库作业更加规范化、合理化。

（4）统一规范的编码方式。条码管理是仓库自动化的基础，WMS 可以通过货品、货位、批次等进行标准的条码管理，为后续的 PDA（掌上电脑）、RFID 及其他设施设备的接入做好信息准备，进一步推进仓库实现自动化、无纸化、信息化等目标。

（5）先进先出等策略控制，优化库存结构。WMS 系统丰富的规则策略能够智能匹配最合适的库存进行分配拣货出库，进而达到仓库的库存结构优化等目的，从而协助仓库有效地进行库存结构的优化，实现仓库的最大坪效，为企业降本增效添砖加瓦。

小提示：WMS 就像一个综合的指挥中心协调驱动着整个仓库及相关的其他系统的运行，是仓库不可或缺的大脑＋神经中枢。

四、WMS 系统的选购

由于现代企业的竞争越来越大，对管理的需求也越来越高。因此，选择一款 WMS 管理软件成了现代企业的助攻"利器"。市场上的 WMS 软件供应商非常多，有些是专门从事项目开发的，而有些则是专注于研发的。因此，企业在选购 WMS 系统时，可从以下几个方面来考虑：

（1）供应商选择。任何系统都是在不断吸取各种各样客户经验的基础上，加上开发人员的辛勤努力及测试人员严格把关之后不断发展出来的。因此，企业在选择仓库管理软件系统时，要细心调查软件商的客户经验所来自的行业。

小提示：每个供应商都会有其专注的行业，最好是选择专注在仓储物流行业里一直研发的企业。

（2）需求梳理。这里，将需求分为两类：一类是企业目前在仓库管理中遇到的问题；另一类是企业存在的一些潜在性问题。

①梳理企业现有管理问题。这类问题主要是出现在具体业务管理当中，例如，收货、拣货和运输常常出错；放错储位或货物丢失，以致需要很长时间查找货物；记录方式比较落后，依然需要手工进行；存在批次跟踪和货架使用率问题；仓库空间利用率低等问题。上述问题都是在仓库管理过程中常见的现象，都是影响仓储作业效率的，梳理的时候一定要把类似的问题想好。

②梳理企业潜在问题。这类问题通常被发现于流程的优化过程中，一般通过 WMS 的系统统计不断的清晰明朗化，通过问题的不断发展与解决，如此迭代进行。对于潜在问题的梳理应当遵循立足于自身的问题、分阶段实施的原则。

（3）降低实施成本。国内 WMS 仓库管理软件服务商众多，每家服务商都各有自身的特色，同时每家服务商的定位不同，对行业的理解不同，软件优势所体现的行业也不同。因此，企业在选择软件服务商时，应该按照自身企业的实际仓库情况和费用预算进行对比。

（4）在系统正式实施之前，需要企业认识以下两点：

①管理理念有逻辑地细化，要和产品的详细设计相契合，调和技术实现上的差异，这是信息化执行实施的直接前提保障。

②在实施过程中，要不断调整员工观念，积极地与供应商不断交流，以实现有效的系统设计。

五、ERP 与 WMS 的区别

在仓储管理中，ERP 和 WMS 都常被用到。但是，有一个普遍的现象就是许多人并不清楚这两者的区别。这意味着，在选择的时候可能会面临两难的困境。同样作为仓储管理模块，WMS 仓储管理系统和 ERP 系统是不同的。

要了解 WMS 与 ERP 仓储管理的区别，首先要了解 WMS 和 ERP 究竟是什么。

WMS 是指仓储管理系统，侧重于仓库内部的管理。该系统可以独立执行库存操作，也可与其他系统的单据和凭证等结合使用，可提供更为完整全面的企业业务流程和财务管理信息。通过 WMS 仓储管理系统，可以有效处理现代物流以往信息，在很大程度上为管理层决策提供了有效支持。数据仓库技术在现代 WMS 仓储管理系统中的应用，为其功能层级的提升提供了有力的保障。

ERP 仓储管理模块是 ERP 功能中针对仓库管理的一个模块，一般和财务系统连接使用，用于核算企业的物料成本及库存情况，其主要作用集中在采购信息的辅助及事后成本的归集计算中。两者面向的管理对象相同，但功能上却有很多不同的地方。

了解了 WMS 和 ERP 的含义，就可以从以下六大方面来深入了解两者的区别：

（1）管理模式不同。WMS 强调的是过程管理，面向的是过程的控制；而 ERP 仓储管理强调的是结果管理，面向的是财务的核算。

（2）精细程度不同。WMS 利用条码技术对每个库区库位进行条码标识，上下架都需要进行扫描确认，保障每笔出入库业务的准确性，因而能实现精细的库存管理。同时，也可包容批次和唯一性管理，针对部分贵重物品或关键物料进行唯一性编码，增加物料管理的准确性。而 ERP 仓储管理系统虽然也将仓储划分库区库位，但因为没有过程的校验功能，很容易出现错放乱放的情况，导致库存管理非常凌乱，而且无法进行唯一化区别确认。

（3）管理效率不同。WMS 能够通过扫描出入库及盘点，提高工作效率和准确性。检测设备的集成不但减少了仓储人员的工作量，增加了物料质量追溯的完整性，更方便对供应商进行精细化考核。ERP 仓储管理系统虽然可以集成条码管理功能，但功能上存在缺陷，不能对其他企业的条码进行解析应用，没有和条码硬件及检测硬件的集成，导致最终无法实际应用。对于出入库、盘点、检验等业务仍需要手工输入，效率比较低下。

（4）管理能力不同。WMS 适用于品种批次多、出入库频度高、对保质期和追溯性有很高要求的仓库；ERP 仓储管理系统适用于品种批次少、出入库频率低、对保质期和追溯性要求较低的企业。

（5）硬件集成应用不同。WMS 拥有条码、输送、叉车终端、检测等设备的集成，能够实现仓库作业管理的自动化应用；ERP 仓储管理系统基本没有硬件的集成应用。

（6）拓展性不同。WMS 灵活性很高，属于在基础软件框架上的二次开发，更贴近客户的需求；ERP 仓储管理系统属于成型的软件模块，基本不支持客户化开发，不能完全贴近客户的需求。为了增强仓储管理，可以结合条码识别技术，将计算机技术和通信技术结合在一起，采用条形码对货品进行标识，经过后台应用软件及前端移动系统的无缝结合，实现管理功能。可以说，ERP 和 WMS 都给仓储企业带来了不小的便利。但是，综合来看，与 ERP 仓储管理系统相比，WMS 仓储管理系统给企业带来了更多的管理改变。因此，更多企业出于管理更加完善的需求选择 WMS。

★ 思政要点

树立工匠精神意识，并能将工匠精神中的"敬业、精益、专注"品质运用于未来的工作岗位中。

任务三　WCS 仓储控制系统

>>> 引 例

WCS 软件在堆垛机中的应用

一、在入库作业中的应用

首先，输送机系统发出入库申请，系统接收输送机系统入库请求，堆垛机到达入库口，在这个过程中又包含加速、运行、减速停止等运动，最后起升的载货台回归原位。其次，堆垛机执行关键的取货命令，需要通过伸叉、叉体到位、微升、微升到位、回叉、回叉对中等操作，直至完成整个的取货过程。在取货结束后，需及时向输送机发出取货完成的信息，以便输送机及时回归原位。然后，堆垛机运行到指定位置，对于具体的货位进行检查，确认是否有货，如果有货，就报故障。最后进行放货工作，这一过程通过伸叉、叉体到位、微降、微降到位、回叉、回叉对中等过程完成放货任务，完成放货后，堆垛机自行回归原位，保持待机状态。这就是一个完整的入库作业，通过 WCS 软件对堆垛机进行相关作业的控制，确保对整个入库过程的有效控制。

二、在出库过程中的应用

WMS 向 WCS 发送出库指令，按照其指令中的出库数量和位置，WCS 向监控系统发出出库申请，这时监控系统再向堆垛机发送指令，堆垛机按照指令进行加速、运行、减速和停止等运动到达指定的取货位置。这时，堆垛机对于指令位置的货物进行检查，如果发现没有指定的货物，则立即报故障问题，随后，进行取货作业。取货完成后，堆垛机需要运行到出库位置，在出库口较多的情况下，需要按照各个出库口的货物运输量大小进行命令，指定堆垛机将货物运往指定的出库口。到达出库口时，堆垛机向输送机系统发出卸货申请，输送机及时回复是否能够进行卸货作业，在条件允许的情况下进行卸货，堆垛机将货物放置在指定的卸货位置，完成卸货后，堆垛机恢复原位进行待机。

在这整套的入库和出库作业中，堆垛机执行的是 WCS 软件发布的指令，WCS 和监控系统共同执行对于整个堆垛机命令的监控，如果发现这一过程中出现故障和误差，及时根据系统分析给出解决方案，以确保过程的顺利。

》》》知识储备

WCS 系统，即仓储控制系统，是位于仓储管理系统（WMS）与物流设备之间的中间层，负责协调、调度底层的各种物流设备，使底层物流设备可以执行仓储系统的业务流程，并且这个过程完全按照程序预先设定的流程执行。WCS 系统是保证整个物流仓储系统正常运转的核心系统。

一、WCS 系统的地位

WCS 系统应用在仓库管理中，用于协调各种物流设备（如输送机、堆垛机、穿梭车及机器人、自动导引小车）之间的运行，采用 C/S（客户/服务器模式）架构，主要通过任务引擎和消息引擎，优化分解任务、分析执行路径，为上层系统的调度指令提供执行保障和优化，实现对各种设备系统接口的集成、统一调度和监控。

二、WCS 系统的功能

WCS 系统与上位系统对接，实现设备智能调度与控制管理，主要功能包括任务管理、设备调度、设备监控、物流监控、故障提示、运行记录等。

（1）任务管理。接收 WMS 传递的物流任务计划，并实时反馈任务状态。

（2）设备调度。协调输送系统与设备之间的运行，完成 WMS 下达的任务，并能调度输送设备回到初始位置。

（3）设备监控。实时监控与 WMS 的连接状态，监控物流设备的运行状况与任务执行情况，实现执行过程实时模拟。

（4）物流监控。物料状态的在线查询，通过设备编号来查询、显示相应的物料信息和设备信息。

（5）故障提示。设备出现故障时，点击设备图标，可以查看故障原因。

（6）运行记录。详细记录设备运行情况，包括对设备通信的记录、设备故障记录及操作记录。

三、WCS 系统的工作原理

WCS 的作用主要是通过与物流设备建立某种通信协议，协调、调度自动仓储系统中的各种物流设备。要达成这一目标，必然要与这些设备建立某种通信机制。

建立这种通信机制，首先就要解决 WCS 与底层物流设备的通信问题。解决这种通信问题的方法是要与每种设备间建立一种通信协议，就是通常所说的接口协议。通信协议是一种逻辑结构，主要包括以下三大关键点：

（1）设备通信协议。一般是由各个物流设备子系统提供，WCS 遵守。协议中描述了物流设备的基本功能、怎样使用物流设备的公开的功能接口或要求 WCS 公开的接口。

（2）标准通信协议。标准通信协议，如 TCP、UDP 等。

（3）通信硬件连接。通信硬件连接，如以太网、红外光通信、无线以太网、串口等。

其次，如果系统中的每个设备都可以自主地完成某个特定流程（设备自主的控制程序相对比较稳定，以及拥有成熟的优化算法），则 WCS 只需接受 WMS 任务发送，根据本库房作业流程的特点，制定出合理的分配策略或执行策略来发送协调指令，以减少整个系统的通信量，从而提升整个系统运行的效率和可靠性。

小提示： WCS 通常并不直接控制物流设备的动作，而只是协调多种设备的工作。因为每一个设备都有自身的控制系统，在自动化系统中最常见的就是 PLC（可编程逻辑控制器），WCS 需要和 PLC 中的控制程序通信即可。

四、WCS 系统可实现的效益

仓储控制系统软件 WCS 可实现以下四大效益：

（1）自动化管理生产线。

（2）实时监控生产线动态。

（3）自动分配 WMS 软件的生产任务。

（4）多线程处理，高效运行。

★ 思政要点

引导学生思考在把我国建设成为社会主义现代化强国的进程中，现代物流信息技术扮演着怎样的角色，培养学生的社会责任感，帮助学生建立专业自信，树立职业理想。

一、单项选择题

1. 信息技术泛指凡是能（　　）人的信息处理能力技术。

　　A．拓展　　　　　　B．优于　　　　　　C．替代　　　　　　D．改变

2. 以下是仓库管理系统的缩写的是（　　）。
   A. WMS　　　　B. MWS　　　　C. SMS　　　　D. WVS
3. 在国内，不属于 RFID 技术的主要应用领域的是（　　）。
   A. 仓储管理　　　　　　　　　　B. 各类防盗系统
   C. 高速公路自动收费　　　　　　D. 物资跟踪
4. 利用 RFID、传感器、二维码等随时随地获取物体的信息指的是（　　）。
   A. 可靠传递　　　　　　　　　　B. 互联网
   C. 全面感知　　　　　　　　　　D. 智能处理
5. 以下不属于 RFID 应用的是（　　）。
   A. 货物追踪、信息采集
   B. 驯养动物、畜牧牲口、宠物等识别管理
   C. ATM 自助取款机
   D. ETC 路桥不停车收费系统

二、多项选择题

1. RFID 仓储管理系统组成中客户端程序根据软件使用环境分为（　　）。
   A. 手持客户端　　B. PC 客户端　　C. 电视终端　　D. 视频终端
2. RFID 仓储管理系统的功能模块中库存盘点模块可以做到（　　）。
   A. 账账核对　　B. 账证核对　　C. 账面核对　　D. 账实核对
3. 下列属于 RFID 仓储管理系统软件结构的有（　　）。
   A. 供应链管理系统　　　　　　B. RFID 标签发行系统
   C. RFID 标签采集系统　　　　　D. 仓库盘点系统
4. 在进行 WMS 系统的选购时，降低实施成本要从（　　）出发。
   A. 人数使用　　　　　　　　　B. 空间大小
   C. 费用预算　　　　　　　　　D. 自身企业的实际仓库情况
5. WCS 系统的工作原理中，通信协议是一种逻辑结构，主要包括的关键点有（　　）。
   A. 设备通信协议　　　　　　　B. 标准通信协议
   C. 通信硬件连接　　　　　　　D. 端口连接器

三、简答题

1. RFID 仓储管理系统的特点有哪些？
2. RFID 仓储管理系统的功能模块有哪些？
3. ERP 和 WMS 的区别是什么？
4. WCS 系统功能有哪些？

四、案例分析题

RFID 防汛抗旱物资仓储效率改善技术

随着物联网技术的发展，基于"云"平台的远程防汛抗旱物资管理方案应运而生。防

汛抗旱物资通过加装 RFID 电子标签，不仅具备了传统的条形码标签的各种管理方式，而且能很好地满足更高的自动化要求。

本项目位于辽宁省某地级市，辖区内有 6 个防汛抗旱应急物资仓库，要求在管理中心对各仓库的应急物资通过 RFID 技术进行信息化管理，并通过云端对物资进行大数据统计、分析，最终达到高效地实现对防汛抗旱物资的远程管控和集中管理，提升防汛抗旱物资管理的效率，实时跟踪防汛抗旱物资位置信息，保证防汛抗旱物资的库存与实物相符，从而避免防汛抗旱物资的流失，提高防汛抗旱物资的管理效率的效果。同时，可以远程访问后台数据，查看各地仓库的物资情况，为防汛抗旱的决策提供有力数据支撑。

合作前客户状况及主要问题：

（1）项目需求分析。加强防汛抗旱物资实物使用管理，发挥防汛抗旱物资的最大效益，防止防汛抗旱物资的流失和闲置，提高实物管理的效率和准确性。因此，防汛抗旱物资管理系统需具备以下功能：

①系统运用无线射频识别技术（即 RFID 技术），使用 RFID 标签对防汛抗旱物资进行标识，利用手持数据采集终端完成防汛抗旱物资的日常管理和清查工作，从而高效实现对防汛抗旱物资实物生命周期和使用状态的全程跟踪，从技术上最大限度地保证了防汛抗旱物资的账实相符，进而避免防汛抗旱物资的流失，同时提高防汛抗旱物资的维护效率，实现防汛抗旱物资的信息化管理。

②系统具备的业务功能，包括防汛抗旱物资入库、移动、出库、盘点、分布、清查及防盗，系统设计的目标是实现各种管理过程的自动化，方便管理人员进行统计、查询和掌握防汛抗旱物资的实时状态及使用情况。

③系统具备统计、分析、账表、上报数据等各项功能。

④系统具备分级防汛抗旱物资管理权限。不同权限的管理人员可灵活配置其管理功能模块。

（2）项目难点。

①项目实施环境复杂，RFID 标签容易受金属等各种信号的干扰，而防汛抗旱的物资中不乏存在榔头、救生船、电机等带有金属材质的产品。

②芯片的灵敏度是 RFID 整个流程运行流畅与否的关键要素之一，如果选用的芯片灵敏度不高，在物品进出读取时就会出现漏读的情况，造成仓库数据的不准确，核对起来很麻烦。

③物品品类繁多，进出仓库方式不能统一，这些对读取都会产生一定的影响。

④RFID 通道设备管理物资进出，对设备工作效率要求极高，必须又快又准，准确率需达到 99.99% 以上。

⑤RFID 手持机设备，在查找物品中锁定读取范围，需要准确无误的读取。另外，需要设备能灵活移动在各区域调配使用盘点查找物资。

⑥数据与云平台对接，系统和云平台的其他系统联动交互。

实施方案：

系统对数十万防汛抗旱物资中的每种物资均建立电子档案，并对物资进行全生命周期管理，每个物资均与 RFID 电子标签进行了绑定。

系统采用 CS 架构，通过客户端对下辖的各防汛抗旱分站点的物资进行统筹管理，每个物资的进出都需要通过系统进行操作，确保账物一致。

在日常物资管理工作中，管理人员可通过移动 RFID 手持机对物资进行盘点、查询、出库、入库、移库、数据修改、报废等各种操作，数据可通过 WiFi、4G 实时与云端数据库保持同步。

在每个站点均安装 RFID 通道机，通过检测数据库中的授权状态情况来防止非法移动物品，如在计划外未经授权检测到物品移动，系统会进行报警提示，并联动视频设备立即进行现场查验。

管理人员可通过手机 App 对系统中所有的操作进行实时监察，并通过数据统计与分析功能为管理决策提供依据。

（1）入库流程。采购的防汛抗旱物品，先将相关数据录入系统，通过标签读卡器定义标签信息，绑定相关物资信息内容，存入后台数据库。然后，仓库管理员根据实际情况，在相应物品上贴上 RFID 标签。

入库时，货仓入口处装有的阅读器读取 RFID 信息，并将所读取货物信息核实无误之后，传入到后台管理系统数据库。

（2）出库流程。防汛指挥部门系统提交物资申请，各地仓库管理人员根据需求部门的物资清单，在系统中建立一个出库订单，仓库管理人员拿到相应货物。

出库时，货仓出口处装有的阅读器读取 RFID 信息，并将所读取货物信息核实无误之后，传入到后台管理系统数据库。待物资管理人员核实后，审核确认出库。

（3）手持机盘点、查找。对于一些常规的物资仓库，仓库管理人员可以通过手持机来进行库存的盘点。首先，通过系统下达一个盘点的订单，如在手持机 App 上选择这个订单；然后，在仓库里面扫描相应的物品标签，将盘存结果和数据信息进行比对，核实无误上传后台数据库，更新库存信息。

查找特定物品，只需输入物品编号，在仓库里面扫描，到了该物资附近，设备上的信号就会增强，提示离货物很近。

（4）异常处理（报警及报废提醒）。当仓库没有进行出库入库操作时，点击设备监控按钮，开启监控状态，软件要保持开启状态。

监控产生的异常记录会在资产异常记录中生成（显示红色），并且会有语音提示异常资产的名称。如不想语音提示需要进行异常处理，把异常的数据处理完成就不会有语音提示。

项目运营效果：

截至 2018 年，本次信息化系统建设意在建立一套防汛抗旱物资管理系统，通过与现有防汛抗旱物资管理制度、系统和工作流程相结合，提升防汛抗旱物资实物管理自动化水平，从而实现对防汛抗旱物资的科学高效管理。

（1）规范化防汛抗旱物资管理流程，从入库时的贴标操作开始完整规定了防汛抗旱物资全生命周期的管理规范，敦促防汛抗旱物资账务的完善。

（2）规范化防汛抗旱物资调拨流程，未经管理员审核的调拨将及时通知管理员，从而监督防汛抗旱物资保管人对防汛抗旱物资的擅自转移。

（3）提供防汛抗旱物资调拨记录回溯，为防汛抗旱物资清查提供依据。

（4）提供门禁记录和报警记录查询功能，为防汛抗旱物资违规移动提供追查依据。

（5）提供防汛抗旱物资远程盘点，手持机盘点功能，加快、简化防汛抗旱物资盘点流程；同时提供相关报表导出，降低工作难度，提升效率。

（6）提供防汛抗旱物资扫描功能，实时查找库存中全部防汛抗旱物资，了解防汛抗旱物资位置现状。

【辩证性思考】

1．RFID 为防汛抗旱物资仓储解决了哪些问题？
2．RFID 在防汛抗旱物资仓储中体现了哪些优势？

参考文献

[1] 柳荣．智能仓储物流、配送精细化管理实务［M］．北京：人民邮电出版社，2020．

[2] 党争奇．智能仓储管理实战手册［M］．北京：化学工业出版社，2020．

[3] 北京中物联物流采购培训中心．物流管理职业技能等级认证教材［M］．南京：江苏凤凰教育出版社，2010．

[4] 钱延仙．现代物流管理［M］．3版．北京：高等教育出版社，2023．

[5] 肖焕彬，初良勇，林赟敏．人工智能技术在供应链物流领域的应用［J］．价值工程，2019，38（25）：154-156．

[6] 金跃跃，刘昌祺，刘康．现代化智能物流装备与技术［M］．北京：化学工业出版社，2020．

[7] 王斌．智能物流：系统构成与技术应用［M］．北京：机械工业出版社，2022．

[8] 缪兴锋，别文群，林钢，等．智能物流技术［M］．北京：中国人民大学出版社，2021．

[9] 董振宁，范超，刘小军．智能仓储大数据分析（高级）［M］．北京：清华大学出版社，2022．

[10] 范珍，管亚风．智能仓储与配送［M］．北京：电子工业出版社，2021．

[11] 彭宏春．智能物流技术［M］．北京：机械工业出版社，2021．

[12] ［德］比吉特·沃格尔-霍伊泽尔，托马斯·保尔汉森，迈克尔·腾·洪佩尔．德国工业4.0大全：智能物流技术（原书第2版）［M］．房殿军，林松，蒋红琰，等译．北京：机械工业出版社，2019．

[13] 郭汉尧．仓储管理常见问题清单［M］．北京：地震出版社，2021．

[14] 张志栋．仓储管理［M］．天津：天津大学出版社，2021．